Andreas Weber
Lebendigkeit

Andreas Weber

Lebendigkeit

Eine erotische Ökologie

Sollte diese Publikation Links auf Webseiten Dritter enthalten,
so übernehmen wir für deren Inhalte keine Haftung, da wir uns diese
nicht zu eigen machen, sondern lediglich auf deren Stand zum Zeitpunkt
der Erstveröffentlichung verweisen.

Penguin Random House Verlagsgruppe FSC® N001967

6. Auflage 2023
Copyright © 2014 Kösel-Verlag, München,
in der Penguin Random House Verlagsgruppe GmbH,
Neumarkter Str. 28, 81673 München
Umschlag: Weiss Werkstatt München
Umschlagmotiv: © Study of rocks and ferns in a wood at Crossmount,
Perthshire, 1843 (w/c on paper), Ruskin, John (1819–1900) / Abbot Hall
Art Gallery, Kendal, Cumbria, UK / The Bridgeman Art Library
Lektorat: Michael Wallossek, Bonn
Druck und Bindung: GGP Media GmbH, Pößneck
Printed in Germany
ISBN 978-3-466-30988-7
www.koesel.de

»Die Natur ist innen.«
Paul Cézanne

»Zwei Mächte beherrschen das Universum:
Licht und Schwere.«
Simone Weil

»Sich selbst zu kennen heißt, selbst zu sein,
heißt, Herr seiner selbst zu sein,
sich von den anderen zu unterscheiden,
aus dem Chaos auszuscheren,
ein ordnendes Element zu sein,
aber eines der eigenen Ordnung und der eigenen,
einem Ideal verantwortlichen Disziplin.
Und das kann niemand erreichen,
der nicht die anderen kennt, ihre Geschichte,
die Folgen ihrer Mühen, diejenigen zu werden,
die sie in der Tiefe sind (...) All das gilt es zu lernen,
ohne das letzte Ziel aus den Augen zu verlieren,
nämlich sich selbst durch die anderen besser zu erkennen
und die anderen durch sich selbst.«
Antonio Gramsci[1]

Inhalt

Vorbemerkung

Ohne Bindung kein Leben. Von der Zellteilung bis zur Kinder-
erziehung können wir alle Vorgänge in der Biosphäre als Bezie-
hungsvorgänge verstehen – und von ihnen lernen. Denn immer
müssen zwei unterschiedliche Standpunkte so in Einklang gebracht werden, dass etwas ganz Neues entsteht, das alles Vor-
herige enthält und zugleich ganz anders definiert. Diese Verbindung zweier (oder vieler) unterschiedlicher Standpunkte in
einem gemeinsamen Anliegen, das voller Widersprüche bleibt,
ist die vielleicht allgemeinste Definition des Ökosystems. Sie ist
zugleich die präzise Beschreibung einer liebenden Bindung.

Dieses Buch verfolgt darum ein ehrgeiziges Ziel: eine Untersuchung der Prinzipien erfahrbarer Wirklichkeit als Wissenschaft des Herzens, nicht aber als allein biologische Beschreibung der Sinne. Seine Energie für dieses riskante Unterfangen
nimmt es aus der Überzeugung, dass wir derzeit diese Wirklichkeit verfehlen, weil die Schubkraft zur Weltbeschreibung und
Welterfahrung unserer Zivilisation sich von der Erfahrung der
Lebendigkeit abgewandt hat und eine liebende Praxis nicht für
ein Erkenntnisinstrument hält, sondern für eine Privatangele-
genheit.

Ich beschreibe diese Wirklichkeit auf den folgenden Seiten
als schöpferischen, poetischen Zusammenhang einer sich ständig neu entfaltenden Freiheit zur Individuation *und* zur immer wieder geknüpften Verbundenheit. Historisch hört dieser
Drang zu sich selbst und zur Fülle, den ich in der Wirklichkeit
wahrnehme, auf den Namen »Eros«. Naturgeschichtlich entfaltet sich die Wirklichkeit in Form lebender Systeme, in Form
sich selbst organisierender Moleküle, Zellen, Körper, Bio-
tope und Landschaften, für die Drang, Begehren und Sehnsucht

nach Verbindung *und* nach Autonomie etwas Grundsätzliches sind: notwendig, um wahrzunehmen, sich fortzusetzen, zu wachsen.

Ich schreibe darum eine »erotische Ökologie«. Die fundamentale Erotik, von der Welt berührt zu sein und diese zu berühren, erfahren wir mit unserer Geburt als eine Leben spendende Macht. Wir erfahren sie als Wirklichkeit. Ebendiese Wirklichkeit wünschen wir in ihrem schöpferischen Wachstum zu bewahren – in einem Partisanenkampf der Poesie. Dieses Buch handelt daher von einer Beschreibung der ökologischen Wirklichkeit als Beziehungssystem. Und es ergründet spiegelbildlich die Liebe als eine ökologische Praxis.

Leben in intensiver Form, lautet meine Überzeugung, ist immer eine Praxis der Liebe. Und erst indem wir unsere Existenz wieder als eine Praxis der Liebe zu erfassen lernen, werden wir die überwältigenden ökologischen und humanen Dilemmata, denen wir in der Mitte des zweiten Jahrzehnts des 21. Jahrhunderts gegenüberstehen, neu begreifen – und Mittel finden können, anders mit ihnen umzugehen als bisher. Leben ist stets der schöpferische Übergang von einer Situation der Kontrolle zu einem Prozess der Unkontrollierbarkeit. In einer ökologischen Sicht ist somit Lieben eine Praxis des Interessenausgleichs, die zu mehr Lebendigkeit führt und dabei das Scheitern von vornherein in Kauf nimmt. Erfolgreiche Bindung heißt so immer zweierlei: Ohne Angst lebendig sein – und mutig sterben lernen.

Die Liebe ist eine Antwort auf den Mangel, der im Herzen der Lebendigkeit liegt, aber nicht sein Ausgleich, sondern seine Transformation. Den Mangel verwandelt sie in einen Überschuss, der neue Widersprüche produziert; sie ist leuchtende Wunde und durchlichtete Schwere, die Freiheit im Unmöglichen, die schuldig gebliebene Antwort auf das Paradox des Lebens: »vivacidad pura« (Octavio Paz), reine Lebendigkeit, erfahren von der Innenseite der Welt.

Entsprechend werde ich auf den folgenden Seiten eine Reihe von Liebensgeschichten erzählen. Ich werde erotische Affären mit Steinen, Pflanzen, Flüssen, Tieren, Menschen und Worten schildern und sie dabei analysieren. Ich möchte durch sie zu verstehen versuchen, in welch überwältigendem Maß das Erotische – die Sehnsucht nach einer Praxis sinnstiftenden Berührtseins in unserer verkörperten Existenz – die Wirklichkeit bestimmt. Ich möchte sondieren, in welchem Maß wir diese Wirklichkeit vergessen haben, und herausfinden, wie wir sie vielleicht zurückerobern können.

1 Die Tragfähigkeit der Luft

»Und so hat niemand mehr Geist,
als er Liebe hat.«
Theodor Lessing[2]

»Es raspelt wieder in meinem Kamin«, sagt die Freundin ganz aufgeregt. Dann muss sie selbst über ihre Worte lachen. Sie wippt von einem Bein auf das andere. Sie hat sich nicht umgezogen. In ihrem Hauskleid steht sie vor meinem Tisch, draußen auf der Terrasse von Walters Bar.

Laue Luft erfüllt den Platz im Zentrum des kleinen italienischen Städtchens in den Bergen über der Riviera. Die Sonne ist schon verschwunden, aber wie ihr Nachbild setzt sich silbriges Licht zwischen den Häusern fest, als wolle auch die Nacht erleuchtet bleiben. »Irgendwas kratzt und scharrt wieder hinter der Wand. Kannst du nicht noch einmal schauen?«, fragt sie. Wieder muss sie lachen. »Vielleicht ist eine Katze hineingefallen«, sage ich. Ich stehe auf, winke dem Wirt zu, dass ich später bezahle, und gehe hinter der Freundin die warme Gasse zur Wohnung hinauf.

Sie arbeitet in der Schule. Sie hat dort eine Stelle, die es in dieser Art bei uns schon lange nicht mehr gibt: Sie ist Pedellin. Ihre Aufgaben umfassen die der Sekretärin, der Hausmeisterin und der Putzfrau. Und sie muss rechtzeitig die Klingel zur Pause drücken. Aber in Wahrheit ist sie die Schulkrankenschwester.

Immer wieder einmal sieht man Schüler an ihrem Tisch, der quer am Ende des Korridors steht. Mädchen und Jungen sitzen dort, von der Last des Lernens, der Qual des Kindseins niedergedrückt, den Kopf zwischen den Armen. Auch mitten in der Stunde.

Hier warten die Kinder nicht betreten beim Rektor, weil sie etwas ausgefressen haben. Hier sitzen sie am Tisch der inoffiziellen Schulkrankenschwester, wenn sie unglücklich sind, den Kopf in den Armen verborgen. Die Pedellin tröstet sie. Oder eigentlich tröstet sie gar nicht. Sie lacht. Sie lacht über ihre Schmerzen und ihr Leid. Die Schüler schleppen sich weinend zu ihr, und sie lacht. Und gerade das ist die Medizin. Die Pedellin lacht, aber sie lacht nicht die Schüler aus, sondern die Schmerzen. Sie lacht über das Millionste kleine Unglück, so herzlich und so freundlich, dass es ansteckt und die Wut oder der Schmerz ihre Größe verlieren.

In ihrer Wohnung steige ich auf einen wackligen Stuhl. Sie besitzt insgesamt nicht mehr als drei, alle irgendwie defekt. Wenn Gäste zum Essen da sind, müssen sie Sofapolster an den Tisch heranrücken. Ich ziehe das zusammengeknäulte Handtuch aus dem Loch in der Wand, das für ein Ofenrohr vorgesehen ist. Ruß fällt raschelnd auf die Dielen und auf den Tisch. Wir müssen uns anschauen und schon wieder lachen. Ich habe das am Morgen bereits einmal gemacht, habe das Handtuch herausgezogen und auf Zehenspitzen auf dem Stuhl stehend mit einer Taschenlampe in das Loch über meinem Kopf geleuchtet. Ohne Ergebnis.

Diesmal taste ich mit der Hand. Wieder hören wir das Scharren, diesmal lauter, hektisch. Ich fasse tiefer in den Kamin und berühre etwas Glattes, Nachgiebiges, etwas, das abgerundet ist und sich bewegt. Ich schaudere kurz – und packe dann zu. Als meine Hand wieder zum Vorschein kommt, sehe ich, dass es ein junger Mauersegler ist. Sein Körper strahlt Wärme aus. Ich spüre das im Stakkato schlagende Herz.

Ich gehe zum weit aufstehenden Fenster, öffne die Hand, und der Vogel entschwindet wie ein Pfeil ins silbrige Licht des Abendhimmels. Offenbar war er von oben in den Schornstein geflogen und nicht mehr hinausgekommen.

Lächelnd schauen wir uns an. Wir können nicht anders, wir müssen lächeln. Es ist still – aber dann hören wir wieder das Geräusch. Es raspelt weiter. Ich taste noch einmal, greife noch tiefer in die Rußbrocken, fördere einen zweiten Mauersegler zutage und entlasse auch ihn aus dem Fenster in die Freiheit, wo er zwischen den Häusern die Straße entlangkurvt und hinter einer Biegung verschwindet. Die Mauersegler lassen sich in die Luft fallen und werden erneut zu ihrem Element. In diesem Augenblick sind sie gerettet – selbst wenn sie schon zu geschwächt sind, um zu überleben. Ich höre ihre Jubelrufe, ihr lang gezogenes Schrillen im Abend verklingen. Und derselbe Jubel erfüllt uns, die wir uns in den Armen liegen, vor Glück, gerettet zu sein.

In jenem Moment begreife ich: Die Mauersegler sind ein Element der Luft – aber sie sind auch ein Element des Glücks. Die Mauersegler sind die Kinder der Liebe der Luft zu sich selbst. Und ich ahne zum ersten Mal, dass wir diese Liebe gar nicht richtig verstehen, wenn wir sie auf ein Gefühl beschränken, das nur wir verspüren, etwa wenn wir einen besonders begehrenswerten Menschen in unserem Leben zu halten versuchen. Ich habe an jenem Sommerabend den Eindruck, dass die Liebe nichts anderes ist als die reine Lebendigkeit in Fleisch und Blut, mit klopfendem Herzen und ausgebreiteten Schwingen. Ja, dass jeder Moment, in dem wir dem Leben und seinem Begehren mit Zärtlichkeit begegnen, diese Liebe entfaltet, so wie der junge Vogel gerade seine überlangen Schwingen in die Freiheit und in die Lebendigkeit hinein entfaltet hat.

Lieben heißt also, dachte ich, im vollen Maß lebendig zu sein. Aber das brachte eine ganze Menge Konsequenzen mit sich. Dann müssen wir nämlich, so wurde mir klar, was wir für das Leben halten und für dessen Sinn, noch einmal ganz neu überdenken. Dann haben wir möglicherweise vom Leben und von dem dazugehörigen Gefühl bislang wenig verstanden. Oder viel vergessen.

Und es könnte sein, dass unser Planet in Wahrheit nicht in einer Umweltkrise steckt, oder in einer Wirtschaftskrise. Sondern dass die Erde derzeit unter dem Mangel unserer Liebe leidet – während sie in die sechste Aussterbewelle eingetreten ist, immer mehr Menschen über das Gefühl der Sinnlosigkeit klagen, Depressionen und Persönlichkeitsstörungen auf dem Vormarsch sind und immer noch Milliarden von uns in der Düsternis absoluter Armut leben.

Aber diese Liebe, so dachte ich, während die Pfeilspur der befreiten Mauersegler als Nachbild in die leere Luft des Abends gebrannt schien, ist ja nichts anderes als der unermüdliche Drang der Lebewesen und der Ökosysteme, zu wachsen und sich zu entfalten. Sie ist das Begehren nach solcher Entfaltung und die Freude über die Erfüllung dieses Drangs – und zugleich das Glück, das die Freundin und ich eben fühlten, als wir uns nach der Rettung der kleinen Tiere in den Armen lagen. Sie entfaltet sich, gleich ob mir oder einem anderen Wesen Gutes geschieht, weil sie die Freude darüber ist, wenn in der Welt das Leben zunimmt, irgendwo.

Diese Liebe leitet die Sicherheit, mit der zwei Zellen einander finden, die Präzision, mit der eifrige Moleküle viele Hunderttausend Male pro Sekunde Sprünge und Brüche in der DNA unserer Zellen reparieren. Sie begleitet das Austreiben der Blumen und den Instinkt der Weichkäfer, die vom Pollen der Blüten fressen. Die Liebe lenkt all diese Prozesse des Lebens – aber nicht als kitschiges Gefühl, sondern als eine unbändige Kraft, mit der sich die schöpferische Energie der Welt zu Individuen formt und diese wieder zerstört.

Liebe, so überlegte ich, war so etwas wie die Innenseite von Lebendigkeit. An diesem Abend war ich in sie hineingerutscht, absichtslos, tastend, ein bisschen beklommen, so wie ich mit meiner Hand fast erschrocken auf die pulsierende Wärme der jungen Vögel in der rußigen Höhle des Ofens gestoßen war.

Und plötzlich klopfte auch mein Herz wie das des kleinen Mauerseglers. Was gab es noch alles zu entdecken! Wie sehr würden wir wieder begreifen können, in welchem Maß auch wir an dieser Kraft teilhaben. Und zu was wir sie nutzen können, um in einem produktiven und poetischen Sinn lebendig zu werden.

Eros: Was die Welt wirklicher macht

Wenn wir über Liebe sprechen, dann denken wir gewöhnlich an Menschen, an Paare vor allem, wir denken an Zweisamkeit und Einklang, an Enttäuschung und Melodrama. Wir denken an die Liebe zu uns selbst, nicht an die Liebe zur Welt. Eros, das klingt nach einem guten Nachtisch, nach »happy ending«. Aber Eros, der griechische Gott der Liebe, galt in der Antike als tragische Gestalt. Er war nicht der Gott der genussvollen Erfüllung, sondern jener der emotionalen Intensität, die auch oder gerade in der Abwesenheit brennt.

Aber waren wir, überlegte ich, dann nicht alle und mit uns die großen Projekte unserer Zivilisation in einem Irrtum befangen? Hatten wir womöglich kollektiv vergessen, was als entscheidendes Moment Liebe erst gebar? Dass sie nicht ein beglückender Rausch war, sondern Maßstab des Gelingens einer Beziehung, in der mehr als einer, ich und du, der Einzelne und die Welt, gemeinsam Platz finden mussten? Hatten wir uns alle, im technologisch bequemen und monströsen 21. Jahrhundert, im Streben nach einer möglichst angenehmen Existenz, nach Geborgenheit, Anerkennung und allabendlichem Vergessen, in ein Bild des Liebens verrannt, das uns von der Lebendigkeit fortführte und immer tiefer in eine Spirale der Bedürfnisse hineinsaugte, in deren Mitte nichts stand als das optimierte eigene Ich, abgetrennt, unverbunden – und letztlich tot?

Die Suche nach der Liebe ist eine zentrale Bewegung, die unser Leben kennzeichnet, und sie bleibt so unermüdlich wie unerfüllt. Ihr dauerndes Scheitern könnte bedeuten, dass wir das Lieben genauso wenig verstehen, wie wir das Lebendige, die Natur, die ebenfalls bedrohte schöpferische Kraft der Erde verstehen. Wir lieben oft falsch. Das ist die Ausgangsthese dieses Buches, im Privaten wie im Politischen, im Großen wie im Kleinen, in der Kultur wie im Bett. Wir lieben falsch, weil wir mit dem, was wir für Liebe halten, weder selbst lebendiger werden, noch die Welt lebendiger machen. Aber lässt sich überhaupt »richtig« lieben?

Die Antwort, die dieses Buch zu geben versucht, lautet: Um die Liebe zu verstehen, müssen wir das Leben verstehen. Um lieben zu können, als Subjekte mit einem empfindsamen Körper, müssen wir lebendig sein können. In Fülle lebendig sein zu dürfen heißt, geliebt zu sein. Sich selbst seine Lebendigkeit zu erlauben heißt, sich selbst zu lieben – und zugleich die schöpferische Welt, die ihrem Prinzip nach zutiefst lebendig ist. Das ist die Grundthese der erotischen Ökologie.

Wer die Liebe ausblendet, kann die Wirklichkeit nicht verstehen. Das gilt für alle Wirklichkeit, die physische und die des Gedankens, insbesondere aber für die Biosphäre, die Wirklichkeit der Körper. Keine biologische Beschreibung ist vollständig, wenn sie nicht als eine Biologie der Liebe angelegt ist. Und umgekehrt verstehen wir die Liebe nicht, wenn wir nicht sehen dass sie an das Lebendige gekoppelt ist, an die Erfahrung, einen lebenden Körper zu bewohnen, der im Glück zu vibrieren vermag und sich im Schmerz zusammenkrampft. Liebe ist eine Praxis der Lebendigkeit. Das Erotische ist das genuine Lebensprinzip, das die Welt der Körper und der Lebewesen durchdringt.

Dieses Lebensprinzip habe ich in der Lust der Mauersegler wiedergefunden. Was das Hingerissensein von der Existenz ist, haben mir die schlanken Vögel gezeigt. Die Mauersegler, die mit ihren Sichelflügeln durch den Himmel von Varese Ligure kurven, durch die ungetrübte Luft über dem kleinen Städtchen, in dem ich für ein paar kurze Jahre eine eigene Wohnung hatte. Ich erfuhr die Liebe nicht nur, als ich die beiden kleinen Vögel rettete. Sie umgab mich jeden Tag. Sie war eine Essenz der Luft. An den Abenden, als die Tiere die Atmosphäre mit ihrem Flug durchschnitten und ihre schrillen Schreie den Himmel füllten, kam es mir manchmal vor, als würde ich geradezu physisch in ihre Lebendigkeit eingetaucht, als ginge ich, auf dem Weg zu kleinen Besorgungen, zum Bäcker, zum Tabaccaio, durch eine Substanz, die aus Freude gemacht ist.

»Rondone« heißen die Mauersegler auf italienisch, auf dem zweiten *o* betont. Rondine, mit Emphase auf dem ersten *o*, sind ihre kleineren Cousinen, die Schwalben. Pfeifend und kreischend schneiden ihre wie Klingen geformten Flügel Kreise in die laue Abendluft über dem Marktplatz. Die Vögel tragen schon das Wort »rondo« in ihrer Bezeichnung, das an »rund« erinnert. Und auch wenn Wortkundler vermuten, dass das Biegsame, die im rasenden Flug gezogenen Kreise gar nicht zum Namen beigetragen haben, so prägt doch gerade die Ekstase ihrer kreisenden Beweglichkeit die Erscheinung der Mauersegler.[3]

Ich erinnere mich an jenen besonderen Abend im Juli, an dem die Vögel, die alten und ihre gerade flügge gewordenen Jungen, den stumpfblauen und rosenfarbenen Himmel des Ortes in wirbelnden Schichten füllten. Es war ein besonderer Abend, weil mir auffiel, wie viele dieser Vögel die Luft erfüllten, dicht wie Sonnenstäubchen und beweglich wie erhitzte Atome. Vielleicht, weil die gerade flugfähigen unter ihnen an jenem Abend den Himmel zum ersten Mal als Leichtigkeit unter der Schwere ihrer Körper gefühlt haben. Das Glück der Jungtiere – »Vogelwelpen« sagte meine Tochter immer – brachte den unbelebten Himmel zum Brausen, machte die anorganische Luft lebendig.

Es waren sicher Hunderte Vögel über der granitgrauen alten Burg im Dorfkern. Als hätte der Abend die Luft zum Stocken gebracht, als hätte ein unsichtbares Reagenz der Verwandlung den leeren Raum als bebend beseelt und als lebenssüchtig erwiesen. Das Phenolphthalein der Dämmerung bildete ein Fällungsreagenz, das mit seinem Umschlag von Blau zu Rot die Tragfähigkeit der Luft empirisch belegte. Es füllte den Himmel mit brausenden Kurven, mit sirrenden Bögen, es ließ das Nichts stocken und verwandelte es zu Gruppen und Geschwadern im lustvollen Flug. Ich legte mich auf den Rand des Dorfbrunnens und beobachtete die Liebe des Himmels zu sich selbst. Das Spiel der haltlosen Luft brachte Gestalten hervor. Die Leere wurde erst als Geschäume von Wechselbeziehungen ganz sie selbst, aber indem sie sich verwandelte, indem sie tragender Raum und bebender Körper war.

Ich kann selbst nicht fliegen. Was ich beschreibe, folgt aus meinem Versuch, die Ekstase der Mauersegler mit meinem Körper zu verstehen. Ich glaube, das ist ein guter Weg. Mir entgeht sicher vieles – aber ich begreife doch das Wichtigste. Denn ich bin ja selbst ein Lebewesen mit einem empfindsamen Körper, der Freude erleben möchte und doch einmal sterben muss. Ich verstehe Leben, weil ich lebe. Der südafrikanische Literaturnobelpreisträger J. M. Coetzee lässt die Heldin in der Erzählung »Elizabeth Costello« gegen eine Übermacht von erfahrungsskeptischen Philosophen bei einem Dinner tapfer behaupten: »Wir wissen, was ein anderes Wesen fühlt, wenn es sich im Vollbesitz seiner Kräfte erlebt. Denn volles Leben ist Leben als Freude.«[4]

Freude ist das Kennzeichen der Liebe; und Liebe das Prinzip eines erfüllenden Ausgleichs zwischen dem Individuum und dem Ganzen. Das Erotische zeigt sich als jene Kraft, die Wesen dazu bringt, diesen Ausgleich unermüdlich zu suchen, daran zu scheitern, ihn zu verfehlen, ihn vorübergehend zu erreichen. Die Macht des Erotischen erfüllt die Biosphäre mit Leben und verleiht ihren Mitgliedern die Ausdauer, jeden Tag mit neuer Dynamik nach Verwirklichung, Erfüllung und Freude zu suchen. Umgekehrt zeigt sich: Das hartnäckige Streben allein nach persönlicher Erfüllung in der Liebe bedeutet ein ökologisches Drama. Es folgt dem Prinzip des Nehmens von Ressourcen statt dem des Gebens, Teilens und Loslassens.

Liebe als ökologisches Phänomen

In den folgenden Kapiteln will ich diesem Lebensprinzip folgen, das aus der Berührung zweier Pole stets ein Drittes schafft, eine Beziehung, die beide verwandelt. Ich werde bei den Mineralen beginnen und Schritt für Schritt nachvollziehen, warum jede Ökologie, also jede Beschreibung der Wirklichkeit, die diese als verschachteltes System von gegenseitiger Inspiration, Abhängigkeit, Durchdringung und immer wieder neu errungener Freiheit versteht, um das Zentrum der erotischen Anziehung kreist – und warum eine wissenschaftliche Beschreibung der Welt ohne dieses Zentrum unsere zentrale Lebenserfahrung ignoriert. Und weil man über die Liebe nur schreiben kann, indem man in einer bestimmten Weise *liebt*, werden es sehr subjektive, intensiv erfahrene Geschichten sein. Auch über diesen Zusammenhang werde ich noch sprechen. Eros ist das Prinzip schöpferischer Fülle, das Prinzip des Überfließens, des Teilens, des Mitteilens – der Selbstrealisierung, die in jedem Mineral schon schlummert, und um die wir, so schmerzhaft sie immer wieder ist, in dieser Welt nicht herumkommen, wenn wir mit der Wirklichkeit in Kontakt bleiben wollen, gleich wie: als Denker oder als jemand, der einfach nur *ist*.

Derzeit freilich fehlt diese Dimension in den meisten ernsthaften, wissenschaftlichen Beschreibungen der Wirklichkeit. Die »Königin der Wissenschaften«, die Philosophie, trägt den Begriff *Philia*, Liebe, sogar in ihrem Namen – aber oft erinnert sie mehr an eine komplexe Amtssprache als an den Versuch, die durch Staunen, Interesse und Dankbarkeit gekennzeichnete Begegnung mit der Welt in Worte zu fassen. Und die Biologie, unsere Wissenschaft des Lebens, die immer noch von vielen Studenten als Fach gewählt wird, weil sie in ihrer Kindheit eine zärtliche Begeisterung für andere Wesen verspürten? Für die Lebenswissenschaft spielt die Untersuchung, inwieweit Beziehungen und emotional erfahrene Bedeutung im Zentrum ökologischer Zusammenhänge stehen, nur eine untergeordnete Rolle. Zwar geht es in der Biologie um Lebewesen, die nur aufgrund von Beziehungen existieren können. Aber Biologen beschreiben diese Zusammenhänge gewöhnlich in Form von Ursache-Wirkungs-Ketten. Gewiss ist die Biologie durch diese Herangehensweise zur Leitwissenschaft aufgestiegen. Aber in ihrer Mitte fehlt jene Dimension, die wir als eine Beschreibung unseres Welterlebens auffassen könnten. Das heißt: Erst wenn die biologische Beschreibung der Wirklichkeit zu einer »Biologie der Liebe« erweitert wurde, ist das Bild vollständig.

Aber diese Biologie kann nicht länger eine »Mechanik des Herzens« sein, wie sie die Naturwissenschaft nach wie vor so gern anbietet. Sie muss eine Praxis gelebten, mit Haut und Haaren erfahrenen Lebens sein, eine Biologie in der ersten Person also, die jedes Erlebnis, jede Erfahrung, jede Stimmung auf den Prüfstand eines Bildes von der Wirklichkeit stellt. Sie muss berücksichtigen, dass jedes Wesen beständig in Veränderung begriffen ist und beständig um seine Entfaltung ringt.

Liebe ist nicht ein Gefühl, sondern der Charakter einer produktiven Beziehung. Das nicht mehr zu verstehen, ist unser großer Irrtum in einer Zeit, in der wir alle der Liebe als dem einzigen Lebensziel hinterherrennen, zugleich aber überall auf eine außerordentliche Lieblosigkeit stoßen und uns dieser selbst schuldig machen. Durch unser Missverstehen des Liebens verstärken wir diese Situation dabei beständig. Eine Welt, in der Liebe nicht wirkmächtig existiert, sondern von den Menschen bloß hinzugedichtet wird, verliert die Fähigkeit, fairen Umgang zu ermöglichen, Sinn zu spenden und anderen als rein monetären Reichtum hervorzubringen.

Liebe ist kein angenehmes Gefühl, sondern das praktische Prinzip schöpferischer Lebendigkeit. Dieses Prinzip beschreibt die Art und Weise, wie auf diesem Planeten lebende Gemeinschaften – Zellgruppen, Organismen, Ökosysteme, Völkerstämme, Familien – eine eigene Identität finden und zugleich die Beziehung fördern, in der sie zu anderen und zum Rest des sie umgebenden Systems stehen. Das Erlebnis, einen Ausgleich zwischen den eigenen Interessen und denen des anderen herzustellen, bildet das Zentrum der Liebe. Wenn in der Liebeserfahrung mein Gegenüber in seinem höchsten Glück gerade mein tiefstes Begehren ist, dann enthüllt sich hier etwas Allgemeineres als ein privates Gefühl. Dann wird Liebe zu einem grundsätzlichen Aspekt des Lebendigseins. Sie ist das Erfolgserlebnis belebter Systeme, in denen es ja immer darum geht, die Freiheit des Individuums mit der des Ganzen in Einklang zu bringen.

Unser hartnäckiges Beharren auf der erfüllenden Beziehung und ihrem privaten Genuss ist in der Tiefe ein ökologisches Drama. Denn zur Idee der Liebe als einer Ressource, für die ich einen anderen Menschen brauche, der sie mir schenkt, passt spiegelbildlich die Auffassung, dass die ganze belebte Welt ein Ort des Kampfes um begrenzte Güter ist, und die Evolution eine Geschichte der Sieger im Optimierungswettbewerb. Zu dieser Idee gehört, dass nichts geschenkt ist – weshalb man, um liebenswert zu sein, vor allem durch Attraktivität seinen Marktwert steigern müsse. In einer ökologischen Auffassung der Liebe hingegen stehen andere Beobachtungen im Mittelpunkt. Sie geht nicht davon aus, dass Glück nur errungen werden kann und davon schlauerweise nichts abgegeben werden darf. Sie glaubt im Gegenteil, dass alles Wesentliche immer schon geschenkt ist – aber nur, indem es von allen geteilt wird.

Die Zärtlichkeit des Körpers ist das Erbarmen, nicht die Gier

Eine Sicht der Liebe als ökologisches Phänomen orientiert sich an den Lebensbeziehungen der Biosphäre. Dort stellt ja auch die Konkurrenz nur eine Seite der Wirklichkeit dar. Um die Kaskaden der Stoffe und Existenzen überhaupt in Betrieb zu setzen, ist zunächst einmal eine Gabe ohne jede Gegengabe nötig: Das vom Himmel geschenkte Sonnenlicht. Die Stabilität eines Lebensraums wird nicht dadurch gewährleistet, dass Arten und Individuen versuchen, andere zu überflügeln. Die Logik des Lebendigen besteht vielmehr darin, dass jede Art von einer anderen abhängig ist, dass jedes Nehmen durch ein Geben aufgewogen wird. Wie tief dieses Prinzip des Schenkens die Welt der Organismen prägt, haben wir wohl noch nicht in Ansätzen verstanden.

So wiegelt etwa das, was Biologen gern als evolutionären »Rüstungswettlauf« bezeichnen, Räuber und Beute nicht nur gegeneinander auf, sondern fesselt sie auch unablöslich aneinander. Winzige im Wasser schwebende Algen etwa haben im Laufe von Generationen immer kompliziertere Körperpanzer entwickelt, um Krebse, die sich von ihnen ernähren, abzuwehren. Diese brachten im Gegenzug weiter und weiter spezialisierte Mundwerkzeuge hervor. Schließlich hingen die Räuber vollkommen von einer einzigen Beuteart ab, weil sie nichts anderes mehr fressen können.

Die »Räuber« verschonen alle anderen potenziellen Beutetiere, für die sich andere Formen von Dominanz und Abhängigkeiten eröffnen, welche die Wechselwirkungen innerhalb des Lebensraums weiter verstärken und dessen Vielfalt erhöhen. Das Resultat ist nicht ein »Besser«, sondern ein »Tiefer«: ein größeres Maß an inniger Verwobenheit. Man könnte also sagen: Durch die Verwicklungen von Räubern und Beute in einer gemeinsamen Geschichte entsteht ein intensiverer Grad an Beziehung in einem Biotop, die ein Beobachter als dessen Schönheit erfahren kann.

In der erotischen Ökologie gehört die Empfindung von Freude als integraler Bestandteil zu einem gedeihenden Ökosystem. Jede Beziehung im Lebensnetz bringt Sinn hervor, weil es für die beteiligten Wesen immer um ihr ganzes Leben geht – um das existenzielle Begehren, ein Selbst in einem Körper zu bleiben und diesen immer weiter zu entfalten. Jedes Lebewesen, das ist das erotische Moment daran, kann sich mit dieser Erfahrung in jedem anderen widerspiegeln, weil wir alle einen sensiblen, verletzlichen Körper haben, der auf Bindungen ebenso sehr angewiesen ist wie auf die Luft zum Atmen. Wir wissen dem tiefsten Prinzip nach, wie die anderen Wesen fühlen, weil sie einen Körper haben wie wir.

Die Zärtlichkeit dieses Körpers ist Erbarmen, nicht Gier.

Abends kurven die Mauersegler in Schwärmen durch die transparenter werdende Luft. Der Himmel um den Burgturm schrillt vom Kreischen der Vögel. Sausend, sich überholend, in Geschwadern, die sich durchdringen, vermischen und wieder zerrinnen, jagen sie einander nach. Die Vögel mit den schlanken Schwingen sind ein Geschenk an die Luft. Weiter oben, an der Grenze zum Himmel, tanzen weitere Schwärme. Die Luft hat sich mit ihnen gefüllt wie mit Schneeflocken, mit Staub, mit Sonnenfunken. Die Mauersegler bewohnen die Luft, als wäre sie ein Felsen, der wogt wie das Meer. Ein Tier nach dem anderen schießt auf das Gemäuer zu und dreht in letzter Zehntelsekunde ab, indem es sich in die Kurve legt wie ein Flieger bei einer halsbrecherischen Kunstflugfigur.

Oder vielmehr umgekehrt: Ein Flieger beim Manöver kurvt wie der Mauersegler im Spiel. Unser Blick geht hinauf, nicht gebannt, sondern in die Dynamik der Vögel hineingerissen. Unser Nacken folgt wiegend ihren Kurven, Bogen und Schleifen, unsere Augen werden emporgesaugt in jagende Loopings und fliehende Schikanen der in den Wind gespannten Körper, die nichts als Schwingen sind, gebogene Klingen, die ihre Spuren in das Gewebe des Himmels schneiden. Unser Blick, sprachlos und demütig, während die Glieder vor Lebensfreude kribbeln, heißt Huldigung. Das ansteckende Glück der Vögel ist das Vertrauen in die Tragfähigkeit der Luft.

Teil 1

Ich

»Nach dem Stein versteht man die Rose.
Nach der Rose erträgt man den Stein.«

Cees Nooteboom

2 Berührung

»Die Bäche fließen nicht an uns vorbei,
sondern durch uns hindurch;
mitreißend, perlend, überschäumend lassen sie jede
Faser und Zelle unseres Körpers erbeben und
bringen sie zum Schweben und Singen.«
John Muir

Meine zweite Liebesgeschichte handelt von den Flüssen. Sie ist eine Liebeserklärung an das Tellurische, an dasjenige, was nicht lebt und woraus wir dennoch bestehen: der Kalkstein der Knochen, der Phosphor der Gene, das Eisen des Blutes, das Salz der Tränen und das Wasser, das uns zu mehr als zur Hälfte erfüllt. Die Geschichte handelt von den glatten und sprudelnden Strömen, von den ruhenden und rollenden, den jungfräulichen und schöpfungsalten Steinen, über die ihre Wasser brausen. Sie handelt von Gebirgsbächen, wilden Gerinnen in ihren Kiesel- und Schotterbetten, von sprudelnden Fontänen, die aus Seitentälern schießen, die sich, der Neigung des Geländes folgend, rücksichtslos verschwenden, die den Stein peitschen und streicheln mit einer Geduld, die Jahrtausende in einer einzigen Kaskade überspannt.

Die Flüsse haben uns getragen, umspielt und liebkost, in jenen Monaten des Jahres 2010, von Februar bis August, als ich mit meinem zehnjährigen Sohn in dem winzigen ligurischen Städtchen gelebt habe. Die Flüsse haben uns durch die Jahreszeiten geführt und sich mit uns verwandelt. Ich habe im Winter meine Hand über vereiste Kiesel gleiten lassen und im Sommer meinen ganzen Körper in das warme Wasser besonnter Stillzonen getaucht. Die Flüsse haben sich als meine eigenen Reizleitungsorgane im Körper der Landschaft vorangetastet. Sie haben mich mit der nonchalanten und aristokratischen Selbstverständlichkeit, sich ihren Weg selbst zu bahnen, über ihr Schicksal selbst zu entscheiden, die Sehnsucht nach meiner eigenen Lebendigkeit gelehrt.

Immer wieder hat das Wasser mir gezeigt: Der Eros der Wirklichkeit beginnt mit der Berührung. Es gibt kein Leben ohne Berührung. Ohne Berührung gibt es keine Sehnsucht, keine Erfüllung – und keinen Geist. Wenn ein Lichtquant meine Netzhaut verändert, wenn ich die Haut meiner Geliebten streichle oder wenn eine Nervenzelle einen elektrischen Impuls aussendet, indem sie Kalzium-Ionen ausschüttet, so ist das alles stets ein physisches Ergriffenwerden. Ein Ergriffenwerden, so wie das jagende Wasser die rollenden Schotterkiesel durcheinanderwirft und mitschleift, das Wasser der Flüsse, diese reinste anorganische Welt.

Der ligurische Apennin ist ein Land der Flüsse. Keine Gegend der ruhig dahinziehenden Ströme, sondern der flinken Gewässer, die klingend zu Tal schießen, den Berg zu Splittern zerfallen lassen und vibrierend neu sortieren. Ein Land der wilden Bäche, die den Fels zu Kieseln schroten und dabei die Topografie ein zweites Mal ersinnen, neu komponieren aus Findlingen, Blöcken, Scherben, Murmeln, Sand. Ligurien ist das Land der Bäche, die Schöpfung sind, Schöpfung im Zustand eines beständigen Ereignisses, Schöpfung aus der Zeit der Schöpfung, welche alle Erde, die sie berührt, wieder zu einem geologischen Säugling macht und ewige Jugend hervorbringt. In den Flüssen Liguriens, die unsere Hände mit der kalten Feuchte ihrer Wasser benetzen und mit der warmen Schwere ihrer niemals rastenden Kiesel erquicken, sind wir in der Kindheit der Welt.

Insgeheim werden die schroffen, mit dem Samt von Eichen, Eschen, Kirschen, Kastanien und Haselnüssen bewaldeten Hügel von den Flüssen in ihren Tälern regiert. Die steinernen Bahnen der Flüsse fließen zurück zum Ursprung. Wer solche

Schotterflüsse in seinen Tälern hat, wird immer wieder daran erinnert, dass es einen Anfang gab, den kein Mensch geplant und designed hat, einen Anfang, an dem Menschen und rollende Steine noch eins waren. Kiesel, hingekollert, ausgebreitet und arrangiert vom Nichts, anhängliche Schotterbahnen, weiße Korridore in den Schluchten, die sich weiten und erneut verengen, die sich teilen und wieder umarmen, wie Schneefelder leicht, ein steinernes Flockentreiben am Abschluss der Täler.

In den Bächen rollt dasselbe gestreifte Gestein wie unten am Strand. Die Bäche haben das Meer bis zum Rand mit ihrem Rollen gefüllt. Wo ihr Wasser ist, erblicke ich mich selbst, im flinken Sprudeln, in der Brandung der See. Aus allen Wassern leuchtet mir die gleiche Botschaft entgegen. Das Wasser ist ein Spiegel aus tausend Spiegeln. Ich wälze mich hinab mit dem Geröll der Bäche, ich atme mich aus in den Kieseln der Strände, ich bin die wogende Welt, die rhythmisch anschwillt und rollend wieder vergeht. Alles ist schon geschehen. Gestern, heute und morgen fallen zusammen in einem zitternden Lichtstrich auf dem Stein, auf der Epidermis einer Knospe aus Granit.

Schwerkraft, erotische Macht

Flüsse bilden sich, weil feuchte Luft über den Bergen aufsteigt, der Wasserdampf darin abkühlt, kondensiert und als Regen fällt, der zu Tal rinnt, weil das Tal die Schwere des Wassers anzieht. Flüsse sind somit ein indirektes und weit reichendes Phänomen der Schwerkraft. Poetischer könnte man sagen: Flüsse, ihre Schluchten, ihre ausgewaschenen Täler, die Kiesbetten sind die Art und Weise, wie die Berge die Schwerkraft wahrnehmen – und diese Wahrnehmung zugleich zeigen. Natürlich nehmen Berge nichts wahr wie wir, nicht einmal wie ein Bakterium. Aber sie verändern sich durch die Berührung des Wassers, und diese Veränderung können wir sehen und spüren. Der ameri-

kanische Forstwissenschaftler und Pionier der Umweltphilo-
sophie Aldo Leopold nannte die Wahrnehmung dieser Veränderung »wie ein Berg denken« (und schlug vor, dass wir mit
einem solchen anderen Denken einen großen Teil der Umwelt-
probleme lösen könnten): Nicht rationale Verknüpfungen herstellen, sondern den Spuren folgen, welche die Berührung hinterlässt, und darin die beständige Verwandlung erkennen.

Wie ein Berg denken heißt auch zu erfahren, dass es auf
dieser Welt eine grundsätzliche erotische Anziehung zwischen
allen Körpern gibt, die mich, meinen Leib genauso zu sich ruft,
wie das Tal das Wasser. Größere Körper ziehen kleinere an, die
Sonne die Erde, die Erde das Wasser. Die Gravitation, aus Aldo
Leopolds Denkperspektive eines Berges betrachtet, ist somit die
zärtliche Sehnsucht der Erde nach uns. Das mütterliche Ziehen
der Erde nehmen wir meistens gar nicht weiter wahr. Aber liegt
nicht in dieser Zärtlichkeit ein Teil des Trostes, der darin besteht,
sich in schlimmen Momenten auf eine Wiese legen zu können,
den Leib an die Erde gebettet?

In dem Umstand, dass mein Körper stets zu dem großen
Körper des Planeten hingezogen ist, erweist sich für den amerikanischen Ökopsychologen David Abram das in der erotischen
Verbundenheit liegende Grundmoment jeglichen Weltbezuges.
Und die Gravitation ist nur *eine* elementare Grundkraft im
Universum. Daneben gibt es noch drei weitere Prinzipien der
materiellen Wechselwirkung. Bereits in diesem Begriff – Wechselwirkung – stellt die Physik heraus, dass es sich dabei um Phänomene des Austauschs, der Beziehung und der Berührung
handelt. Neben der Schwerkraft führt das »Standardmodell« der
Physik außerdem die elektromagnetische Kraft auf, die Magne-
tismus, Ladungen und Felder beschreibt, sowie die schwachen
und starken Kernkräfte, die das Innere der Atome zusammen-
halten.

All diese physikalischen Grundgesetze formulieren die Prinzipien von Beziehungen zwischen Teilen der Materie. Sie sagen

die Resultate voraus, die entstehen, wenn verschiedene Akteure miteinander ins Gemenge geraten. Gleichwohl misst die Naturwissenschaft diesem Aspekt nicht die größte Bedeutung bei. Für sie entsprechen die vier Grundkräfte Gesetzmäßigkeiten, die es zu berücksichtigen gilt, um den Kosmos rechnerisch zu verstehen und rational umzugestalten. Wenige Physiker erkennen in ihnen Prinzipien der Berührung und Durchdringung.

Natürlich hat die Physik damit Recht – aber eben nicht ganz und gar. Was der Oberstufenschüler mühsam in seinem Hirn als die mathematische Struktur der Objekte festzuhalten sucht, ist immer auch ein Kabinett der Möglichkeiten gegenseitiger Verwandlung. Als das Universum aus dem großen Knall entstand, gab es fast nichts anderes als diese Möglichkeiten: die Energie des Anfangs und die Kraft, die das in dieser als Potenzial noch verborgene ungeformte Etwas auf unterschiedliche Weise zusammenballte oder auseinanderriss. Alles Weitere folgte aus der dauernden Bereitschaft der Materie, neue Verbindungen einzugehen.

Natalie Knapp, die in Berlin lebende Philosophin einer Welt der vielschichtigen Verbundenheit, nicht der soliden und substanziell geronnenen Dinge und sieghaften, aber einsamen Überlebenden, meint, die Atome verspürten so etwas wie ein Begehren nach einander, um mehr zu sein, um sich in ein gemeinsam gebautes, komplexeres Molekül hinein zu verwandeln. Für Knapp ist das ein elementarer Liebesakt.[5]

Aber gleich wie wir es beschreiben, ob sich unsere Vorliebe auf eine solche kosmische Zärtlichkeit richtet oder ob wir die langsame Evolution und Komplexitätssteigerung des Weltalls lieber naturwissenschaftlich neutral protokollieren, in jedem Fall lässt sich festhalten, dass es in dieser Welt so etwas wie eine stetig wirkende Tendenz gibt, mit der sich die Dinge zusammenscharen und zu neuen, komplizierteren und anspruchsvolleren Formen verbinden. Knapp geht darum so weit, auch die Physik als eine »Beziehungswissenschaft« zu bezeichnen.[6]

Weil alle Berührungen zwischen den Körpern dieser Welt neue Möglichkeiten von Sinn hervorbringen, kann die Komplexität der Welt ansteigen, obwohl die Energie des Universums beständig dem Gleichmaß zustrebt. Der Eros der Materie konterkariert die Grundannahme der Physiker, die »Entropie« im Universum wachse beständig, alles im Kosmos also tendiere, vereinfacht ausgedrückt, zu einem gleichförmigen Zustand der niedrigst denkbaren energetischen Anregung. Feuer brennt aus. Lebewesen sterben. Unser Körper zerfällt. Sogar die Sonne erlischt irgendwann.

Während zwar unter dem Strich alles der einförmigen Ausdehnung langweiliger Sandkörner in der Sahara zustrebt, ist dieser Vorgang nur so möglich, dass sich im Verlauf des Prozesses überall Schleifen und Schlaufen bilden, an denen lokale Komplikationen auftreten. Man kann sich das ähnlich vorstellen wie die Schlieren in einem Glas klaren Wassers, das man mit Waldmeistersirup mischt: Es ergeben sich Orte der Begegnung, an denen Stoffe miteinander reagieren, Atomkerne fusionieren, Elektronen aus ihren Hüllen in andere springen, an denen massive Körper einander anzuziehen beginnen und so ständig aus der Geschichte einzelner Teilnehmer eine neue Situation entsteht, die immer als etwas Gemeinsames betrachtet werden muss.

Das deutlichste Beispiel für diese rührende und dramatische Art des Kosmos, dem künftigen Ruhezustand zuzustreben, den die physikalischen Gesetze voraussagen, und dabei eine Unzahl von Umwegen zu beschreiten, ist das Leben. Während die Materiepartikel in der Summe ihre Energieniveaus absenken, wird die dabei frei werdende Antriebskraft zum Spinnen neuer Beziehungen, zum Arrangement unerhörter Konstellationen, zu nie dagewesenen Formen, Gerüchen und Erfahrungen genutzt. Während das Universum unweigerlich auf den von Physikern so bezeichneten »Wärmetod« zusteuert, das Dahindämmern in Einöde und Gleichmäßigkeit, nutzt das Leben genau diese langsame Abkühlung als Trittbrettfahrer, um seine eigenen Bizarrerien hervorzubringen – Korallenriffe, Rädertierchen, Nacktmulle, Sie und mich.

Der materiellen Welt wohnt die Tendenz inne, sich am Abgrund des Scheiterns beständig zu neuen, kreativen Gestalten zu organisieren. Sie könnte in den Wärmetod sinken, stattdessen aber erfindet sie stets mehr Komplikationen und verspielte Arabesken: Energie verklumpt zu Atomen, Atome finden sich zu Molekülen, Moleküle sammeln sich zu Reaktionskreisläufen, und diese kapseln sich als lebende Zellen gegen jene Umwelt ab, die sie hervorgebracht hat. Während der energetisch beruhigte Tod droht, bilden sich unerhörte neue Beziehungen zwischen den Elementen, und Eigenschaften tauchen auf, von denen die Atome zuvor allenfalls geträumt haben.

Einige bahnbrechende Einsichten dazu lieferte der amerikanische Biologe Stuart Kauffman. Für ihn ist erwiesen, dass sich aus einem Haufen ungeordneter Materie mit Notwendigkeit immer komplexere Gestalten herausbilden – und diese Gestalten irgendwann ein Eigenleben entwickeln werden: Jenes hartnäckige Seinwollen, dass wir selbst aus dem Innersten unseres Ich kennen. Das Stichwort, mit dem Kauffman diesen Prozess beschreibt, heißt »Autokatalyse«: Selbsthilfe. Er hat beobachtet, dass nur genügend reaktive Stoffklassen in einer Ursuppe vorhanden sein müssen, damit irgendwann diese Stoffe sich gegenseitig dabei helfen, neue, ungeahnte Verbindungen herzustellen.

Je unterschiedlicher das Gemisch, mit desto größerer Wahrscheinlichkeit wird irgendwann der Funke zünden, jedes der unterschiedlichen Moleküle dazu beitragen, ein anderes herzustellen, und sich so der Kreis schließen: Das Ganze beginnt, sich selbst zu stabilisieren. Die einzelnen Bestandteile *helfen sich* gegenseitig, die drohende Abwärtstendenz zu überwinden. Sie trotzen ihrem Schicksal gemeinsam, indem sie beständig neue Beziehungen ausbilden, aus denen weitere Stoffe entstehen, die das gemeinsame Ende weiter hinausschieben.

Auch wir sind ein Resultat dieses Tanzes: Die Zellen, die uns ausmachen, sind direkte Nachfahren der ersten autokatalytischen Ketten. Jedes Lebewesen ist ein Erbe einer ununterbrochenen Reihung von Leben, die bis zur frühesten Selbstorganisation zurückreicht. In jedem unserer Moleküle tragen wir den Triumph über den Wärmetod mit uns, ein Stück eines explodierenden Sterns.

Berührung bildet das Grundgerüst der Wirklichkeit

Je tiefer die Physik ins Innerste der Materie vordringt, umso deutlicher wird, dass in der Tiefe keine materiellen Gewissheiten mehr bleiben, sondern sich stattdessen alles in Form von Beziehungen verstehen lässt. So ist der Atomkern mit den ihn umkreisenden Elektronen nicht ein winziger Planet, der von Satelliten umkreist wird. Das ist nur ein nützliches Modell – eine Übersetzung in die von uns leichter zu verstehende Weltsicht der einzelnen, klar abgegrenzten Dinge. In Wahrheit ist das Atom freilich eine Beziehung zwischen verschiedenen Energiekonzentrationen. Sein jeweiliger Zustand bildet die Momentaufnahme einer Gestalt von Bezogenheit.

Wie die Elektronen um den Kern verteilt sind, beschreibt die sogenannte Schrödinger-Gleichung. Aber sie bildet nicht eine Topografie ab, wie der Diercke-Weltatlas oder Google Maps, sondern sie gibt Wahrscheinlichkeiten dafür an, wo die einzelnen Komponenten des Atoms am ehesten anzusiedeln sind. Vielleicht kann man am treffendsten sagen, dass die Gleichung beschreibt, wie sich ein Atom »räumlich fühlt«. Die Schrödinger-Gleichung bildet die Möglichkeiten einer Beziehung ab und formuliert die Wahrscheinlichkeiten für verschiedene Arten, wie diese Beziehung gelebt werden kann.

Die Physik hatte bei ihrem immer tieferen Vorstoßen in die Welt des Kleinsten irgendwann jene Ebene erreicht, auf der sich zeigte, dass die sauber abgetrennten Einzelheiten, die wir gewöhnlich als Bestandteile der Welt auffassen, in der Tiefe bloß verschiedene Facetten eines gemeinsamen Zusammenhangs sind. Um das zu verstehen, müssen wir kein Quantenphysiker sein. Das ist das Spannende. Es reicht ein Gang nach draußen. Es reicht ein Spaziergang an einem flinken Fluss. Es reicht ein Atemholen, in dem die Umgebung unsere Lungen füllt.

Wir sind immer noch am Anfang der Welt.

Insofern geht jeder ligurische Bergbach nach wie vor mit den ungedrosselten Energien des Urknalls zu Tal. In dieser Welt der Steine, der Wassermoleküle, der Minerale, die einander abschleifen und langsam, von der Schwerkraft gezogen, zu Tal wandern, kann man die Grundprinzipien der erotischen Berührung ablesen: Sie hat zwei Seiten, die so miteinander in Beziehung treten, dass beide Seiten verändert daraus hervorgehen. Der samtige Flusskiesel ist der Stein, nachdem ihn das Wasser in fließende Form gebracht hat, das flinke Wasser ist die Flüssigkeit, die von den Steinen zum Perlen und Zerspringen gebracht wird. Nur gemeinsam ergeben sie einen Sinn, nur indem sie sich gegenseitig verändern, werden sie zu dem, was sie sind – und sind ein ganzes Stück mehr als das, was zuvor in ihnen gesteckt hat. Der harte kristalline Granit, abgeschliffen über Jahrhunderte, entdeckt das Potenzial des Runden, des Fließenden an sich – und das geschmeidige Wasser erfährt den muskulösen, voluminösen Katarakt als seinen Aspekt von Massivität.

Nicht einsame, autonome, souveräne Wesenheiten bevölkern diese Welt. Vielmehr besteht diese aus einem beständig oszillierenden Netz von dynamischen Interaktionen, in denen sich eins durch das andere verwandelt. Die Beziehung zählt, nicht die Substanz. Und um diese Beziehung zu ermöglichen, ist es nötig, dass ihre beiden Pole sich berühren, sich aneinanderschmiegen, sich durchdringen und gegenseitig abschleifen. Das ist der erotische Grundfaden, der aus den Dingen beständig andere macht. Indem die Steine mit dem Wasser in Kontakt treten, wird ihre Form weich – und damit weisen sie plötzlich Eigenschaften auf, die im Grunde das Gegenteil ihrer selbst darstellen. Die zu Tal stürzende Welle schlägt mit Härte gegen die Blöcke – und damit gewinnt das Wasser eine Qualität, die seinem Flüssigsein diametral entgegensteht.

Erotische Berührung macht somit aus beiden an ihr Beteiligten nicht nur etwas anderes, als sie vorher waren – sie hat das Potenzial, die Beteiligten in das Gegenteil dessen zu verwandeln, was sie ursprünglich waren. Der Stein im Bachbett kommt erst wirklich zur Geltung, indem er sich auf seine Antithese, das fließende Wasser, einlässt. Seine Identität als Kiesel gewinnt er dadurch, dass er nicht mehr mit sich identisch ist, sondern etwas anderes. Ein Stück schöpferische Verwandlung. Kein Beharren, sondern das Ergebnis eines kreativen Austauschs.

Dieser Austausch, der nichts auf dem anderen lässt und sich dabei der widersprüchlichen Kräfte der Körper bedient, liegt den Prinzipien einer erotischen Ökologie zugrunde. Er gibt die Grundregeln des physischen Kosmos vor, den wir mit allen anderen, mit Fledermäusen und Farnen und Rädertierchen und Viren und Kristallen, teilen. Und dieser Austausch der Körper, der immer Verwandlung bewirkt und nichts lässt, wie es ist, bestimmt auch die Regeln des Lebens.

So könnten demnach in erster Näherung die Axiome eines erotischen Weltbildes aussehen:

1. Die Welt besteht aus Materie, aus Körpern, die einander berühren.

2. Diese Berührungen bilden das Grundgerüst der Wirklichkeit. Sie ist körperlich und nicht abstrakt oder »geistig«. Sie ist nicht neutral, weil jede Berührung irreversible Spuren hinterlässt, die alle Beteiligten verändern.

3. Infolge dieser Berührungen zieht eine Ebene der Bedeutungen ein: Berührungen sind Veränderung mit wirkungsvollen Folgen. Berührungen bewirken Beziehungen und, bei Lebewesen, Interesse. Aufgrund der schieren Äußerlichkeit, in

der sich die Dinge zueinander hingezogen fühlen, bildet sich also eine »innerliche Erfahrungsebene«.

4. Berührtsein hat einen grundsätzlich positiven, fast sehnsüchtigen Aspekt: Die einzelnen Teile dieser Welt sind zueinander hingezogen, voneinander angezogen, sozusagen aneinander interessiert. Auch wenn jeder Kontakt zufällig ist, die Folgen sind es nicht. Berührung ist unvermeidlich und die auf sie folgende innigere Verflechtung des Netzwerkes von Beziehungen, das die Wirklichkeit ausmacht, ebenso.

5. Über Berührungen, Verflechtungen, neue Relationen und Komplikationen erhöht sich die Möglichkeit, dass weitere hinzukommen. Die Wirklichkeit erleichtert es sich selbst beständig, neue erotische Beziehungen zu entfalten und auszudrücken. Der Kosmos ist in einer gigantischen »Autokatalyse« begriffen, in der Beziehungen, also Strukturen und Sinn, entstehen und das Hinzutreten weiterer Beziehungen und tieferer Erfahrung von Sinn erleichtern.

6. Alles, was von dieser Welt ist, sehnt sich nach weiteren Berührungen, um stärker und inniger bezogen und damit tiefer gehend selbst zu sein.

»Das Wasser verwandelt unser Spiegelbild in Natur«[7]

Meinen ganz eigenen ligurischen Bach entdecke ich am dritten Tag nach meiner Ankunft. Ich finde den Bach, und sofort gehört er mir. Nicht im ausschließenden Sinn unserer Ökonomen; ich will nichts an mich nehmen, im Gegenteil. Jeder Kiesel soll dort liegen bleiben dürfen, wo ihn die Elemente hingespült haben, jedes feuchte Glimmerkorn soll dort ruhen, wohin es unter einem unhörbaren Donner vor aller Zeit gefallen ist. Der Bach gehört mir, so wie bestimmte aus der Kindheit herübergerettete Emotionen ganz meine eigenen sind, so wie manche Gesten, manche Arten von Mimik einen Bestandteil meiner

Persönlichkeit ausmachen. Es kommt mir vor, als sei dieses das Gewässer, an dem ich schon immer gesessen habe und älter geworden bin. »Das Wasser ist der Blick der Erde, ihr Organ, mit dem sie die Zeit betrachtet«, schreibt der französische Dichter Paul Claudel.

Noch ist es Winter. An diesem dunklen Tag fahre ich ziellos und verwirrt über kleine Teerstraßen, die sich die schroffen, vor Schneematsch und Nässe tropfenden Hügel emporwinden. Schließlich folge ich einem verwitterten blauen Schild, das den Weg nach *Porciorasco* weist. Die Straße duckt sich ins Unterholz, kurvt um Vorsprünge, klettert Kuppen empor. Dunkel schimmern die vereisten Stellen, an denen ich aufpassen muss. Ich fahre über eine Brücke aus schlanken Steinbögen, unter denen das Wasser dahinschäumt und die Blöcke darin dumpf rumpeln lässt. Der Fluss bildet den Grund eines Tals, das sich grau und blau zum Mittelmeer hin weitet. Keine Behausungen sind zu entdecken, keine Menschenspur.

Porciorasco ist ein Geisterdorf. In der Außenmauer der barocken Kirche klaffen breite Sprünge. Der Dorfplatz aus Schlamm, aus dem Jahrhunderte alte Steineichen wachsen: dunkelgrün, unnahbar. Ruinen fast alle Gebäude. Viele sind zu Ställen umgewandelt, Kuhdunggeruch dringt heraus. Die Straße wird hinter dem Dorf zu einer Fahrspur. Ich lasse das Auto stehen und folge ihr zu Fuß ins Tal hinab. Kälte hat sich in den Hang gekrallt, Reif glitzert auf scharfkantigen Steinen. Die Straße endet an einer Furt, anscheinend fährt der Bauer auf der Fahrspur durch die klare Flut. Der Bach kommt in einer Kurve aus einem kleinen Tal geschossen. Erlen, Eschen zeigen leer und schlank mit ausgestreckten Ästen in den Himmel, den jetzt ein dünnes Blau färbt. Wintergoldhähnchen zirpen, leise, dünn, ein feiner Regen von Kristall. Der Bach springt fast lautlos von Block zu Block, runde Steine, wuchtig wie Küchenherde, wie Kleinwagen, aus der Zeit gefallene Meteoriten. Ich balanciere auf ihnen stromaufwärts.

An den Rändern des Baches, der die graugrüne Farbe von Gletscherschmelze hat, hängen Weidenkätzchen, die sich von der Kälte nicht bremsen lassen. Das Wasser sprudelt über einen Ast, der quer auf den Steinen liegt. Es hat eine Reihe von dicken Eiszapfen in Orgelpfeifenanordnung hervorgebracht. Das Wasser spielt mit den Steinen, der Frost spielt mit dem Wasser. An einer klaren Stelle werfe ich einen kleinen Kiesel hinein. Der Platsch hallt wie ein Kanonenschlag durch das steinerne Tal.

An einem diesigen Wintermorgen ein paar Tage später, als die Wolken an den Hängen herabsinken, sehe ich auf den Steinen am Bach bei der alten Brücke mitten im Dorf die Wasseramsel. Aus der Ferne war sie nicht mehr als ein kleiner schwarzer Fleck auf einem Felsen, der dann während eines Wimpernschlags im Schaum des Bergbachs verschwand. Die Eiszapfen, die an Kieselblöcken und gestürzten Hölzern über dem sprühenden Wasser hängen, das Braun und Grau und Weiß der Federn an diesem kleinen Vogel, verwoben sich zu einem Bild der Stille und Kälte und Steinernheit, aus denen die Welt dieses Tiers besteht. Aha, habe ich gedacht. So ist es also. Die Wasseramsel ist diese felsige Kälte, aber sie ist sie von der Innenseite. Sie ist ihre Lebendigkeit.

Der kleine Vogel mit seinem grazilen Knicksen nach jedem kurzen Flug, wenn er wieder auf einem Granitblock landet, mit seinem weißen Brustlatz, so makellos wie der Schaum des jungfräulichen Baches, schien mir – notwendigerweise in die Gesetze des Fließens eingespannt, und gezwungen, für sein Leben (und das seiner Nachkommen) zu sorgen – selbst so etwas wie eine Resultierende des Wassers zu sein. Er wirkte in dem Maß unbekümmert, wie mir die Kälte, in die er mit seinem Federballkleid immer wieder tauchen musste, unerträglich erschien. Der Vogel tat nichts anderes als das Wasser, das der Schwerkraft folgte; und vielleicht war er genauso hingerissen von der Aussicht, mit seinem fragilen Leib am Grund über die Steine zu wandern und Larven aufzuspießen, wie das schäumende Wasser darauf erpicht schien, in einer besonders engen Passage über Stromschnellen zu Tal zu flanken.

Die Wasseramsel tat, was sie tat, und schien doch gerade darin zu leuchten und etwas Besonderes zu sein. Sie bildete eine jener notwendigen, aber eigenwilligen Schleifen der Schöpfung, die uns oft, obwohl sie unvermeidlich sind, wie planlos verteilte Geschenke vorkommen. Aber diese Geschenke beweisen ja nur, dass dieses Wechselspiel von Berührung, Spiegelung und Verwandlung nichts anderes zum Ziel hat als Zärtlichkeit: Hiersein in unverwechselbarer Eigenart und pflichtschuldigem Rausch.

Der Naturschriftsteller und Begründer des ersten US-amerikanischen Nationalparks in der Sierra Nevada, John Muir, notierte einmal in seinem Heft: »Ich würde gerne einer Wasseramsel ihr ganzes Leben lang folgen, von ihrer Geburt bis zu ihrer Sterbestunde. Ich bin sicher, dass dort kein Schmerz wäre und kein Widerstand, dass sie verschwinden würde wie eine Schaumblase am Fuße eines Wasserfalls.«[8] Muir traf etwas Entscheidendes, wenn er die Wasseramsel in den folgenden Zeilen als »Kolibri der blühenden Wasser« beschrieb. Er verstand, dass die gleiche Lebendigkeit durch alle Wesen fließt und dass die ihre somit immer auch die meine ist.

Die Idee, von den anderen getrennt zu sein wie der Forscher in seinem Labor von den Objekten, die er untersucht, ist vielleicht der fundamentale Irrtum unserer Zivilisation. Erst die darin liegende Verblendung macht unsere sagenhafte Gleichgültigkeit gegenüber dem massenhaften Tod der Natur möglich. Auch Muir sah, dass die Wasseramsel die felsige Kälte der wilden Bäche *ist*, aber von der Innenseite. Er sah, dass sie deren Lebendigkeit ist. Und dass ihr selbstvergessenes Spiel mit dem kalten Schaum der Wildbäche mich lebendig macht, weil es mich mit Liebe zu erfüllen vermag.

Ich gehe weiter, während das plötzlich fehlende Licht die

Geröllhalden des Wildbachs erlöschen lässt. Die Bäche dieser Landschaft, so empfinde ich es, fließen in Wahrheit durch mich hindurch. Sie bilden den erweiterten Teil meines Nervensystems. Sie lehren mich sehen.

Das Zentrum der Wirklichkeit:
Alles antwortet einander

In den Monaten in Norditalien hat meine Seele ihre wichtigsten Momente an den Flüssen verbracht, an kleinen Rinnsalen, die leichtfüßig über runde Klumpen hopsen, an kühlen Kolken unter schattigen Zweigen, die den brodelnden Mittagsglast abschirmen, an breiten, türkisfarbenen Wildflüssen in ihren weitläufigen Schotterkaren. Ich bin heute froh, dass auch mein Sohn die Schönheit der Flüsse dort gelernt hat.

Einmal, es war schon Sommer, hielten wir an – hinter einem Vorsprung, um den das Wasser kurvte und auf dessen steinige Spitze die vergangene Flut einen ganzen Baum geschleudert hatte. Über das poröse Gestein kletterten wir hinab in das Bachbett voller blanker Kiesel. Max brach ein paar Stücke aus einer Kristallader und begann, sie im Bach zu bearbeiten, sodass eine Art Steinmilch das Flachwasser am Ufer weiß färbte. Ich suchte ziellos die schönsten Stücke heraus, runde, leicht poröse Kiesel, flache, weich polierte Stücke mit einer braunen Maserung und einer feinen weißen Lineatur, auf denen ich meiner Tochter, die ich vermisste, mit winziger Schrift einen Brief zu schreiben beschloss.

Alles waren Edelsteine, Preziosen, nach denen man sich nur zu bücken brauchte. Die Welt floss über vor Kostbarkeit. Schnell hatte ich mehr zusammen, als ich tragen konnte. Ich hätte die ganze kiesgefüllte Flusskurve mit nach Hause genommen, wenn ich gekonnt hätte. Ich hatte genügend Steine für eine ganze Bibliothek von Briefen an meine Tochter. »Warum richtete ich mich nicht hier ein?«, fragte ich mich kurz. Warum stopfte ich mir die Taschen voll von dieser Schönheit und Nähe und machte es nicht umgekehrt, kam hierher, blieb? Was waren wir Menschen nur für verdrehte, erinnerungslose Wesen. Die Kiesel im Fluss, die ältesten Bestandteile der Erdkruste, die Minerale, die auch mich im Innern ausmachten: Ihre kalte, samtkalte Berührung war zärtlicher als ein Kuss.

Überall erinnern die Wirkungen des Wassers an die Bedingungen der allgegenwärtigen physikalischen Erotik, die aus Verwandlung und physischer Durchdringung unabsehbar viele Neuinterpretationen des Bestehenden zusammensetzt. Die Kiesbetten der Bergströme stellen ein Abbild des Fließens dar, einen Kommentar zum abstrakten Phänomen rinnenden Wassers, der dessen Geschmeidigkeit und Geschwindigkeit in die Sprache der Steine übersetzt. Das Wasser hinterlässt Spuren auf dem Festen, die seinen flüssigen Charakter widerspiegeln. Es provoziert ein Frage-Antwort-Spiel der Elemente. Wasser, das über Sandboden rinnt, etwa am Strand bei Ebbe, zerfächert den Boden zu einem charakteristischen Bäumchenverlauf. Die Spuren des Wassers sehen aus wie Wasser, sind jedoch etwas ganz anderes. Sie sind ein Spiegelbild des Wassers in einem anderen Medium, und darum zugleich das Gegenteil des Wassers: das Feste. Felsen, Steine, Sand.

Ein solches Gerinne auf wenigen Quadratmetern Gezeitenstrand oder auf einem sandigen Waldweg nach dem Regen sieht dabei von Nahem genauso aus wie etwa ein Flussdelta aus der Luft. Der Mississippi ist letztlich, von weit genug oben gesehen, nichts als eine Planschveranstaltung in der übergroßen Sandkiste. Dieses Phänomen, das Mathematiker als »fraktales Wachstum« bezeichnen, bewirkt, dass sich das Große als eine Art vergrößertes Spiegelbild des Kleinen erweist. Nichts bleibt ohne Spuren. Und selbst, wenn niemand es wahrnimmt und wenn es für kein lebendes Wesen einen Unterschied zu machen scheint, so wird doch ein jedes Ereignis, ein mineralischer Zustand, eine

Phasenänderung, ein Windstoß, eine Periode ausdörrender Hitze, schmirgelnd anbrandender Sand, von anderen Körpern als Veränderung erfahren. Jede Berührung hinterlässt Spuren, die von beiden Seiten etwas enthalten, weil sie zu einem Teil die Energie des Auftreffenden und zu einem anderen die Nachgiebigkeit des Berührten reflektieren.

Diesen erotischen Grundtatbestand bezeichnete der russische Psychologe Sergej L. Rubinstein in den 1950er-Jahren als »universelles Phänomen der Widerspiegelung«. Er versuchte darauf sogar eine eigene Theorie der Wahrnehmung zu begründen.[9] Widerspiegelung heißt, dass den Dingen in dieser Welt nichts übrig bleibt, als Verbindungen untereinander herzustellen – und deren Abdrücke darzustellen. Nichts geschieht mit Hintergedanken – und dennoch bleibt nichts ohne Spuren. »Die Wildgänse werfen ihr Spiegelbild ohne Absicht. Das Wasser denkt nicht daran, ihr Bild zu empfangen«, so formuliert ein Zen-Koan diese vorsatzlose Poesie der Wirklichkeit.[10] Aber einmal vom Bild der Wildgänse getroffen, verändert sich der Charakter des Wassers, einer unbelebten Flüssigkeit, und es wird zu einer imaginativen Substanz.

Solche Arten zielloser Wechselwirkungen großer oder kleiner Körper können ganz neuen Entwicklungsästen der Biosphäre Halt geben. Der Mond etwa zieht mit seiner Schwere ohne Absicht an der Erde – und bringt unseren Planeten dazu, sich ihm entgegenzuwölben wie der Leib einer Geliebten, sodass sich die Meere zu ihm hin gleichsam aufbäumen und ihr Wasser von der Küste zur Ebbe abziehen. Man könnte sagen, die Gezeiten seien die Art und Weise, wie die Erde den Mond wahrnimmt – oder »denkt«. Und aus diesem »Denken«, das natürlich nichts von einer aktiven oder gar interessegeleiteten Erfahrung hat, aber doch eine – absichtslose – Antwort ist, resultiert ein ganzes Universum eigener Konsequenzen: Es schafft die Grundlage für das überwältigende Universum all der Tiere und Pflanzen, all der Muscheln, Krebse, Würmer, Korallen,

Algen und Wasserpflanzen, die in den Gezeitenzonen der Meere Fuß gefasst haben. Man könnte also sagen: Die Wahrnehmung des Mondes durch die Erde bereichert diese so, dass sie neue Nischen, neue Gelegenheiten für Lebendigkeit ausbildet. Indem der Mond die Fantasie der Erde anregt, entfaltet diese ihrerseits neue Möglichkeiten, sich zu verwandeln.

Dieses stetige Gemurmel von Rede und Gegenrede erfüllt unsere Geobiosphäre. Überall stoßen wir auf die Erotik der Begegnung. Die blühende Hecke im Mai, dieser sprudelnde Gezeitenschaum aus Weißdorn und Waldreben zwischen den dunklen Bäumen und der lichten Wiese, ist genau in diesem Sinn das Produkt einer erotischen Berührung. Die Hecke am Waldrand ist das Ergebnis der Begegnung von dichtem Baumbestand und lichtem Offenland. Die blühende Hecke zeigt, wie der Wald dem Offenland antwortet. Oder das Offenland den Wald träumt: Darum die Blüten. Und dabei ist diese blühende Hecke weder Wald noch Wiese – sondern etwas Eigenes, in dem der Wald und die Wiese untergegangen und verändert gemeinsam auferstanden sind.

Der chilenische Kognitionsforscher, Biophilosoph und Buddhist Francisco J. Varela bezeichnete diese Poesie der Spuren, die neue Spuren hinterlassen, mit dem etwas kompliziert klingenden Begriff »reziproke Spezifikation« – als ein gegenseitiges Hervorbringen. Erst in der Begegnung kommt der eigene Charakter zur Geltung. Die Welt ist nicht die Summe der Dinge, sondern die Symphonie der Beziehungen zwischen mehreren Beteiligten, die durch diese Interaktion verändert werden: ein notwendiges erotisches Geschehen.

Eine solche Sichtweise kann den alten Streit der Gelehrten auflösen, was denn nun zuerst komme: unsere Vorstellung von den Dingen oder deren »objektive« Eigenschaften. Philosophisch gesprochen: Ist die Welt empirisch real? Oder haben wir alles nur konstruiert? Bestimmen die »Fakten« unser Denken? Oder die Gesellschaft? Oder die Sprache, der sogenannte »Diskurs«? In einem Kosmos der erotischen Wechselbezüglichkeit ergeben solche Gegensätze keinen Sinn. Denn Beziehungen enthalten immer beide Extreme, zwischen denen sie stattfinden, und diese bleiben in solch einer gegenseitigen Durchdringung ohnehin nicht mehr das, was sie vor der Begegnung waren. Varelas etwas früher verstorbener Kollege, der Kognitionsforscher und Anthropologe Gregory Bateson, pflegte zu sagen: Alles, was wir wahrnehmen, sei ein Unterschied, der etwas bewirkt, ein Unterschied mit einer Bedeutung – »a difference that makes a difference«. Und ein solcher Unterschied ist immer die Folge einer Beziehung, also eines erotischen Austauschs.[11]

Lenken wir unseren Blick auf die Sinnesfunktionen, welche Wahrnehmung erst ermöglichen, so gelten auch hier die erotischen Phänomene des Berührtseins, der physischen Umarmung und Durchdringung. Sehen können wir nur, indem ein Photon mit seiner Energie die Eiweißstapel unserer Sehzellen umbiegt. Um den Reiz weiterzuleiten, müssen Kanäle in den Zellmembranen für geladene Teilchen durchgängig gemacht werden. Die Energie dafür wird durch die Verwandlung von Stoffen bereitgestellt, die wir in unseren Mund führen und zerkauen müssen. Wärme zu empfinden heißt, dass von Infrarotwellen die Antennen bestimmter Sinneszellen in ihrer räumlichen Gestalt verformt werden. Um die Information der DNA abzulesen, muss diese durch komplexe Gebilde aus Eiweiß hindurchgeschleust werden. Riecht ein Tier einen Artgenossen, so führen die Duftstoffe zu einer physikalischen Verformung bestimmter Bereiche der Sinneszellen in der Nase. Vogelgesang lässt die Luft schwingen, die dann ihrerseits empfindliche Membranen wie unser Trommelfell in Bewegung setzt, von diesen das Vibrieren schließlich auf feinste, in einer Flüssigkeit gelagerte Sinneshaare überträgt, die ihren Reiz durch die Bewegung elektrisch geladener Atome weitergeben.

All das sind Beispiele von wirklicher Begegnung, ohne die in der Biosphäre keinerlei abstrakte Information verarbeitet werden könnte. All das sind Beispiele dafür, wie sehr wir zutiefst in einen Kosmos der Berührungen und Umarmungen eingeschlossen sind. Der Veroneser Renaissance-Arzt und Gelehrte Girolamo Fracastoro, der als erster die moderne Ansteckungslehre durch Krankheitserreger formulierte, hat für diesen Eros die Bezeichnung »universelle Anziehung« verwendet, »sympathia universalis«.[12] Jeder Akt des Existierens ist, schon im Kleinsten des Atoms, ein Begegnen und ein Begehren nach Begegnung, und darum ist er genuin nach Außen offen, darum ist er zutiefst schöpferisch und hochgradig imaginativ.

Hinterher ist es nie mehr wie vorher

An den kleinen ligurischen Bächen ist im Sommer noch ein anderer Impuls dieser grundsätzlichen Erotik, dieser *sympathia universalis* spürbar, ein ganz eigener und besonderer Spiegel, der sein Licht auf uns wirft: »Tu es uns nach!«, rufen die Dinge, »Versenke dich in diese Sympathie!«, »Berühre und lasse dich berühren!«, »Werde nackt wie wir, die Elemente!«.

Die stillen Spiegelflächen der verschwiegenen Stillwasser, die in ihrer unberührten Kühle unter den hitzestarren Erlenzweigen unersättlicher Sommertage warten, sind eine Einladung an die Haut, eine Einladung, sich zu entblößen und hinabzusteigen, eine lockende Versuchung, dem Drang nach Berührtwerden ganz stattzugeben.

Ich weiß einen Bach, der entlang eines schmalen Wiesentales verläuft, espenüberschattet, brombeerverhangen, transparent und kalt über Granitherzen und Schottergrus eilend, einen Bach, der mir immer vorkommt wie das Modell aller Bäche: jenes Gewässer, das Gott in seiner geheimen Werkstatt aufbewahrt, in der Schublade mit der Aufschrift »Bach«, und nach dem er durch Abwandlung alle anderen Rinnsale und Ströme formt. Sein Wasser kommt direkt aus der Kindheit der Welt geflossen.

Und es ist hier, wo ich dich nicht bat, deine Kleider abzulegen, hastig abzuwerfen, wo überhaupt keine Frage mehr im Raum stand, unter dem späten Flirren des Sommers, unter dem stummen Mittagsglast, weil das Wasser selbst sich nach Berührung sehnte, danach, im süßen Schmerz der Kälte die Haut zu einem Organ des Erschreckens zu machen, Erschauern darüber, wie groß ein Augenblick sein kann. Wir haben unsere Kleider ausgezogen, sind in diesen ersten, allerersten Fluss gestiegen und haben uns nach dem kalten Rausch auf den warmen Steinen umarmt, bis es für ein paar Momente keine voneinander abgetrennten Dinge mehr gab, bis die Grenze zwischen der zitternden Kälte der Flüssigkeit und der wärmenden Festigkeit des Steins sich ganz auflöste in ein Hinnehmen jenseits von Genuss oder Schmerz, in eine Form von sinnlicher Beobachtung, die jedes Detail innerlich notierte, obwohl sie vollkommener Rausch war, eine Vereinigung aus der Mitte des Minerals. Ekstase. Gleichmut.

Denken wie ein Bach, über dem die Espen in der stillen Hitze stehen und stehen werden. Denken wie ein Molch, ein kleiner Vogel. Eine Flechte. Es ging um nichts anderes mehr, als es dem Bach gleichzutun und einander im physischen Berühren zu verwandeln. Deine Haut, die Weiße deiner Haut bei aller Sommerbräune, die vom Wasser neu geboren wurde; es war der Ort, an den ich dich die ganze Zeit hatte führen wollen, der Ort, von dem ich wusste, dass du ihn verstehen würdest, weil du so gut spürtest wie ich, in welchem Maß unsere Begegnung uns umstimmte. Es war der Ort, den ich dir schenken wollte, und du nahmst ihn an und verstandest ihn und schenktest dem Wasser deine Haut, und das Wasser legte dich in meine Arme, ganz neu und so wie du ursprünglich gedacht warst.

3 Sehnsucht

»Für was auch sonst sind Steine Form geworden,
als unser Hiersein zu verlängern und unhörbar
in verstummten Dialekten auszusprechen:
Wir liebten diese Erde, doch wir mussten gehen.«
Loren Eiseley[13]

Rauch liegt in der kalten Luft, das Aroma von brennenden Eichen- und Kirschbaumscheiten. Der letzte Winter sitzt in den Felsen und Bäumen und im Stein der Häuser fest, in ihrem verwitterten Pastell, so wie ein langes Fieber noch in den Knochen einer Genesenden steckt. Die erste rosenfarbene Tönung des wiederkehrenden Lebens färbt vom Westen die Hänge und hinterlässt auf den dicken Flusskieseln, die sich zu Bänken und Kolken angeordnet haben, einen rosigen Schein. Aus den Bäumen am Bach, aus den kahlen Linden mit ihren langen Astfingern, aus der einzelnen hochgewachsenen Zeder im Park ertönen Stimmen. Eine Amsel ruft, eine Singdrossel antwortet ihr mit ein paar abgehackten Wiederholungen.

Aus der Spitze der Zeder aber verkündet unbeirrt die Misteldrossel, dieser melancholischste aller Singvögel, ihre monotone Frühlingsbotschaft. Das Tal füllt sich mit Klang, so wie es heute über dem Blau und dem Kristallgrau des Granits erstmals mit einer Andeutung von Sommer überhaucht wurde. Heute ist jener Abend – so wie in jedem Jahr ein Abend kommt –, an dem sich die Verheißungen des neu aufblühenden Lebens versammelt haben. Nichts ist erfüllt. Aber alles scheint möglich. Das Lied der Misteldrossel ist Teil dieses Versprechens – und vielleicht seine einzig mögliche Einlösung. Die Misteldrossel ist ein Lebewesen, das sehr weit entfernt von mir steht – und doch geht meine Vorfrühlingswelt aus ihr hervor. Wir sind beide nötig: Der Frühling erschafft sich aus uns gemeinsam.

Berührung und materielle Durchdringung sind die grundlegenden Kräfte der Wirklichkeit. Im letzten Kapitel habe ich beschrieben, wie sie bereits das Reich der Physik regieren, das Verhalten der Atome, der Moleküle, des Wassers, der Kristalle und der Steine. Aber um so viel mehr noch ist dieser erotische Austausch die ausschlaggebende Realität des Organischen. Er bestimmt die Welt des Lebenden und jede Erfahrung des Fleisches und der Sinne – und durchzieht entsprechend alle Momente erfahrenen Sinns. Biologie ist die Wissenschaft der Berührungen, aus denen Berührtsein hervorgeht, die Lehre des Austauschs unendlicher Variationen, des Stoff-Wechsels, der Verschmelzungen und Parasitisierungen. Biologie ist die erotische Wissenschaft schlechthin, weil das Lebendige das Erotische ist: dasjenige, was in der Berührung den anderen in sich hineinverwandelt, aus der Beziehung neue Beziehungen imaginiert, mehr leben will, unablässig eine Verbindung zum Ganzen, dessen Konzentrat und unwiederholbarer Einzelfall es ist, herzustellen sucht.

Das Erotische im Lebendigen zeigt sich in drei Domänen: dem Bereich der Symbiose, dem der Kommunikation und dem des Stoffwechsels. Die Durchdringung der unterschiedlichen Körper geht hier jeweils so weit, dass es, wenn man in die Tiefe schaut, nicht einfach ist, überhaupt klar die Grenze des einzelnen Organismus auszumachen. Francisco J. Varela sprach von Lebewesen als »Selbsten ohne Selbst«. Ein Wesen besteht aus Organen, diese aus Geweben und diese wiederum aus Zellen, die alle eine gewisse Eigenständigkeit haben. Dazu kommen symbiotische Organismen wie unsere Darmbakterien, ohne die für uns keine Existenz denkbar wäre. »Artreinheit« ist somit eine Illusion. Organismen sind immer schon Ökosysteme, die sich innerhalb von Ökosystemen organisieren. Das fundamentale Anliegen dieser Organisation ist die Verwandlung von Sonnenlicht in Fleisch und die Verwandlung von Fleisch in anderes Fleisch: das ganz und gar diesseitige, materielle Teilen des gleichen Stoffes.

Unsere Sympathie für die Natur ist bereits auf der Ebene des Körpers ein erotisches Hingezogensein. Insgeheim wissen wir (auch wenn die wissenschaftliche Kultur uns seit geraumer Zeit eines Besseren zu belehren versucht), dass wir unwiderruflich Teil eines stofflichen Austauschs sind, Kreuzwege eines andauernden Umschlags von produktiver Energie, der für uns die intensive Erfahrung erzeugt, als ein Subjekt auf der Welt zu sein, das von all diesen Dingen existenziell betroffen ist. Weil wir an diesem Austausch mit unserem ganzen Sein teilhaben und weil sein Gelingen oder Scheitern unser Schicksal bestimmt, *fühlen* wir. Unsere zutiefst empfindende und ausdrucksvolle poetische Existenz entfalten wir als ein fühlender Teil eines organischen Ganzen.

Diese Auffassung des Lebens als eines zusammenhängenden Netzes von Beziehungen, von denen jede zugleich Zentrum und Peripherie bildet, hat über viele Jahrhunderte die Existenz eines romantischen Traums geführt. In unserem wissenschaftlichen Bild der Welt haben wir uns davon weitgehend verabschiedet. In unserer alltäglichen Lebenserfahrung hingegen bestimmt diese Art der Wahrnehmung, in welchem Maß wir ganz wir selbst sein können.

Eine Lektion der Glühwürmchen

Wer glaubt, das Leben sei ein Schlachtfeld mit lauter Einzelkämpfern, sollte in einer Frühlingsnacht hinaus in die Wiesen gehen. Hier kann er lernen, wie wenig sich die Biosphäre darin erschöpft, klar abgegrenzte Individuen hervorzubringen, die im Wettbewerb gegeneinander konkurrieren. Wenn er denn solche Wiesen noch findet, heißt das. Jetzt, wo Bauern dazu übergegangen sind, nur noch eine einzige standardisierte Art von Gras zu säen.

In meinem kleinen italienischen Dorf laufen die schmalen Straßen in Hügel aus, auf denen im Frühjahr die Wiesen noch wild emporschießen dürfen. Die Halme schwellen binnen zwei, drei Wochen unter einer Vielzahl von Rispen und Blüten an und wachsen mir bis zur Hüfte, verschlungen und duftend. Ich denke dann: So mag es einst gewesen sein, als sich die Fülle überall einstellen konnte und es unvermeidlich schien, dass Leben jeden Winkel dieser Biosphäre bis zum Rand erfüllte. Als es selbstverständlich war, diesen Kosmos für belebt zu halten, in seinem innersten Grunde für belebt, und nicht für eine optimierte Ansammlung toter Materie. Wer verstehen möchte, wie sehr auch seine eigene Existenz ein Gemeinschaftswerk verschiedenster Organismen ist, muss in solchen Nächten hinausgehen, in denen der Mond die Hügel so transparent liegen lässt, als seien sie ein kleines bisschen durchsichtig, wenn Glühwürmchen durch die Dämmerung taumeln wie winzige verirrte Sterne. Ja, all das gibt es noch, auch in Europa, wenn man danach sucht.

Ein solches Erlebnis des Einklangs mit einer Landschaft und ihren Lebewesen ist wahrlich nicht das Ergebnis einer sachlichen Analyse. Aber gerade darum geht es: Wer im Gestöber der Glühwürmchen seine Hände durch die Kelche und Rispen gleiten lässt und sich des kommenden Sommers freut, nimmt nicht nur eine Vielzahl anderer Wesen wahr, also jene etwa hundert Pflanzenspezies und unzählige Insekten, die das Ökosystem Wiese ausmachen. Er erfährt auch sich selbst als einen Teil dieser Szenerie. Vermutlich ist überhaupt *das* der stärkste Effekt von Naturerfahrung. Wer in sie eintaucht, wandert immer ein bisschen durch die Landschaft seiner Seele.

Lange galten solche Erlebnisse als nicht ganz geheuer, jedenfalls unwissenschaftlich, und allerhöchstens getränkt von netten Befindlichkeiten aus Märchen, Romanen und Gedichten. Die

Mondnacht, gewiss. Eichendorff! Soll da etwa schon wieder »der Himmel die Erde still geküsst« haben? Doch gerade wer sich die jüngeren Ergebnisse biologischer Forschung ansieht, kann nicht umhin, im Zusammenspiel der Gewächse, der Insekten und Mikroorganismen einer Wiese ein geradezu greifbares Beispiel für Prinzipien zu sehen, auf denen die Welt der Lebewesen begründet ist. Unter dieser Perspektive wäre der Eindruck der Zugehörigkeit, dieses tiefe Betroffensein des nächtlichen Wanderers, kein Irrweg, sondern stünde im Zentrum einer realistischen Erfahrung dessen, was Lebendigkeit bedeutet. Nicht theoretisch, sondern praktisch, von der Innenseite eines lebendigen Wesens, wie wir es sind.

Die Prinzipien, die sich aus den Forschungen der Biologen herausschälen, zeigen, dass Leben auf nahezu jeder Ebene eine kollektive Angelegenheit ist, eine gemeinsame Unternehmung verschiedenster Wesen, die, nur indem sie einander irgendwie ertragen und sich einigen, zu einem stabilen, funktionsfähigen und damit auch schönen Ökosystem kommen. Konkurrenz, Wettkampf und Auslese im Sinne Darwins spielen sehr wohl eine Rolle – aber nicht als unerbittliches letztes Wort, sondern als eine Kraft unter mehreren, mit denen lebende Systeme sich selbst aus einer Vielzahl von Mitspielern erschaffen und gestalten. »Symbiose« ist die für diesen Prozess gern gebrauchte Bezeichnung. Aber »Symbiose« hat einen zu netten Klang, der unterschlägt, dass das Ökosystem in seinem Gelingen nicht nur das Glück der Bruderschaft hervorbringt, sondern auch den Schrecken der Vernichtung. Andere zu fressen und selbst zur Mahlzeit zu werden (wie es uns allen bevorsteht), erscheinen als Dimensionen innerhalb desselben lebenden Gewebes, als Prozesse, die das Ganze nötig hat, um sich in Stabilität zu erhalten und zu erfahren.

Darum sollte man lieber sagen: Biologen begreifen, dass Leben ein Phänomen absoluter Gemeinschaftlichkeit ist. Zu dieser zählt das Gedeihen in gegenseitigem Nutzen ebenso wie das lustvolle Verschlingen des anderen, welches das eigene Gedeihen verbürgt. So gehört zu den erstaunlichsten Charakteristiken einer Wiese nicht nur, dass die dort vorkommenden Pflanzen sich wechselseitig ein günstiges Mikroklima und Nischen schaffen, sondern vor allem, dass ihre Stängel abgegrast werden müssen, damit die Wiese eine Wiese bleibt. Es ist notwendig, dass die Blättchen und Blüten von den Kauladen unzähliger Insekten zerraspelt, von Hasen, Rehen, Kühen zermalmt werden, um alljährlich in Buntheit und Sanftmut neu erscheinen zu können.

Die Biosphäre ist voll von solchen Verwandlungen. Sie geht beständig aus ihnen hervor. Es gibt kein Wesen, keine Lebenssituation, die nicht aus der Berührung, Durchdringung und Verwandlung resultieren. So sind die Zellen unseres Körpers aus der »Endosymbiose«, der Begegnung zweier unterschiedlicher Typen von Bakterienzellen, entstanden, wobei die Zellen des einen Typs die des anderen umschlossen haben. Nur so vermochte der eingeschlossene Bakterientyp sich in die lebenswichtigen Organe innerhalb der Zelle weiterzuentwickeln. Eine Vielzahl von Viren hat im Laufe der Stammesgeschichte durch Infektionen ihre DNA in unser Erbgut eingeschleust. Deren Funktion hat sich dort so verwandelt, dass sie ein nicht mehr fortzudenkender Teil unseres Körpergeschehens geworden ist. Das Lebensreich ist immer Verwandlung des einen in das andere, aus der unaufhaltsam Neues erwächst.

Die Biosphäre in ihrer sich unablässig erneuernden Lebensfülle ist somit nicht »in Wahrheit ›Symbiose‹«, genauso wenig wie sie »im Grunde ›Wettkampf‹« ist. Allein eins ist unveränderbar: Kein Wesen ist reines Individuum, keines besteht nur aus sich selbst. Jedes setzt sich aus fremden Zellen, fremden Symbionten, fremden Gedanken zusammen. Lebewesen sind somit weniger Einzelkämpfer als winzige Kosmen, die verschwenderisch durch ihr Leben taumeln wie die einander umkreisenden Glühwürmchen durch die Nacht. Am Leben zu sein heißt, beständig an einer Gemeinschaft teilzuhaben und sich als Teil eines unabsehbaren Netzes von Beziehungen stets neu zu erfinden. In den Individuen ist dieses Lebensnetz verknotet. Aber schon ein einziger Zug genügt, ein einziges Missgeschick, um die Schlaufen zu lösen.

Wer durch die abendliche Wiese geht, erfährt all das auf eine unerklärliche Weise. Erleichterung überkommt uns, weil auf einmal der eigene Lebenskampf, die Herausforderung, sich selbst einigermaßen durch die Tage zu bringen, ein so rührendes und beruhigendes Echo erfährt. Die Mühe wird getragen von überall vibrierender Lebendigkeit, hinweggehoben über die Beschwerlichkeiten für den Augenblick eines Frühlingsabends. Wer den leisen Luftzug in den Gräsern rascheln hört, erinnert sich in der Tiefe des Körpers daran, wie wenig er selbst ein massives und konstantes Individuum ist. Die achtlos im leichten Hauch ausgestreuten Samen der Gräser kreiseln durch die Nacht wie Zellen durch den Raum des Leibes – ein Tanz der Atome des eigenen Körpers, begleitet von fremden Mikroben, Amöben, Viren, Pilzen.

Wir sind keine Individuen, sondern Kolonien

Lange hat es gedauert, bis Biologie und Medizin sich darauf eingelassen haben, wie fremd jedem Individuum große Teile des eigenen Leibes sind. Heute aber entdeckt besonders die Mikrobiologie, dass in unserem Zentrum nicht ein fester Kern ruht, sondern Leere lauert, um die herum der Tanz des Lebens sich entfaltet. Im menschlichen Körper ermöglichen erst Tausende verschiedener Spieler ein sinnvolles Ganzes. Wir wissen, dass unser Körper von Mikroben besiedelt ist, die vor allem im Darm lebenswichtige Stoffwechselleistungen erbringen. Eingefaltet in unseren Leib tragen wir ein eigenes Ökosystem, ohne das wir Nahrung nicht aufschließen und verdauen könnten.

Nicht umsonst heißen solche »Biofilme« aus Mikroorganismen, die feuchte Oberflächen bekleiden, in der Sprache der Biologen »Bakterien-Rasen«. Auch sie haben, wie jene Weide der ligurischen Berge, in der Verschlungenheit Hunderter Arten, von Fressern, Ausscheidern, Abbauern und Aufbauern von Stoffen, den Charakter einer wogenden Frühlingswiese – in uns. Kein Wunder, dass wir uns an solchen Abenden an etwas erinnert fühlen.

Der wahre Abgrund an Entäußerung, aus dem heraus wir »ich« sagen, wird erst heute, im Zeitalter avancierter gentechnischer Methoden, deutlich. Erst seit wenigen Jahren ist klar, dass die Bakterien einen gesunden Menschen vollkommen dominieren: Auf unsere 10 Billionen Körperzellen kommen 100 Billionen Mikrobenzellen, die alle eine Rolle in unserem Stoffwechsel spielen. Dessen Möglichkeiten werden dadurch enorm erweitert: So verfügen wir gemeinsam mit denen der Mikroben nicht nur über 20 000, sondern vielleicht über 100 000 Gene.[14] Derartige bakterielle Hilfe führt etwa dazu, dass Eingeborene Papua-Neuguineas im Darm, ähnlich wie manche Pflanzen und Blaualgen, in ihren Geweben symbiotische Stickstoffbakterien tragen. Daher können sie eine jahrelange Blätterdiät aushalten, ohne an Mangelkrankheiten zu leiden.[15]

»Wir sind keine Individuen, sondern Kolonien«, folgert aus alldem der US-amerikanische Mikrobiologe Bruce Birren.[16] Und diese Kolonien entwickeln ihre Befindlichkeit kollektiv: Welche Art des bakteriellen Ökosystems den Darm auskleidet, entscheidet etwa darüber, wie erfolgreich wir Nährstoffe aufnehmen. Patienten mit Hang zur Fettleibigkeit sind mit besonders effizienten Bakterien geschlagen. Diese sind in der Lage, aus einem Happen Knäckebrot noch all jene Nährstoffe zu extrahieren, die bei schlankeren Artgenossen unaufgeschlossen durch den Verdauungstrakt rutschen. Selbst das Gleichgewicht von Nervenbotenstoffen und Hormonen wird vielleicht nicht allein von unserem Hirn und Körper gesteuert: »Könnte der

Gemütszustand einer Person von ihren Bakterien abhängen? Möglich ist es. Unsere Existenzen sind so unglaublich miteinander verflochten«, meint Birren.[17]

Über die symbiotischen Mikroben reiht sich unsere Existenz in ein mit vielen anderen Körpern außerhalb unseres Leibes geteiltes Kontinuum ein. Denn Bakterien befinden sich untereinander in beständigem Austausch. In Krisenzeiten verteilen sie vorteilhafte Gene untereinander wie Kinder Lutschbonbons. Forscher sprechen daher heute häufig nicht mehr von der Vielfalt unterschiedlicher Bakterien-Arten in einem Lebensraum, sondern von der Diversität ihrer Gene und der entsprechenden biologischen Fähigkeiten, für welche diese Gene die Werkzeuge liefern. Und diese Vielfalt macht Biologen regelmäßig fassungslos: Der US-Forscher Norman Pace, der in den 1990er-Jahren einen Teelöffel Schlamm aus den heißen Quellen des Yellowstone-Nationalparks untersuchte, fand dort eine höhere genetische Diversität als die von der Wissenschaft bislang für die gesamte Biosphäre angenommene.[18]

Diese Vielfalt ist nicht säuberlich auf einzelne Arten verteilt, sondern steht im Rahmen symbiotischer Austauschprozesse allen Mikroben zur Verfügung. Die kürzlich verstorbene Biologin und Symbioseforscherin Lynn Margulis etwa glaubte, aufgrund solcher Austauschbeziehungen müsse man bei allen Bakterien dieser Erde in Wahrheit von einem einzigen biologischen Subjekt sprechen – einem Körper, der in unzähligen Zellen ausschwärmt. Konsequenterweise gehören dann auch wir, dominiert von einem Bakterien-Ökosystem mit der zehnfachen Zahl unserer Körperzellen, zum großen Lebenskontinuum. Wir sind also buchstäblich, physisch, ein Teil der Landschaft. Sobald wir Nahrung aus ihr zu uns nehmen, falten wir sie und ihre Bewohner in unseren Leib ein.

Für den theoretischen Biologen Francisco J. Varela blieb diese Vielfalt und Fremdheit im Kern unseres Selbst zeitlebens ein Rätsel – aber eines, das man als guter Wissenschaftler nicht vom Tisch wischt, sondern in dem sich das Prinzip biologischer Existenz offenbart. Für ihn ist ein Wesen bodenlos, gleichsam eine Spirale, deren fester Rand aus den verschiedenen Ebenen von Akteuren gebildet wird, den Zellen, den Organen, dem Leib. Doch in der Mitte des Wirbels, den das Wesen in der Materie hervorruft, ist nichts. In unserer Mitte, die aus nichts entsteht wie die Leere im Innern einer Wasserhose, fallen wir zurück an die Welt. So tief geht die Verwurzelung im anderen, dass ein Wesen in letzter Konsequenz nicht mit sich selbst identisch ist, sein Mark vielmehr von dem gebildet wird, was es *nicht* ist.

Ebendieses Nichts beglückt so, wenn die Wiesen in der Nacht stumm und voll daliegen, wenn die kleinen leuchtenden Insekten in ihren Schatten fallen und verglühen wie ersterbende Gestirne. Die Wiese ist ein Stück unseres Körpers, nach außen gefaltet und begehbar. Sie ist eins unserer Sinnesorgane, in dem wir etwas erfühlen, was wir sonst nicht verstehen würden, erst recht nicht heute, in dieser Zeit des Wettkampfs, der forcierten Individualisierung, des Einzelkämpfertums.

Das Erstaunliche liegt darin: Sobald wir die biologischen Gesetzmäßigkeiten nicht mehr allein mit Reagenzglas und Elektrophorese-Bank zu bestimmen vermögen, sondern auch und vielleicht viel genauer mit unserer sinnlichen Wahrnehmung als Lebewesen, enthält jede Begegnung mit der Welt der anderen Wesen eine unerwartete Lehre, die über die Befunde der Schulbiologie weit hinausgeht. Die Ökologie, die aus der erotischen Begegnung unseres Körpers mit anderen lebenden Wesen resultiert, enthüllt sich als eine seit Jahrmillionen immer wieder getestete und überarbeitete Anleitung, wie sich eigenes Leben aus dem Zusammenleben der Vielen gestalten lässt. Jedes Ökosystem – draußen, oder »drinnen«, in unserem Körper – illustriert anschaulich, dass die biologische Wirklichkeit nicht aus blinden, »deterministischen« Befehlsketten besteht, sondern sich aus der Zusammenarbeit einer Unzahl eigensinniger Akteure ergibt, die alle ihr eigenes Glück verfolgen, und dazu jedoch nur in dem Maß befähigt sind, wie sie das große Ganze nicht verletzen.

Leben, an dem wir so emphatisch teilnehmen, wenn wir die dunklen Rispen unseren Körper liebkosen lassen, ist somit kein netter Kindergarten, in dem alle immer nur gestreichelt werden, aber auch kein erbarmungsloses Schlachtfeld zwischen unerbittlichen Kriegern, »rot an Zähnen und Klauen« und »beständig im Krieg mit sich selbst«.[19] Die Welt der Biologie ist eher ein wilder Spielplatz mit anarchischen Elementen, auf dem zwar immer neu die Regeln kreativen Miteinanders ausgehandelt werden, auf dem es gleichwohl auch Bandenkriege gibt, verschworene Grüppchen, Intriganten – aber ebenso großherziges Teilen, heroischen Einsatz, versonnenes Glück.

Vier Prinzipien der Verbundenheit

Vielleicht lassen sich auf der nächtlichen Wiese, neben dem Glück, den eigenen seelischen Stoffwechsel sprachlos vor sich ausgebreitet zu sehen, sogar ein paar nützliche Regeln finden, die auch für unser Zusammenleben gelten. Sie könnten uns helfen, unseren Umgang mit den übrigen Wesen zu verbessern, und auch anders mit den gegebenen Ressourcen hauszuhalten. Sie könnten uns also überleben helfen.

Wie könnten diese Regeln lauten? Sie werden uns im Verlauf dieses Buches immer weiter beschäftigen. Darum will ich an dieser Stelle einen vorläufigen Überblick geben. Die Kriterien eines ersten fundamentalen erotischen Prinzips habe ich bereits im vorigen Kapitel formuliert: Der Materie selbst wohnt offenbar ein Verlangen nach tieferer Verbindung, neuen Details, höherer Realisierung des eigenen imaginativen Potenzials inne. Diese Tendenz nenne ich darum

1. Das *Prinzip der Berührung*. Es beschreibt, wie alle Körper sich ohne Absicht und Zweck zu anderen hingezogen fühlen,

wie der Drang, Beziehungen einzugehen, schon die anorganische Materie beherrscht. Zugleich aber lässt sich eine gegenläufige Tendenz beobachten. Ich nenne diese

2. Das *Prinzip der Freiheit*. Es bedeutet, dass stets so viele Individuen und Lebensstile wie nur irgend möglich entstehen, dass das Ganze immer vielfältiger wird und gerade dadurch immer stabiler und stärker ein »Ganzes«. Um dieses Ganze zu ernähren, ist ein weiteres Prinzip notwendig. Ich nenne es

3. Das *Prinzip der Gabe*. Es heißt, dass nichts im Reigen des Lebens je Eigentum ist. Alle Gene etwa dürfen ohne Copyright frei getauscht werden, Energie strahlt als kostenloses Gut vom Himmel und wird durch alle Nahrungsebenen frei verteilt, und am Ende macht jeder mit seinem Tod noch den anderen Wesen, die ihn verspeisen, ein Geschenk. Alles Wesentliche ist geschenkt, nicht um es für ein Monopol zu horten, sondern um es als Gemeingut zu teilen. Die Gaben im Reich des Lebendigen werden weitgehend absichtslos verschenkt. Zugleich aber sind wir alle auf sie angewiesen. Wir brauchen das Geschenk, wir brauchen den Sonnenstrahl, der zufällig auf uns fällt, das Lächeln des anderen Menschen, der uns mag, ohne dass wir dafür irgendetwas geleistet hätten. Schlicht, wie es der französische Essayist Michel de Montaigne ausdrückt: »Weil es er war und weil es ich war.« Die Gabe des Lächelns, ohne Grund verschenkt, lädt uns zu den anderen ein und verbürgt so

4. Das *Prinzip der Teilhabe*. Es besagt, dass in der Biologie jedes »Ich« immer erst durch ein »Wir« ermöglicht wird. In einem solchen System gleicht jede Entflechtung einer Amputation. Das »Ganze« ist in ihm immer und unausweichlich Teil des Selbst. Es gehört zu dessen Lebensfunktion – so wie umgekehrt nur gedeihende Individuen ein gelungenes Gesamtsystem aufbauen können.

Wem das zu viel nächtliche Spekulation ist, der kann gerne am Tag wiederkommen, in die Wiesen hochsteigen, ausgerüstet mit Spaten, Probengefäßen, Mikroskopen und Reagenzien. Ein guter Biologe lässt sich nicht vom Augenschein verführen, er gräbt in die Tiefe. Er bleibt nicht Dichter, sondern wird Forscher. Er entfernt den Bewuchs und analysiert den Boden. Was kommt zum Vorschein? Die Hand des Wissenschaftlers durchwühlt einen Raum, der nicht nur aus Mineral gemacht ist, sondern aus Krumen des Organischen. Denn Boden kann bis zu einem Drittel aus lebender Substanz bestehen.[20] Er setzt sich aus Humus, Blättchen, kleinen Würmern und krabbelnden Kerfen zusammen, durchzogen von einer Unzahl feiner und feinerer Wurzeln, begleitet von unsichtbaren Pilzmycelien. Alles umschlingt einander und bildet einen einzigen undurchdringlichen Körper, ein Netz ohne Boden, eine fühlende Haut, die sich über den Stein gelegt hat.

Der Ökopsychologe Gregory Bateson war davon fasziniert, dass das Netz der Beziehungen zwischen Wurzelhärchen und Pilzfäden, zwischen Räubern und Beute, Partnern und Konkurrenten eine ähnliche Form bildet wie die Nervenbahnen zwischen den Zentren unseres Gehirns. Bateson zog daraus zwei Schlüsse: Auch die Landschaft ist zum Denken fähig – wenn auch nicht in Ideen und Worten, sondern in Formen, Farben, Tönen und Gerüchen. Ihr Denken hat kein Objekt, und es kennt darum auch nicht die Beschuldigung und den Vorwurf. Natur denkt, indem sie sich selbst als Subjekt verwandelt. Die Beziehungen in einem Ökosystem stellen somit gewissermaßen die Synapsen im Nervensystem einer Landschaft dar (in einem ganz spezifischen Nervensystem, das die Gestalt einer ganz bestimmten Landschaft hat). Ein Ökosystem ähnelt darin einem Gehirn. Wie dieses ist es zur Kognition fähig. Die Veränderung der Vegetation infolge einer Klimaverschiebung etwa zu größerer Trockenheit können wir uns als die Art und Weise vorstellen, wie ein Ökosystem die Dürre *imaginiert*. Die Biosphäre ist ein

System, das beständig neue Beziehungen herstellt, indem es auf Beziehungen antwortet. Auch das Gehirn tut nichts anderes. Weil es in einem Körper steckt, bildet es zudem Beziehungen nicht ab, sondern ist selbst Teil des Beziehungsgeflechts in einem Ökosystem, und nicht außerhalb.

Wenn Neurobiologen beobachten, das Gehirn lerne immer, heißt das folglich:[21] Wir stecken, solange wir leben, in einem körperlichen und geistigen Wachstumsprozess, der daraus besteht, dass wir Begegnungen interpretieren und uns selbst in die Geschichte unserer Begegnungen verwandeln. Das Gehirn ist damit ein Spiegelorgan der Welt, die vor allem aus Beziehungen besteht. Es spiegelt diese Beziehungen, indem es selbst Beziehungen *in sich* herstellt, indem es Beziehungen *zu den* Beziehungen der Welt herstellt, und indem es *über diese* Beziehungen neue Beziehungen knüpft. Das Gehirn ist ein Organ, das die Welt spiegelt, indem es sich zugleich zu einem Teil dieser Welt macht.

Und all unser Denken bildet seinerseits wieder ein Ökosystem. Geist ist ein ökologisches Phänomen, Ergebnis eines kollektiven Tanzes. Das Offenland träumt den Wald in Form der Hecke, wie wir im letzten Kapitel gesehen haben. Die Wiese träumt die Insekten, indem sie ein Ballett choreographiert und darin auf die Veränderungen der Umwelt reagiert, sich verändert und diese Veränderungen sichtbar werden lässt. Wenn wir im Dunkeln die raschelnden Halme durchstreifen, unter dem stillen Schauer der Leuchtkäfer, tanzen wir mit.

Das unwiderstehliche Verlangen nach Sein

Eine Wiese, die in ihrem blühenden Sommerkleid diesen langsamen Tanz aller Möglichkeiten tanzt, ist ein erotischer Ort par excellence. Bedauert seien all die von Heuschnupfen geplagten Bewohner der urbanen Moderne, die nie dem Impuls nachgeben durften, einen anderen Menschen in einer solchen Wiese, den Geboten der lauen Nacht und der kitzelnden Blüten gehorchend, hemmungslos zu küssen. Die Wiese verkörpert, was der britische Schriftsteller Aldous Huxley als unser lebenslanges Verlangen beschrieb: Sie ist voller Anmut. Wir und alle anderen Lebewesen, meinte Huxley, suchen nach Grazie, nach »grace« – ein Wort, das im Englischen zugleich Lieblichkeit und Gnade bedeutet.

Das Verlangen, von dem Huxley spricht, ist keine metaphysische Fiktion, sondern, ganz im Gegenteil, körperlich in die Biologie der Organismen eingebaut. Um das zu verstehen, müssen wir uns freilich an den neuen Blick auf die Lebewesen gewöhnen – einen Blick, der diese nicht länger als mechanische Werkzeuge umfassender Optimierung betrachtet, sondern als Wesen, die sich erhalten wollen und deren Fortexistenz für sie einen absoluten Wert hat, der alles, was sie tun, mit Fühlen erfüllt: mit Sehnsucht nach Sein und mit Angst vor dem Scheitern.

In meinem Buch *Alles fühlt,* einem Essay über das subjektive Empfinden, das die Welt der Organismen durchzieht, habe ich diese grundlegende Emotionalität in den »Drei Gesetzen der Sehnsucht« beschrieben. Die Gesetze der Sehnsucht bilden die Prinzipien, nach denen ein Lebewesen jede Art von körperlicher Betroffenheit zugleich als eine existenzielle Bedeutung erfährt. Ein Lebewesen kann jederzeit scheitern – und *will* sich darum erhalten. Durch diesen existenziellen Lebenswunsch ist die Welt der Organismen keine neutrale Bühne, sondern tief durchtränkt von Werten und Bedeutung. Deren Prinzipien – das *Begehren der eigenen Fortexistenz,* die *Sichtbarkeit dieses Lebenswunsches als gefühlsmäßiger Ausdruck* und die *notwendige Gegenwart fremden Lebens, um das eigene leben zu können* bilden die Grundregeln der Sehnsucht, nach der die lebende Materie zur Entfaltung drängt. Diese Regeln gelten gleichermaßen für körperliche Austauschprozesse wie für seelische Erfahrungen.[22]

Dieses sehnsuchtsvolle Verlangen entfaltet sich aus dem Abgrund, der zwischen dem Ziel eines nach Ganzheit strebenden Organismus und der gleichgültigen Materie klafft, aus der dieser sich immer wieder zusammenbauen muss. In *Alles fühlt* habe ich versucht, den Organismus nicht allein als eine aus Materie gebaute Maschine zu beschreiben. Ich versuche vielmehr, ihn als dieses eigentümliche Streben eines komplex aufgebauten Stückes Materie zu verstehen, nicht nur sich selbst zu erhalten, sondern auch noch zu expandieren. Der Lebenswunsch ist kein Programm, sondern ein von der Materie ausgehendes und die Materie strukturierendes Begehren. Ein Wesen – und schon die simpelste Zelle – *ist* dieses Verlangen.

Ein Organismus ist darum bereits immer schon etwas Innerliches, etwas Nichtmaterielles. Dies jedoch nur, weil er aus Materie besteht, die bekanntlich ihr Eigenleben hat. Die komplexen Stoffe, aus denen eine Zelle aufgebaut ist, würden blitzschnell zu simpleren und »toten« Bauteilen zerfallen, wäre da nicht diese ständig strukturierende Ordnung, die Fortexistenz anstrebt und die einzelnen Bestandteile zusammenhält. Diese Kohärenz ist auch keine Leistung der »Gene«, denn die Gene selbst sind, um gewartet und repariert zu werden, auf den Zellstoffwechsel angewiesen.

Ein Wesen besteht somit in seinem innersten Kern aus dem Streben, nicht zu einzelnen Bruchstücken der Materie zu zerfallen, sondern sich in seiner eigenen Geschlossenheit zu erhalten. Wir selbst wissen, was es heißt, dieses Streben zu fühlen, denn auch wir wollen weiterleben, und nicht nur weiterleben, sondern uns auch produktiv entfalten. Wir kennen den Lebenswunsch von innen. Sobald ein Wesen – schon eine einzige Zelle – sich als Ganzes herstellt und dazu die Materie nutzt, von der es eben jederzeit wieder hinabgezogen werden kann, ist dieses Verlangen in der Welt: die unwiderstehliche Sehnsucht nach Sein, nach mehr Sein, nach Heilung, nach Fülle, nach Gänze. Kein Tier – und auch keine einfacheren Lebensformen, die ihm vorangehen – ist darum eine Maschine. Es ist vielmehr ein um sich besorgtes Selbst, dem alles etwas bedeutet, weil alles als gut oder schlecht in seine Lebenssphäre einbricht. Jedes Wesen wiederholt somit die Grundkonstellation fühlender Subjektivität. Jedes Wesen ist eine ihrer Masken, ist eine Weise, Subjekt zu sein – fühlendes, verlangendes, verletzliches, triumphierendes Subjekt.

Diese Subjekthaftigkeit verleiht der Natur den Charakter einer Psyche. Ihr Seelisches ist keine Metapher. Es ist keine Projektion aus dem Symbolvorrat unserer Kulturgeschichte und kein willkürlicher Einfall, sondern die innere Seite, die existenzielle Seite ihres biologischen Funktionierens. Es ist ihre Erotik. Es ist schlicht der vibrierende Charakter des Lebendigen, der sich als Individuum realisiert, als Selbst, dem jede Begegnung in der Welt etwas bedeutet, und dem daher nichts als »neutrale Information« erscheint, sondern alles von Gefühl gefärbt.

Fühlen wird so zur Physik des Organischen. Als Lebewesen zwischen den anderen Wesen der Natur sind wir überall Beobachter einer Lebendigkeit, die wir zugleich in uns tragen. Wir sehen die Außenseiten von dem, was wir »innen«, aus unserer Seele, als Wert, Bedeutung und Gefühl erfahren. Wir sehen die Außenseiten und wissen, dass diese die Erscheinungen von Innenseiten sind und dass wir diese Innenseiten mit unseren Sinnen wahrnehmen können. Die Natur ist somit nicht bloß Spiegel von Seele. Randvoll von Leben und Sterben erfüllt, ist sie eine Psyche, durch deren Außenseite wir Zugang zu unserem Inneren haben. Jedes Wesen ist eine Gestalt unseres Inneren; nein: unser Inneres in einer seiner Möglichkeiten. Dieses Innere können wir nur verstehen, indem wir fühlende, analogische, bildende Wesen es als lebendiges Bild unserer selbst vor uns sehen: als Glück oder Leid, das zugleich uns mit Glück oder Leid erfüllt.

Nur indem wir an Tieren und Pflanzen die Außenseiten innerlich gefühlter Lebendigkeit sehen, erfahren wir, was es heißt, am Leben zu sein. Wir selbst sind uns ja verstellt: Unser Körper, der uns in die Lage versetzt, Leben fühlend mitzuvollziehen, verbaut uns zugleich die Möglichkeit, Leben als ein Gegenüber zu durchdringen. Verstehen können wir nur, indem wir teilnehmen. Es ist wie mit dem blinden Fleck der Netzhaut: Wo der Sehnerv mündet, der die Bilder zum Gehirn überträgt, vermögen wir selbst nicht zu sehen. Wir brauchen das Gefühl, das sich im Leib eines anderen Wesens verkörpert, um unser eigenes Fühlen ganz auszuschöpfen. So wie wir manche Emotionen erst in der Schönheit eines Kunstwerkes erkennen, lotet der Kontakt mit anderen Wesen die Tiefe unseres Herzens aus und macht uns zu uns selbst.

Ein unendlicher Faden, mit sich selbst verknüpft

Die Erotik der Teilhabe ist damit nicht nur ein Verlangen nach Nähe. Sie ist auch Erschütterung durch diese Nähe, eine Erschütterung, wie sie die Entgegnung eines anderen bewirkt, in dessen Augen ich lesen kann: Ich bin bei dir zu Hause. Die Erotik der Teilhabe bewirkt, dass sich mein Sichtfeld weitet. Das gilt – wir werden es im zweiten Teil dieses Buches erforschen – für die Folgen aller Bindung. Es ist sogar die Voraussetzung unserer eigenen Identität. Diese Identität, die eines fühlenden biologischen Wesens, beginnt bei den Körpern der anderen, die für uns etwas bedeuten und dadurch zu Bestandteilen der eigenen Erfahrung werden.

Wir Menschen sehen mit Tieren, so wie Dichter mit Worten sehen. Nur die anderen Lebewesen ermöglichen uns die eigene Wahrnehmung bis in die letzten Tiefen. Ohne die Kreaturen sind wir, was einen Bereich der eigenen Identität angeht, blind, taub und stumm – wichtiger Sinnesorgane für das Sein beraubt. Ohne sie *sind* wir nicht, denn alles Sein ist Gegenseitigkeit und Widerspiegelung. Erst *mit* den anderen sind wir lebendig, im belebten Fleisch dieser Erde gegenwärtig, die uns hervorgebracht hat und uns trägt. Diesen Umstand haben wir zu schnell vergessen. Heute, wo die dritte Generation ihre Speisen prozessiert und verpackt im Supermarkt erwirbt, ist es nicht mehr evident, dass *wir uns von Leben ernähren, um selbst zu leben* – physiologisch wie emotional.

Und so ruht der Beginn des ersten Frühlings nicht in meiner Imagination, nicht im Rosenglanz auf dem Granit, nicht in der Brut-Erregung der Misteldrossel, sondern in allen von uns, indem wir uns ihm gemeinsam hingeben. Die Stimmen der Vögel, der Amseln und der Drosseln bilden einen ortlosen Chor, der hier und jetzt etwas beschwört, was es nicht gibt und vielleicht nie geben wird. Sie sind Stimme, physikalische Schwingung der Luft, und zugleich reine Imagination. Nicht innen, nicht außen, beides und nichts. Die Psyche, die dort vor mir liegt, in der Natur, die sich als Äußeres eines Inneren enthüllt, sie ist nur darum vor mir, weil sie zugleich in mir ist. Wir »spezifizieren« uns gegenseitig, Wahrnehmender und Wahrgenommenes, das mich, indem ich es erfahre, ebenso wieder wahrnimmt.

Leben ist etwas, das an einem Körper eine Innenseite zum Ausdruck bringt: Innenseite der Welt, die immer anwesend ist, die als Potenz in aller Materie davon träumt, zum Erwachen zu kommen, ungeachtet, ob Lust oder Qual dieses Erwachen begleiten. Die Präsenzform dieser Innenseite ist die Poesie. Wir wissen nicht, wie sie sich im nächsten Moment realisieren wird. Sie wartet in den kleinen akustischen Blitzen, aus denen das Murmeln des grau und grün und glatt über die Steine – die rosenfarbigen, die schwarzen mit den feinen Linien – gleitenden Rio Borsa zusammengesetzt ist. Poesie ist das Ganze, das wir erkennen, das wir als uns selbst erkennen, ohne dass wir dieses Erkennen in Formeln hämmern könnten: Die einzige Möglichkeit des Verständnisses besteht darin, zu antworten, in Form einer Geste, eines Blickes, der Haltung eines Körpers – zu antworten mit Schöpfung, mit Poesie, die nichts anderes ist als das Ganze, die nichts anderes ist als ein vereinzeltes Bruchstück.

Die Splitter des Misteldrosselliedes spiegeln sich im glitzernden Wasser des Rio Borsa, im Schotter seiner granitenen Kiesel, im Echo der Berge, die heute zum ersten Mal eine wilde Röte überzieht. Der Kohlenstoff, das Silizium, das Wasser und die Luft verweben sich zu einem Netz ohne Anfang und ohne Ende. Sie sind ein einziger unendlicher Faden, mit sich selbst verknüpft.

4 Tod

»Der kühne Gedanke von der notwendigen
Unvollkommenheit jeder Schöpfung.«
Gershom Scholem

Noch um halb elf Uhr nachts leuchtete die Sonne. Der Abend schien nicht enden zu wollen. Wir waren alle in die Rauchsauna gegangen. Sie gehörte zu dem uralten Bauernhof von Leigo, ein kleines Gebäude aus roh behauenen Stämmen mit dicht bemoostem Dach unter ein paar hohen Linden. Wir, das heißt, die halbwegs jüngeren Teilnehmer von Philosophen und Biologen einer Tagung über ein alternatives Bild des Lebendigen. Alle, die irgendwie in diesem endlosen Licht die Lust auf ein Abenteuer verspürten, auf ein kleines, zivilisiertes Abenteuer, hatten sich unter den Bäumen entkleidet. Der schrägen Sonne war anzusehen, dass sie die Nacht noch lange mit Licht erfüllen würde, dass das Licht, statt bald dem Dunkel zu weichen, kaum wirklich schwinden würde, dass vielmehr bloß die Dinge transparenter, durchsichtiger werden würden.

Vor der geschwärzten Blockhütte, vor deren Tür flimmernd die Hitze stand, wenn jemand hineinging, lag einer dieser glatten, dunklen Teiche, die für die Landschaft im mittleren Estland so typisch sind. Das kleine Wasser mutete wie ein schöpferischer Raum an, in dem nichts beschlossen liegt, aber dessen Oberfläche darauf zu warten scheint, dass konzentrische Ringe sachte gekräuselten Wassers sie durcheilen wie flüchtige Ideen und so »das Reservoir der Dunkelheit« aufrühren, wie es der britische Dichter W. H. Auden ausgedrückt hat.

Die Welt zeigte sich als Potenzial. Sie war Kühle und Sanftheit für unsere erhitzten Körper, als wir periodisch immer wieder aus der verräucherten Hitze der Saunahütte über das sumpfige Ufer eilten und ins dunkle Wasser klatschten. Ein kluger Mensch hatte ein paar Dosen Bier im Kraut am Ufer deponiert. Dann saßen wir wieder schwitzend auf den von vielen Jahrhunderten rauchgeschwärzten Holzbänken in der dunklen Hütte. Die beiden italienischen Forscherinnen nahmen an der Exaltation im Bikini teil und blieben endgültig draußen, nachdem einer der estnischen Wissenschaftler sie mit sanfter Stimme darauf hingewiesen hatte, dass bei den Lufttemperaturen in der Rauchsauna ihre Bikinis im Zeitraffer am Leib einlaufen würden.

Als mich der Wechsel der Extreme ermattet hatte, blieb ich mit dem Bier im durchsichtigen Abend sitzen, meinen Rücken an die Blockbohlen der Hütte gelehnt. Mein Kollege Kalevi setzte sich zu mir. Mit seiner unverwechselbaren Art, aus beiläufigen Einzelheiten eine philosophische Befragung zu machen, begann er in mir nach dem Grund zu bohren, warum der Wechsel zwischen heiß und kalt – oder vielmehr: tödlich heiß und lebensgefährlich kalt – uns so viel Vergnügen und sinnliche Lust bereitete. Er wollte wissen, was ich fühlte, wenn ich fühlte, ganz genau.

Der Biosemiotiker Kalevi Kull, der an der Universität Tartu lehrt, ist ein Sokrates der biologischen Selbsterfahrung. Jeder, der beginnt, den Fragen des Gelehrten zu antworten, kann sicher sein, dass er irgendwann in seinen eigenen Widersprüchen hängen bleibt – und genau dann etwas Neues begreift. Kalevi hat übrigens eine wunderbare Beschreibung für diese Art des Gesprächs, das für ihn alles ausmacht, was Wissenschaft je erhoffen kann: »Einander helfen, sich gegenseitig zu verstehen«, nennt er es.

Kalevi Kull ist der Erbe einer langen Tradition biologischen Denkens, die zutiefst mit dem baltischen Land am Rand der Ostsee verwoben ist. In der kleinen Nation an der Grenze zu Russland mit ihren Birken- und Kiefernwäldern, die für lange Wintermonate im klirrenden Frost erstarren, mit ihren Sommern, in denen das Licht kaum erlischt und die dünn besiedelte Landschaft auch nachts wie von innen leuchten lässt, besteht auch heute noch eine Tradition weiter, die Lebewesen nicht als effiziente Maschinen im genetischen Wettkampf sieht, sondern als »Gedanken der Natur«. So jedenfalls drückte es der Entwicklungsbiologe Karl Ernst von Baer im 19. Jahrhundert aus. Der wichtigste Erbe dieses Denkens war der Biologe und Philosoph Jakob von Uexküll, der erst in Tartu, dann später in Heidelberg und Hamburg lehrte. Er ist Großonkel des in Stockholm lebenden jüngeren Jakob von Uexküll. Dieser hat in den 1980er Jahren den Alternativen Nobelpreis gestiftet und verleiht ihn alljährlich an Menschen, die sich vom Bild einer Welt, in der nur belohnt wird, was nützlich ist, nicht irre machen lassen.

Kein Licht ohne Finsternis

Dass Kalevi mich an jenem Abend so sehr auf den Widerspruch dieser beiden Elemente unseres keusch-bacchantischen Vergnügens stieß, hatte etwas mit den Fragen zu tun, die *ihn* in diesen Sommerwochen beschäftigten. Wie viel Widerspruch in sich selbst toleriert ein Lebewesen? Wie viel Widerspruch ist notwendig, damit der Lebensprozess überhaupt fortschreiten kann? Wie sehr ist die Idee des Widersprüchlichen, oder Paradoxalen, sogar entscheidend für unser Verständnis von Leben? Kalevi ging noch ein Stück weiter: »Eine Zelle funktioniert nur«, sagte er mir an jenem Abend zwischen zwei Schlucken Bier, »weil sie mit sich selbst inkompatibel ist. Weil ihre Bestandteile miteinander unvereinbar sind. Jede Zelle ist ihr eigener Widerspruch, solange sie lebt.« »Dann heißt also leben schon für die Einzelteile einer Zelle, dass sie einander helfen müssen, sich gegenseitig zu verstehen?«, fragte ich zurück.

»Genau.« Er überlegte einen langen Augenblick und schaute mit einem verschmitzten Ausdruck in die Ferne. Ich wusste nicht, ob Kalevi nachdachte oder nur so tat, damit ich nicht allzu sehr beschämt war, dass er alles schon gewusst hatte, was mir während unseres Dialogs einfiel. »In einer Zelle treffen vollkommen unvereinbare Dimensionen aufeinander. Die genetische Information, also ein abstrakter Code, und der Zellkörper, also ein konkretes, materielles Wesen im Raum. Beides ist miteinander inkompatibel. Und diese Inkompatibilität bedeutet, dass immer das eine ins andere übersetzt werden muss.« »Dann gibt es immer einen Rest, der nicht übertragen werden kann«, dachte ich laut. »Das Verstehen scheitert. Aber in der Logik dieser Widersprüchlichkeit hat es nur eine Chance, Verstehen zu sein, *weil* es scheitern muss. Wäre da nicht der jederzeit mögliche Tod, so bräuchte ein Wesen nicht die Besessenheit zu entwickeln, weiterzuexistieren. Ohne den Tod wäre es eine Maschine. Oder allgemeiner: Lebendigkeit muss misslingen können, um wirklich lebendig zu sein. Erst mit dem Tod wird das Leben schöpferisch.« »Ja!«, rief Kalevi aus und schlug sich aufs Knie. Ich wusste, er hatte das alles schon lange gedacht.

Im großzügigen Sommerlicht, das sich zwischen den dunkler erscheinenden Bäumen verteilte und die transparenten Klingen der Grashalme im Raum aufzulösen schien, kam mir meine eigene schonungslose Bestandsaufnahme unwirklich vor. War denn nicht gerade jetzt ein Augenblick, in dem alles im Einklang erschien? In dem sich *Einklang* als eigentlicher Charakter der Welt erwies? Aber ich wusste, dass Kalevis überraschende Vermutungen meistens zutrafen.

Und vielleicht war dieser Abend auf dem Höhepunkt des Mittsommers in Wahrheit ein Beispiel für genau das: für die Notwendigkeit des Todes, der den Weiher zu Eis gefrieren lassen und die Stämme der Linden erstarren lassen würde, damit sie nach einer Pause mit ihrer rauschhaften Frühlingshoffnung wieder unsere Herzen erobern könnten?

Vor meinem geistigen Auge sah ich die Umgebung der Saunahütte im Winter, mit Schnee überpudert, ein erstarrter

Scherenschnitt in Schwarzweiß. Es war kaum vorstellbar. Und doch unvermeidlich. Die Pracht des nordischen Sommers ist dem langen, düsteren Winter geschuldet. »Es ist ein Fehler, dass wir uns Licht ohne den notwendigen Schatten vorstellen. Alle Helligkeit wird mit der entsprechenden Finsternis erkauft«, sagt der Philosoph und Mystiker Richard Rohr.[23] Diese Haltung, der so allgegenwärtige Glaube daran, sich auf eine sichere Seite retten zu können, die schmerzlichen Widerstände endlich einmal ganz auszubügeln, beraubt uns somit unserer Lebendigkeit.

Der englische Philosoph Alan Watts sagt: »Im Großen und Ganzen feiert sich die westliche Kultur in der Illusion, dass das Gute ohne das Böse existieren könne, Licht ohne Dunkel, und Vergnügen ohne Schmerz – und das gilt sowohl für ihre christlichen wie für ihre weltlich-technologischen Epochen.« Wo das Schöne, Produktive ist, hieße das, gibt es auch eine düstere, abgründige Seite, die wir nicht vermeiden können. Alles andere ist Illusion. Und es hieße auch: Heute, wo unsere Zivilisation nach zweihundert Jahren intensiver Versuche, »Aufklärung« und »Erhellung« zu schaffen, die Erde in die aufregendste Lage seit 200 Millionen Jahren gebracht hat, kommt vielleicht der Moment, sich vom Glauben an ein Leben ohne Tod zu verabschieden. Aber dieser Moment, dachte ich beklommen, wird selbst ein Sterben sein.

In den nächsten Tagen nach diesem beiläufigen und doch sehr folgenreichen Sommergespräch machte ich mich auf die Suche nach Beispielen. Ich versuchte sie nicht in der Mystik zu finden, und auch nicht in der eigenen, arg begrenzten und oft so wenig durchschauten Erfahrung, sondern in der Wissenschaft des Lebendigen. Ich arbeitete während dieser Tage an einer Empirie des Inkompatiblen in uns. An einer Biologie des Todes, einer Ökologie der Widersprüche. Kurz, ich versuchte zu verstehen, ob Kalevis im ersten Moment widersinnig anmutende Aussage stimmen könnte.

Denn wenn sie stimmte, öffnete das neue Türen. Dann war

die Welt des gesunden Lebens ein ganzes Stück problematischer, als sie sich vorher gezeigt hatte – aber auch ein ganzes Stück mehr so, wie sie sich von innen aus, in meinem Erleben, anfühlte: als eine Herausforderung, aus Widersprüchen eine Geschichte zu erfinden, die Sinn ergab.

Ich versuchte zu recherchieren, wie tief der Tod das Leben prägte und in welchem Maß das produktivste Leben den Tod beinhaltete. Dabei musste ich viel an jenes kleine Gedicht von Rilke denken, »Schluss-Stück«, das mich als Heranwachsenden immer wieder berührt hatte, ohne dass ich mir sicher war, es zu verstehen: »Der Tod ist groß. Wir sind die Seinen, lachenden Munds. Wenn wir uns mitten im Leben meinen, wagt er zu weinen, mitten in uns.«[24]

Eine Ökologie des Todes

Langsam wurde mir klar, dass die Negation, die Kalevi im Herzen des Organismus entdeckt hatte, nicht die einzige war. Ich entdeckte, dass Leben in Wahrheit ein ganzes Geflecht solcher Unvereinbarkeiten ist, und ich begann mich mit dem Gedanken anzufreunden, dass es vielleicht überhaupt nur darum funktioniert. Denn Leben: Das ist ja tote Materie, die plötzlich versessen darauf ist, sich selbst aktiv zu vermehren und zu immer unwahrscheinlicheren Gebilden aufzubauen.

Die große Inkompatibilität im Herzen unseres Daseins beginnt bereits weit vor dem Widerspruch zwischen der genetischen Information und dem winzigen Körper jeder Zelle, in den diese Information übersetzt werden muss. Die tiefste Unvereinbarkeit liegt zwischen der Autonomie, die jedes Lebewesen, schon die einfachste Bakterienzelle also, in die Welt einführt, und der Materie, die nach den Gesetzmäßigkeiten von Ursache und Wirkung organisiert wird. Der eigentliche Skandal besteht somit darin, dass es diese eigensinnige Zelle überhaupt gibt, und dass sie sich in jedem Moment beständig neu erschafft aus einem Stoff, der am allerliebsten für die nächsten Milliarden Jahre als lebloser Staub am Boden liegen würde. Und vielleicht reicht diese Spaltung sogar bis in die tiefsten Strukturen der Materie, wo sie einen Riss zwischen der Beharrungskraft des Stoffes bildet, der stets das niedrigste Energieniveau anstrebt und der so mit der geheimen Sehnsucht nach Entfaltung und Resonanz im Wettstreit steht.

Die Selbstorganisation, von der ich im letzten Kapitel gesprochen habe, sowie ihre atemberaubenden Produkte – vom perfekt ausbalancierten Urankern bis zu den träge ondulierenden Schlangenarmen der Haarsterne auf den Böden der Ozeane – sind, so schien mir, ein direktes Echo des Todes. Form bildet sich, weil die Kräfte, die alles dem Boden gleichmachen wollen, nur wenige Auswege lassen, wie sich schöpferische Identität behaupten kann, nur dünne Lakunen und schmale Kanäle, in denen die kreative Sehnsucht gerinnt und sie ausfüllt wie das flüssige Blei die Adern eines altertümlichen anatomischen Präparats, das längst zerfallen ist und nur das metallische Geflecht zurückließ. Die Sehnsucht der Dinge nach Komplexität ist ein Spiegelbild des Endes, das sie irgendwann verschlingen muss. Die zu Tränen rührende Faktizität der Formen, der Umstand, dass jedes Blatt anders ist, jede Knospe ein einzigartiges Individuum, ist der Spiegel des Todes, der auf alles wartet, und Zeuge der ganz eigenen Art, den Zerfall zu vermeiden und den Triumph darüber zu feiern. Beide, Einfallsreichtum und Engführung, gehören zusammen wie die Gezeiten und der Mond, wie der Waldsaum und die Wiese, die nur gemeinsam die wirbelnde Blütenfreude der Frühlingshecke hervorzutreiben vermögen. Die Explosion unfassbar vieler Individualitäten ist also die Art und Weise, wie das Leben den Tod denkt: Schöpferische Vielfalt ist die Wahrnehmung der Endlichkeit und ihre Verwandlung in eine Geste, die jedem Gedanken an Endlichkeit spottet.

Erst der Tod schenkt allem, was existiert, dessen unteilbare Einzigartigkeit. Der Tod ist die invertierte Individualität. Das bemerkte Hannah Arendt, die große Philosophin des Menschen als eines Wesens in Fleisch und Blut, das immer nur in Beziehungen existieren kann. Arendt, nannte die Einmaligkeit jedes Geschöpfes, das nicht gewesen ist, dann auftaucht und wieder schwindet, die »Gebürtlichkeit«. Alles, was ist, steht für einen neuen Anfang, eine neue Antwort der unstillbaren Sehnsucht nach Sein, ist etwas Einzigartiges, in dem sich diese Sehnsucht, nein, nicht erfüllt, sondern in der schrankenlosen Intensität ihres Begehrens als ein beschränktes materielles Ding, das irgendwann enden wird, zeigt. Die Gebürtlichkeit bewirkt, dass alles, was ist, obwohl der Tod sein Nichtsein verlangt, eine zutiefst poetische Geste einnimmt. Es verwandelt das Gesetz des Nichtseins in ein Trotzdem, das keinerlei Worte über sich verliert, sondern nur existiert. Unbekümmert wie die Wasseramsel, die ihr zartes und zähes Leben hindurch zu begleiten der Naturphilosoph John Muir träumte. Unbekümmert wie der Zaunkönig, auch so ein Federgewicht, eine fast masselose Kugel von Wärme, die im tiefsten Winter die vereisten Pfosten eines morschen Zaunes hinauf- und hinabeilt, um winzige Insekten zu verspeisen.

In der Geschichte der spirituellen Philosophie spielt dieses einmalige Sein, dieses ganz spezifische »Sosein« eine zentrale Rolle. Der Philosoph Johannes Scotus Eriugena lehrte im Mittelalter, auf diese Weise vermöge jede Kreatur Gott gerade dadurch zu enthüllen, dass sie auf ganz einzigartige Weise nur sie selbst ist. Im Angesicht dessen, der sie mit Liebe schaue und sich ganz auf diese Einzigartigkeit einlasse, setze sie das von ihr aufgefangene göttliche Licht wieder frei.

Der Begriff, den Scotus für dieses Phänomen verwendete, war das lateinische Kunstwort »Haecceitas«, die »Dass-heit«. In der Dassheit zeigt sich der schöpferische Triumph über das Nichts, der aber immer diesem abgerungen sein muss. Im schlichten Sein zeigt sich mehr als irgendwo: Eine Kraft durchwaltet die Welt, die zur Existenz drängt, und damit zur Individuation und zur Selbsterfahrung. Der Philosoph Gottfried Wilhelm Leibniz betrachtete das Staunen darüber – die Frage nämlich, warum überhaupt etwas sei und nicht vielmehr nichts – als den Beginn aller Philosophie.

Wer vor Vertrauen in die Güte der Dinge vibriert wie der mittelalterliche Mystiker, braucht für eine Antwort darauf nicht zu überlegen. Er muss nur warten: Darauf etwa, dass sich am Ende des Winters die Märzbecher in quellenden Matten unter den Lindenstämmen zeigen, ihr dichtes Grün gekrönt von einem Schwarm weißer Blüten. Wie sie so unverhofft, so vollkommen ungerufen aus dem Boden kommen, um voller Naivität dazustehen, ist eine Erfahrung reinster Gnade, in deren Präsenz sich die Pracht der Schöpfung umso komplexer entfaltet, je kleiner sie ist. Jedes Blütenblatt zeigt bei näherem Hinsehen den Himmel in seinen Kelch eingefaltet. Hier ist es, das überwältigende Erlebnis der Simultanität, die gleichzeitige Anwesenheit aller Möglichkeiten – von Wachstum, Reife und Verfall –, die Totalität des Daseins, das Neueste und Schüchternste, das den Zerfall mit der Leichtigkeit von Kindertränen verlacht, all das zusammengezogen im Damast einer einzigen Blüte.

Jedes Lebewesen wird in einer solchen Sichtweise zum Zentrum des Universums, zu einer Singularität, in der sich das Wesen der Schöpfung ganz enthüllt: nämlich Sehnsucht zu sein, die sich als Sehnsucht Form gibt, nicht als Souveränität und substanzielle Selbstherrschaft. Darum ist das Leben so leicht zu zerstören. Es trägt den Tod, dem man nur die Tür zu öffnen braucht, bereits in sich, ist ein feines Gewebe aus Begehren nach vollkommen zweckloser, unbestätigter Einzigartigkeit. Weil aber diese Sehnsucht jeden Schritt leitet, mit dem der Stoff sich verwandelt, mit dem sich die Atome bewegen, ist sie das unzerstörbare Grundmuster, aus dem alle Form quillt. Das Gute siegt, sozusagen, aber es siegt auf einer so basalen Ebene, dass man eine ganze Menge Geduld mit ihm haben muss. Diese Geduld zu lernen hieße dann, lieben zu lernen, bedeutete dann, das Leben an die Hand zu nehmen und sich zum Werkzeug dieses zutiefst heilsamen Anliegens zu machen.

Der romantische irische Dichter Gerard Manley Hopkins machte gegen Ende des 19. Jahrhunderts das Staunen über dieses unzählig oft wiederholte und doch immer wieder ganz unterschiedliche Sosein der Welt zum Zentrum seines Werkes. Seine Sprache zittert vor Staunen über diese stets unerhörte Enthüllungsgeste, und am Ende ist jene Sehnsucht, die Sehnsucht bleibt, das nicht weiter verstehbare Phänomen, dem man nur mit einem Echo antworten kann. Die Sprache wird zu einem Instrument nicht der Analyse, sondern des heiteren Akzeptierens.

So schreibt Hopkins in einem seiner berühmtesten Gedichte:

Wie Martinsfischer Feuer fangen, wie Libellen Flammen ziehn,
wie kullernd über runden Brunnenrand
der Kiesel klingt, wie jede angerührte Saite singt,
*   der Bogenschwung*
der Glocke Stimme nimmt, den Namen weit hinauszuschleudern –
tut alles Sterbliche nur dieses Ding, nur eines:
das Sein, das in ihm wohnt, nach außen zu verströmen,
sein Selbst ganz selbst zu sein. Ich selbst spricht es
*   und schreibt sich ein,*
laut ruft es: Was ich tue, das bin ich, und dafür kam ich her.[25]

Abschied und Neubeginn: Unser Stoff wechselt, unser Ich bleibt

Damit sich die Sehnsucht als schöpferische, zutiefst verletzliche Geste in einem Körper entfalten kann, muss sie ihre Negation bereits in sich tragen. Sie muss Begehren sein, das um sein eigenes Ende weiß und *darum* frei ist, den Wagnissen von Wachstum und Verbindung zu folgen und sich darin zu riskieren. Die Sehnsucht muss, um in den Worten von Kalevi Kull, dem estnischen Biophilosophen, zu sprechen, inkompatibel mit sich selbst sein, in sich zerbrochen, eine Unmöglichkeit – und genau dann kann sie sich derart intensiv so sehr als das Positive ausdrücken, dass wir durch sie hindurch gleichsam das schöpferische Begehren des ganzen Kosmos wahrnehmen: Die brennenden Feuerlibellen, den Eisvogel in seinem gleißend metallischen Blau und Grün, der ein Blitz ist und ein flüchtiger Gedanke und doch ganz allein verletzlicher Körper, ein kurze fünf Jahre währendes Anliegen der Materie, mehr zu sein als bloß Stoff. Und in einem Schwenk von Gerard Manley Hopkins in die Labors der Biowissenschaften zeigt sich: Genau das, dieser Bruch, macht den biologischen Charakter der Lebewesen aus.

Hans Jonas, der vor dem Zweiten Weltkrieg für immer aus Deutschland fortgegangene jüdische Biophilosoph (und enge Vertraute Hannah Arendts), hat das unwahrscheinliche Wagnis am eindringlichsten beschrieben, auf das sich die Materie einlässt, wenn sie der Sehnsucht nach mehr Sein folgt.[26] Ein Detail, das die Biologie ganz und gar übersehen hatte, als sie in ihrem Erfolgsrausch, alle Wesen als »genetische Maschinen« zu beschreiben, zur Leitwissenschaft des 21. Jahrhunderts aufstieg, ließ Jonas nicht los. Dieses Detail ist der Stoffwechsel. Das Wort erfasst das seltsame Phänomen, dass der Stoff, aus dem jede Zelle (wie auch unser Körper) besteht, immerfort aufgegeben und abgestoßen wird. Jede Zelle stirbt einen beständigen Tod, während sie in der Blüte des Lebens steht: Ihr Stoff, die Moleküle, aus denen sie sich selbst erbaut, müssen im nächsten Zug zerstört und abgegeben werden, damit die Flamme des Lebens nicht erlischt. Der griechische Fachterminus für den Stoffwechsel, »Metabolismus« bezeichnet dieses Revolutionäre deutlich. Die exakte Übersetzung lautet »Umwurf«. Damit ein Lebewesen etwas erfahren kann, muss alles umgestürzt werden – in seinem Körper und in dem, was es aufnimmt.

Wer erinnert sich noch an die Schulzeit, als der Biologielehrer den sogenannten Zitronensäurezyklus an die Tafel gezeichnet hat? Dieser biochemische Reaktionskreis beschreibt den zentralen »Energiemotor« jeder Zelle. Nahrung – also ein Teilchen Zucker – wird der Zelle hinzugefügt, dabei Energie freigesetzt und Kohlendioxid abgegeben. Soweit der langweilige Schulunterricht, das Lernwissen für die Klassenarbeit. Der Lehrer verschwieg freilich das Wichtigste (weil seine Professoren es ihm auch nicht gezeigt hatten). Das abgegebene und ausgeatmete Kohlendioxid ist nicht, wie bei einem Motor, der verbrannte »Treibstoff«. Es enthält nicht das Kohlenstoffatom aus der Nahrung. Sondern ein anderes, das aus der Zelle selbst stammt, also dem eigenen Körper. Stoffwechsel heißt demnach: Ich ernähre mich von dem, was zu meinem Körper wird, und was mein Körper war, atme ich in die Luft aus. Ich *bin* das Korn aus dem Feld, das für mich starb, und ich *sterbe* beständig und verwandle mich in das, was Pflanzen einatmen, damit daraus, also aus dem, was mein Körper ist, ihr neuer Körper wird. Der Organismus hält sich geschlossen, während zugleich Materie durch ihn hindurch fließt. Diese treibt durch die Körper der unterschiedlichsten Organismen hindurch, ohne mit ihnen identisch zu sein. Ein Kohlenstoffatom im stillen Grashalm der Wiese war eben noch Teil der Luft, davor ein Insekt, davor Frucht, davor vielleicht ein menschlicher Körper, menschlicher Atem, vielleicht ich selbst.

Ist das nicht eine genuin erotische Relation? Eine Bindung, die tiefste Innigkeit herstellt – und dabei vollkommene Selbstveräußerung verlangt? Das Funktionieren des Lebenskreislaufs auf der Erde beruht allein darauf, dass wir alle miteinander den großen Leib der Materie teilen und wechselseitig durch uns hindurchgleiten lassen. Leben ist Berührung in einem noch tieferen Maß als Angerührtsein an der Haut, als Zusammenstoß mit fremder Masse: Es ist Berührung als Durchdringung des einen mit dem anderen. Was jeder – die Pflanze, die Tierzelle, ich als Mensch – ist, beruht einzig auf der gegenseitigen Bezogenheit, die sich als dieser Austausch darstellt.

Und möglich wird dieser Austausch nur dadurch, dass jeder Körper eben nicht materiell derselbe bleibt (wie etwa eine Bronzestatue oder ein Dieselmotor). Im Unterschied zu einem Gegenstand oder einer Maschine trennt er sich stets von einem Stück seiner selbst, um fortzubestehen. Genau darum ist es falsch, ein Lebewesen mit einer Maschine zu vergleichen: Diese wechselt nicht ihren Stoff. Der Treibstoff, den ich in den Tank fülle, verbrennt nur, verwandelt sich aber nicht in einen Körper. Der Kohlenstoff im Benzin ist derselbe Kohlenstoff wie im Abgas. Darum erwärmen Verbrennungsmotoren die Atmosphäre mit immer mehr CO_2, lebende, *essbare* Körper in einem Ökosystem hingegen nicht.

Der Stoffwechsel beinhaltet ein beständiges Sterben und Geborenwerden. Wer wir sind, ist darum nicht durch unseren Stoff festgelegt. Das ist die grandiose Erkenntnis, die Hans Jonas uns vermittelt: Wer wir sind, wird bestimmt durch unsere je individuelle Sehnsucht, zu werden, zu wachsen, uns selbst zu entfalten und zu behaupten. Leben ist ein Prozess, in dem sich eine Identität selbst erzeugt. Aber diese Identität liegt nicht in der Materie, sondern in der Sehnsucht, mit der sie sich in jedem Moment neu gebiert und in deren Namen sie alle möglichen Versuche unternimmt, sich schöpferisch zu entfalten. Was uns ausmacht, ist eine Geste, ein Akt, ein Wunsch: der Wunsch weiter zu existieren.

Und dieser Wunsch ist gerade das Gegenteil der Materie, die

ja immer ihre letzte Ruhe anstrebt. Die Sehnsucht nach Existenz, die wir nur durch den Stoff, der dieser Sehnsucht beständig entkommen will, verwirklichen können, ist der tiefste Widerspruch des Lebendigen. Diese Sehnsucht beschreibt zugleich den strukturellen Bruch, der eines Tages zwangsläufig zur Katastrophe führen wird, zum Tod, der jedem von uns auf je eigene Weise bevorsteht.

Betrachten wir genau, wie Lebewesen »ticken«, wird klar, dass es die von unserer Zivilisation so hoch gehaltene strikte Unterscheidung zwischen Außen und Innen gar nicht gibt, sondern Materie sich beständig selbst hoch organisiert. Und hoch organisierte Materie schafft unweigerlich eine Sinnsphäre, jene Sehnsucht nach mehr Sein, die den Raum subjektiver Erfahrung kennzeichnet. Außen – reine Materialität – und innen – die Erfahrung von Gut und Schlecht, Fühlen, Betroffensein, das Streben nach Zielen, also kurz all das, was unser inneres Befinden kennzeichnet –, sind somit keineswegs verschiedene Sphären oder unterschiedliche Welten.

Außen und innen sind zwei Seiten derselben Sache und untrennbar miteinander verbunden. Nicht, weil »alles Geist« sei. Oder gar, weil es »in Wahrheit« den Tod nicht gebe. Das Ganze ist überhaupt nicht esoterisch, sondern sehr fleischlich. Esoterik ist im Übrigen nur eine weitere sehr menschliche Weigerung, den Tod zu akzeptieren, indem man die Kontrolle über alles übernimmt, in diesem Fall durch die Illusion, das Ganze »geistig« durchschauen und beherrschen zu können.

Nur *weil* ein Lebewesen unweigerlich eines Tages scheitern wird, transformiert es die Außenwelt in eine Innenwelt. Lebewesen sind Körper zwischen anderen Körpern, die sich als solche, also in einer bestimmten Konstitution, in guter Gesundheit und Zukunftsfähigkeit erhalten »wollen«. (Vermutlich »wollen« einfache Zellen und urtümliche Organismen das nicht so, wie wir etwas wollen, aber sie verhalten sich entsprechend einem Drang zum Weiterexistieren, den wir hervorragend nachvollziehen können.) Ein Etwas, das zumindest den Drang hat, sich zu erhalten und das in der Konsequenz hartnäckig Störungen abwehrt, ist per Definition ein Subjekt – und keine Maschine. Vielmehr ist es ein Wesen, das einem Wert folgt. Alles, was dieses Ziel unterstützt, erhält so in der Erfahrungswelt eines Organismus eine positive Bedeutung – und alles, was dieses Ziel erschwert, eine negative. Äußere Berührungen werden daher – zuerst, bei einfachen Wesen oder bloßen Zellen, sicher nur rudimentär – zu existenziellen Erfahrungen von Gut und Schlecht. Man kann also auch sagen: Wesen, die das Ziel haben, zu existieren, entwickeln Bedürfnisse. Die Erfahrung, diese Bedürfnisse zu haben und sie in unterschiedlichem Maß erfüllt zu sehen, nennen wir *Gefühle*.

Die Sehnsucht öffnet das Fenster, durch das Erfahrung möglich ist. Denn nur ein Wesen, das scheitern kann, erfährt dasjenige, was ihm begegnet, in existenzieller Bedeutung. Eine Statue kennt keinen Sinn, weil sie nicht sterblich ist. Für ein Subjekt der Sehnsucht enthält jedes Knistern der Wirklichkeit eine Botschaft, eine Antwort auf die bange Frage, ob der nächste Augenblick das Sein erleichtern oder erschweren wird. Der Tod ist unvermeidbar, aber der Tod erst macht die Welt lesbar. Und diese in begehrenden, zerbrechlichen Leibern geschriebene Schrift versteht jedes Wesen gleichermaßen. Erst der auf alle gleichermaßen wartende Tod macht diese Welt zu einem gemeinsamen Anliegen. Der Stoffwechsel verwandelt die Materie in unserem gemeinsamen Körper. Und dessen Verletzlichkeit schmiedet uns in einem gemeinsamen Geist zusammen.

Das ist, von einem biologischen Standpunkt aus betrachtet, die »Sympathia universalis«, von welcher der Renaissance-Gelehrte Fracastoro das Universum durchzogen sah, ihre allgegenwärtige Erotik des Lebendigseins im Fleisch. Ihr Eros ist jener Drang zur Fülle und Vollständigkeit, mit dem jede Identität die Materie bündelt, jene Sehnsucht, die ganz eigene Besonderheit zu entfalten und so *selbst* zu werden – eine einzigartig Geborene, die sich auf ihre unnachahmliche Weise gegen das Zurücksinken in die Todesruhe behauptet.

Das ist der Funke des Eros, der die Wirklichkeit selbst lebendig hält und uns aus allem, was lebendig ist und uns lebendig macht, entgegenfunkelt: Der uralte und in kindlicher Anmut frisch geborene Drang, selbst zu sein, Ausdruck zu sein und das Ganze durch die eigenen Adern pulsieren zu fühlen. Die Erotik des ökologischen Verbundenseins lässt sich in der Tat spüren. Sie ist's, was ein Wesen, zuallererst spürt, wenn es auf dieser Welt des schöpferischen Drängens und des immer bevorstehenden Endes die Augen aufschlägt. Sie ist der Lebensimpuls, der jedes Herz rascher schlagen lässt.

Wollen wir lieben, so müssen wir lernen, diesen Eros weiterzutragen. Wir müssen einen Teil der eigenen rauschhaften Individuation an die Welt zurückschenken, müssen also selbst bereit sein, ein Stück weit zu sterben, damit etwas anderes sei, zum Beispiel die uns ernährende Landschaft, oder jemand anderes, etwa unser eigenes Kind oder unser Partner.

Die Tragik des Organischen

Die Beziehung zwischen Leben und Tod ist nach alldem nicht einfach oder gar eindeutig. Eigensinnig auf dem Leben zu beharren kann dessen Gegenteil zur Folge haben. Verzweifelt das Sterben abwenden zu wollen kann den Tod einladen. Umgekehrt gilt: Wer das Leben wünscht, muss bereit sein, den Tod zu begrüßen. Wer das Leben fordert, muss akzeptieren, dass Sterben ein Teil des Lebens ist, seine dunkle Hälfte, ohne die kein Leben, keine Erfahrung, kein lebendiger Sinn, keine Poesie und keine Liebe möglich sind.

Diese Sicht ist kein Mythos. Sie ist an der Biologie gewonnen, beim Zuschauen, bei der Beobachtung des simplen Streckens und Ausgreifens und über sich Hinausgehens einer einzigen Zelle. Diese Sicht versucht, der Wirklichkeit nicht länger davonzulaufen, sondern sie in radikaler Weise zu akzeptieren, so radikal, wie die unermüdliche Wasseramsel sie akzeptiert, die von vereisten Flusskieseln hinabtaucht und nach ihrer Nahrung sucht, so radikal wie die zaghaft singende Misteldrossel an jenem ersten Vorfrühlingstag in den ligurischen Bergen, die sich dem Abendlicht hingaben und den Sturmfluten des Frühlings, so wie sie sich auch jedem rauen Winter und seinen Schneestürmen behutsam in den Schoß legen.

Die Sicht des Lebens, die sich so offenbart, ist eine tragische, keine optimistische. Eine archaische, keine technokratische. Sie ist nicht nur sonnig, aber sie ist heiter. Sie ist heiter, weil sie verinnerlicht, dass es keine Schöpfung geben kann, ohne der Schutzlosigkeit Tribut zu zollen. Vielleicht kann man von einer biozentrischen Tragik sprechen, von einem Zerwürfnis, welches das Herz des Lebendigen spaltet und bluten lässt. Aber diese Spaltung allein ermöglicht dem Begehren seinen Raum, die Freiheit, sich als Begehren zu zeigen, als Sehnsucht in den Schneestürmen der Weißdornblüten, in den jubelnden Kurven der Mauersegler am Abend, im Lächeln des Neugeborenen, dem diese Welt zum ersten Mal in ihrer Unermesslichkeit geschenkt ist.

Wir alle – alle Lebewesen in dieser Biosphäre, ja alle Dinge in dieser Wirklichkeit – haben den Tod miteinander gemein. Er ist das uns zutiefst verbindende Element. Nur er lässt uns auch die Schauer der gequälten Glieder eines anderen Wesens verstehen, und sei dieses so fern wie eine Kaulquappe: das Zucken ihres kleinen glatten Körpers in einer fast ausgetrockneten Pfütze lässt uns in den eigenen Nervenbahnen spüren, was Nichtmehrsein heißt. Und das wohlige Grunzen meines kleinen Pudels, der sich auf den Rücken dreht, damit ich ihm den warmen Bauch kraule, lehrt ebenso erfassen, dass – wie für uns – für dieses Tier und alle anderen Wesen die Antwort auf das Nichtmehrsein im lächelnden Triumph der Freude besteht.

Im Tod sind wir alle gleich. Wir sind alle Geschwister in seinem Angesicht. Darum ist es Unsinn, zu behaupten, ein Tier leide nicht oder würde von seinem Leiden nichts miterleben. Die Welt der anderen Wesen ist ein offenes Buch, weil wir alle in derselben *conditio vitae* befangen sind, unter den gleichen Bedingungen der Lebendigkeit – und des Todes – existieren müssen.

Im Licht verbrennen

Es war Mai in den Bergen des ligurischen Hinterlandes. Der Abend eines sonnigen Tages begann die Berge mit einem Nebelschleier zu überziehen, hinter dem die Dunkelheit stetig anstieg. Hier im Apennin wachsen nicht Ölbäume und Hartlaubbüsche, die ihre Blätter das ganze Jahr tragen, wie an der Küste ein paar Kilometer weiter südlich. Hier klammern sich Eichen, Esskastanien, Eschen, Weiden und Kirschen an die schroffen Hänge. Im Winter eine graue Welt, eine Welt in farblosem Pastell. Aber im Frühjahr ist der Tanz des neu aufscheinenden Lichts, des jungen Chlorophylls und der Schneeflocken blühender Dolden umso mitreißender.

Und gerade jetzt hatten sich die Berge mit einer zarten Haut aus dem frischesten Grün überzogen, mit jenem Grün, das kaum Substanz ist, fast nur Licht, als wolle es unbedingt beweisen, dass alles, was die Sonne trifft, sich selbst in substanzlose Helligkeit verwandelt. Ebendieses Grün lässt uns innerlich mitvollziehen, dass Pflanzen die Sonne mit der ganzen Oberfläche ihrer Körper wahrnehmen, indem sie zu ihr hinwachsen. Und wie es keine theoretische Erklärung vermag, macht uns dieses Licht begreiflich, dass die Photosynthese uns mit Leben versorgt. Sein zartes Leuchten ist das Leben, das unwiderstehlich anzieht. Aus den Bäumen regnete Licht, während sich die Blätter im Rausch von wenigen Tagen, ja von wenigen Stunden entfalteten.

Die Stimmung erinnerte mich an jene Sehnsucht, die Theodor W. Adorno einmal beschrieb, als er nostalgisch meinte, kein noch so dringender Appell an die Neutralität des wissenschaftlichen Beobachters könne »fortschaffen, dass südliche Länder wolkenlose Tage kennen, die sind, als ob sie darauf warteten, wahrgenommen zu werden. Indem sie so strahlend zum Ende sich neigen, wie sie begannen, geht von ihnen aus, nicht alles sei verloren, alles könne gut werden.«[27] Es war der Abschluss eines Tages, an dem ich gedankenlos unterschrieben hätte, dass das Leben immer siegt, dass diese Biosphäre vor allem ein Reich des Lebens ist, und des lebendigen Glücks.

Unten balgte sich das graue Wasser des Flusses auf seinem Weg zum Meer mit fein geäderten grauen, blauen, grünen, rosigen und schwarzen Steinblöcken. Ich hörte sein Rauschen. Ich ging durch den Esskastanienwald in seinem immateriellen Grün, mit Blick auf die Wiesen, auf denen die Kühe zu dieser Jahreszeit neben dem jungen Gras vor allem Orchideen rupften, mit Blick auf dieses grünste Grün von allen.

Ein leichtes Kribbeln ließ mich auf meinen Handrücken schauen. Über meine Haut schritt, grün und transparent, im Gegenlicht leuchtend wie jedes der zarten Blätter, eine kleine Laubheuschrecke. Eifrig wetzte sie die Vorderfüße an ihren mikroskopischen Kauwerkzeugen. Ihre hellgrünen Glieder erschienen so fein, dass meine Augen sie kaum noch erkennen konnten – als wären sie aus einer einzigen Reihe zarter Zellen gemacht. Die beiden schwarzen Augenpunkte bewegten sich synchron zu den langen Antennen, als ich das Tier mit meinem Finger stupste und es sich zu mir umdrehte.

Eine Eichenschrecke in ihrem ersten Jugendstadium war da irgendwie auf meiner Hand gelandet, noch flügellos und ganz durchscheinend. Durch die Frühlingsblätterfarbe des Tieres hindurch konnte ich den zarten Körperbau sehen, als wären auch seine anatomischen Strukturen nichts als eine Erscheinung des Lichts, ein prismatisches Auffächern der Wellen in ungeahnte Details. Es schien, als würde das Licht selbst, wenn es auf einen lebenden Willen trifft, unvermeidlich zu solchen Arabesken angeregt.

Die Heuschrecke war eines von jenen unzähligen Wesen, die im späten Frühjahr aus einem Haufen gut in der Erde vergrabener Eier schlüpfen und plötzlich die wieder erwärmte Welt bevölkern, so unvermittelt, als wären sie vom Himmel gefallen, so plötzlich, als hätte man sie aus nichts als der Luft und der Sehnsucht nach neuem Leben destilliert. Als erwachsenes Exemplar, nach mehreren Häutungen und im Besitz großer knisternder Flügel, würde das Insekt von Ende Juli an, wenn die Vögel längst verstummt sind, sein monotones Lied bis in den italienischen Herbst hinein singen, in einer unermüdlichen Trance des Abschieds, ein schwirrendes Requiem, die geduldige Begleitung eines maßlosen Schwindens.

Ich betrachtete die Eichenschrecke lange und vorsichtig. Ich schaute auf ihre hauchzarten durchsichtigen Deckflügel. Ich sah die beweglichen Antennen und den grünen Panzer, eine schimmernde Oberfläche, hier und jetzt ganz vorhanden und materiell wie nichts Zweites, und doch zugleich ein durchlässiges Fenster, ein Eingang, eine Einladung in das Wirken hinter den Dingen. Das Tier ließ mich innehalten wie vom Donner gerührt. Wie vom Glück durchbohrt. Während das Echo der versunkenen Sonne die Berge und Bäume streifte, spendete das Insekt eine Form von Licht, die sich mit den Händen fassen ließ und doch vollkommen ungreifbar war, konzentriert hier und zugleich überallhin verteilt. Vor mir und in mir. Das Insekt war allein es selbst – und es war ganz ich.

Ich schüttelte vorsichtig die Hand, nachdem ich das Tier angesehen hatte, ließ das Wesen mit seinen tastenden Beinen und vibrierenden Antennen ins Gras zu meinen Füßen gleiten, damit es mit seinen winzigen Kauladen grüne Krautspitzen knabbern und sich auf diese Weise weiter von Licht nähren konnte. Ich richtete mich wieder aus der Hocke auf und ging auf dem

schmalen Weg ein paar Hundert Meter weiter über krumm-
getretene Steine, während die Sonne sich endgültig zu neigen
begann und das zunehmend mit einem kühlen Dunst glasierte
Laub in ihrem schrägen Licht von Grüngelb ins Orangefarbene
wechselte.

Auf dem Rückweg schaute ich an der Stelle, an der ich das
Insekt dem Erdboden anvertraut hatte, beiläufig wieder nach
unten. Ein Gezappel auf dem Waldboden hatte aus dem Augen-
winkel meinen Blick angezogen. Und da war es wieder, das
kleine Heufohlen. Aber alles war anders. Das Tier war in wildes-
ter Aufregung, sein Körper verdreht und verbogen. Zuckend
wand es seine haardünnen Glieder. Ich wollte für einen atem-
losen Augenblick meinen Blicken nicht trauen. Dann erfasste
ich die ganze Misere.

Das Babyheupferd steckte in den Beißscheren einer großen
schwarzen Waldameise. Ein Sprungbein war schon abgetrennt,
der Hinterleib zerquetscht, das Wesen noch lebendig, aber doch
schon dem sicheren Untergang geweiht. Aus der singende Sommer, vorbei das leuchtende Grün, verloschen die Farben, Gott
nie geboren. Mit den schwächer werdenden Zuckungen der
dahinscheidenden Heuschrecke schien das Licht aus der Welt zu
sickern; obwohl noch Tag war, wirkte jede Farbe wie mit
Schwärze getränkt. Es war etwas, das ich noch nie wahrgenommen hatte. Lebensfinsternis.

Aber wer war wirklich dabei, zu sterben? Das Heufohlen?
Oder war es in Wahrheit mein eigener Tod, dessen Zeuge ich
wurde, ich, der gerade noch so trunken vor Lichtglück und
Zärtlichkeit gewesen war? So wie es doch auch mein eigenes
Leben gewesen war, das höher in mir geschlagen hatte, als das
Leuchten der jungen Blätter durch den kleinen Körper mit den
zerbrechlichen Mundwerkzeugen und den schwarzen Knopfaugen bis in meinen eigenen Leib hinaufgestiegen war. Und
überhaupt, schoss es mir unter Schmerzen durch die Seele, so
durchbohrt von der schwindenden Sonne, so sehr ein Licht-

punkt unter anderen verlöschenden Lichtpunkten auf diesen unwandelbaren Hügeln: Wer war eigentlich »ich«?

Ich hatte keine Antwort.

Ich war sprachlos und traurig. Und doch zugleich auch auf eine seltsam heitere Weise resigniert.

So wie die Lebensenergie der Sonne, durch die Körper der Pflanzen geleitet, uns mit der Nahrungsenergie, die sie mitbringt, durch unser Leben trägt und so ganz von unserer Art ist – wärmend, liebend –, begrüßte etwas in mir den Tod, wie er mir in diesem Heuschreckchen begegnete. Der Tod war hier, in mir, so wie eben noch, so wie auch immer noch jetzt das Leben hier gewesen war und hier blieb. Und dieses Sterben enthielt nicht nur etwas Düsteres. Die transparente Beweglichkeit der Eichenschrecke enthüllte sich ebenso als eine Facette dieser Berge wie ihr Verzehrtwerden, das auf dieses Glück nur minutenkurz gefolgt war. Wie der Umstand, dass sie längst begonnen hatte, als Teil eines anderen Körpers und einer anderen Art von Lebewesen erneut lebendig zu sein, indem sie ihm als Nahrung diente.

Ich hatte das intensive Gefühl, dass ich genau wie das Tier aus den Blättern und aus dem Leuchten geboren sei und mich dorthin wieder zurück verirren würde. Ich war nicht davon verschieden; nicht vom Heupferd und nicht vom Abend in diesen Bergen. Das transparente Wesen, durch das ich hindurchsehen konnte wie durch eine Kristallkugel, war eine Maske des Ganzen, das ich nur in ihr, nur in dieser Individuation, erkennen konnte. Ich sah, dass dieses Ganze Grauen und Glück in Fülle einschloss.

Der Schock hielt nur einen Moment. Dann schritt ich weiter, zielstrebig, von tausend Dingen abgelenkt, eingespannt in ein geschäftiges Leben.

An jenem Abend in den Bergen der italienischen Riviera hatte ich gesehen, wie der Tod ein Individuum im Licht verbrannte. An dieser leuchtenden Küste zu verbrennen war auch der letzte Wunsch, den der Dichter Lord Byron mit einigen

Freunden seinem Weggefährten Percy Bysshe Shelley erfüllte, auf einem lodernden Scheiterhaufen am Strand von Viareggio, während das stille Mittelmeer unter dem Dunkel versank und die Hügel mit den Pinien und Oliven in einem verwaschenen Blau ertranken.

Ohne meine Jahre in Italien hätte ich einige der wichtigen Aspekte des eigenen Lebendigseins immer noch nicht verstanden. Ohne die sonnenlosen Wochen im kalten Grau des Apennins, unter dem Rauch der Holzfeuer, im Granitduft der Berge, ohne die fraglose Güte der Orchideenwiesen im Mai, ohne den in grenzenloser Milde geschenkten Duft der trockenen, nach Hitze und aromatischen Kräutern duftenden Felsen an einem Frühsommernachmittag über der Brandung in Bonassola wären Gefühle verschüttet geblieben, die in der Tiefe meiner Geschichte liegen: Wonnen und Furcht, so elementar, dass sie oft schmerzhaft sind. Und dieser Schmerz ist essenziell, damit ich lebendig sein kann. Das ist meine Lektion aus der »Glorie des Mittags« am südlichen Meer, dem endlosen Licht im estnischen Sommer, der schweigenden Sternwelt des winterlichen Apennins.

Leben heißt sterben lernen

Das Universum ist nicht bloß zärtlich. Es ist ebenso tödlich wie es zärtlich ist. Und zärtlich kann es nur sein, weil es tödlich ist. Zärtlich kann es nur sein, indem sich diese Zärtlichkeit beständig gegen den Tod zur Wehr setzt. Das ist die Botschaft der erotischen Ökologie, die sie dem Darwinismus, dem Liberalismus und all den herrschenden Verzweckungsideologien entgegensetzt, all den Ideologien der Effizienz, des Zweikampfes, des *Krieges als Vater aller Dinge.*

Aber auch wenn es schwerfällt: Die Botschaft der erotischen Ökologie lautet eben nicht, Leben bestehe eigentlich in Kooperation, Existieren sei eigentlich ekstatisch und gesund, der Tod lediglich eine Illusion. Symbiose statt Konkurrenz! Nein. Symbiose und unsere Sehnsucht nach ihr sind real – aber Verdrängung und Gewalt sind es nicht minder. Lebendigkeit ist eine reale Macht in diesem Universum. Der Tod ebenfalls. Licht und Finsternis – es geht ohne keines, wenn etwas erschaffen werden soll.

Folglich macht sich nur der selbst lebendig, der beides zu sehen in der Lage ist. Der lernt, dass beides nur miteinander existieren kann. Und dass in der Entscheidung, wie die Mischung aussehen soll, nicht das hedonistische Vergnügen des Augenblicks regieren darf, nicht der Wunsch nach möglichst wenig Unannehmlichkeiten, nicht die Angst, die eigene Komfortzone zu verlassen, sondern allein das Ziel. Das Ziel, das heißen sollte, die Möglichkeit zu mehr Sehnsucht nach Sein zu erhöhen, die Freiheitsgrade zu mehren, die Lebendigkeit zu lieben. Genau das – und nicht die Faktenbulimie der Schulen – müsste der eigentliche Lernprozess unserer Jugend- und frühen Erwachsenenjahre beinhalten, aber das haben wir vergessen.

Die Botschaft einer Welt, in der alles einander durchdringt und verschlingt, um seine Sehnsucht nach mehr Sein zu bestätigen und auszuleben, ist nicht die der universellen Gewaltfreiheit. Im Gegenteil: Diese Welt ist ein tragisches Universum; tragisch genau deshalb, weil es Schöpfung im genuinen Sinn ist, weil Schöpfung sich in jedem Moment vollzieht, weil diese Welt im Innersten lebendig ist – und darum beständig realen Tod produziert, in jeder Sekunde, von denen eine gewiss auch unsere sein wird.

Diesen realen Tod auszublenden, ja, ihn mit allen dem Menschen nur zugänglichen Mitteln abzuschaffen, ist das große Projekt der Moderne seit fünfhundert Jahren. Und gewiss: Vom komfortablen Schreibtisch einer europäischen Metropole des frühen 21. Jahrhunderts aus scheint dieses Projekt beinahe gelungen – oder zumindest auf dem rechten Weg. Aber vom globalen Süden aus betrachtet, von den menschengemachten Wüsten des einst dicht bewaldeten Äthiopiens aus, von den chinesischen Sweatshops aus gesehen, aus den Augen der letzten verbliebenen Individuen einer der vielen Hundert jeden Monat verlöschenden Arten oder auch nur mit dem Gefühl des eigenen Ertrinkens in schalem Zeitvertreib, erscheint es nicht mehr so sicher, wie effizient der Tod besiegt wurde. Fast wirkt es, als suche sich die Vernichtung immer ein Hintertürchen, um ihren Scheffel zu füllen. Wenn man den Damm gegen das Sterben außerordentlich hoch und massiv baut, wird er nur unter umso dramatischeren Umständen zu Bruch gehen.

Der humanistische Psychologe Sam Keen aus den USA meint: »Unsere heroischen Projekte mit dem Ziel, das Böse zu zerstören, haben den paradoxen Effekt, dass sie mehr Böses in die Welt bringen. Die Wurzel des vom Menschen verursachten Bösen ist nicht unsere animalische Natur, nicht Territorialkampf oder angeborener Egoismus, sondern unser Bedürfnis, den eigenen Selbstwert zu erhöhen, die Sterblichkeit zu verleugnen und ein heldenhaftes Selbstbild zu konstruieren.«[28] Erst unsere Verleugnung der Tatsache, dass der Tod notwendig ein Teil des Lebens und gerade der eigene Tod für das eigene Leben unerlässlich ist, macht das Leben zu einem Ort des Sterbens, zu einem Ort, an dem sich keine Geburt mehr ereignet.

Dieser wie die Geburt zum Leben gehörige Tod begegnet uns freilich nicht erst als das physische Ende (auch wenn das eines Tages an die Tür klopft). Er umfasst jedes kleine Sterben des Abschieds, der Unsicherheit, der Nacktheit, der Hilf- und Schutzlosigkeit. Zu ihm gehört jeder Moment, in dem ich nicht Herr der Lage bin, sondern den anderen zu Wort kommen lasse, verzichte, um einen anderen zu beschenken. Der Tod, so weit gefasst, besteht in dem, was ich nicht bin, jedoch zugleich zum Leben benötige – was mich aber, wenn ich nicht das rechte Maß finde, ebenso tötet wie die Einkapselung ins eigene Selbst, in meine maßlosen Bedürfnisse und meine Kontrollwut.

Wie die Zelle nur überleben kann, wenn sie ihren Stoff abschüttelt und sich aus dem Fleisch der fremden Wesen in jedem Moment neu erbaut, wenn sie also in ihren Handlungen das Sterben geradezu kultiviert, werden auch wir dann lebendig, wenn wir im Angesicht der Schrecken, die dieses Leben bereithält, unsere Illusionen abwerfen, unsere seelische Panzerung aufbrechen, die gegen die Angst schützen soll, freilich in Wahrheit unsere Seele zu einem Gefängnis erstarren lässt.

»Philosophieren heißt sterben lernen«, hat der französische Humanist Michel de Montaigne einst geschrieben: Philosophieren, die Welt verstehen, heißt mit der eigenen Existenz zu verstehen, dass der Tod im Innersten des Lebens weilt. Uns bleibt also, wenn wir die Wirklichkeit des Lebens akzeptieren, wenn wir lebendig werden wollen, nichts anderes als »die bewusste Wahl, im Angesicht des Schrecklichen auszuharren.«[29] Die erotische Sicht des ökologischen Bezogenseins will nichts anderes zum Ausdruck bringen als das: In der Tiefe der erotischen Produktivität liegt das Aushalten der Sterblichkeit.

Montaigne folgte dem großen Sokrates, der im antiken Athen ebenfalls lehrte, unsere Verletzlichkeit voll und ganz zu akzeptieren – weil sie die Wirklichkeit ist und es noch niemandem gut getan hat, die Wirklichkeit zu ignorieren. Marshall Rosenberg, Psychologe aus den Vereinigten Staaten und Erfinder der gewaltfreien Kommunikation, sagt es etwas anders: »Wenn man seine Bedürfnisse verleugnet, aus Angst, anzuecken, wird man immer eines Tages dafür bezahlen – aber auch jeder andere, der betroffen ist.«[30] Seine Bedürfnisse rückhaltlos zur Kenntnis nehmen und sich nicht über sie hinwegtäuschen – das ist Sterben lernen im Sinne jeder Amöbe, die in ihrer mikroskopischen Umwelt tut, was sie tun muss, im Sinne der Fuchsmutter, die für ihre Welpen sorgt, bis sie zugrunde geht, im Sinne von Muirs Wasseramsel: Tun, was getan werden muss, damit das Leben sich Raum verschafft, ganz gleich, welche Folgen das für einen selbst haben wird.

Das – die Wirklichkeit anerkennen, wie sie ist, und in ihr den Tod – ist nichts anderes als der Kern des Erotischen. »Wir sind die Bühne einer Umarmung der Widersprüche und ihrer Auflösung«, schreibt der Dichter Octavio Paz in seinem Buch über die Liebe, in dem er tief wie kaum ein Autor vor oder nach ihm in den Charakter von Bindung und Lebendigkeit vordringt. Wir sind »entbunden in einer einzigen Kadenz, die weder Beifall ist, noch Verneinung – sondern Hinnahme«.[31]

Sterben lernen heißt somit, die Wirklichkeit sehen, ohne sie in eine angenehme Richtung zu bürsten. Nur das bedeutet, wirklich zu sehen. Und nur das heißt, plastisch zu sein, schöpferisch zu sein, ohne sich für seine Unvollkommenheit schämen zu müssen. Nur das heißt, wild zu sein, wild im Sinne des Tieres, welches das Notwendige tut, wild wie die ganze von selbst das Notwendige erledigende Natur, mit »Anstand, Stil und Anmut«, wie der US-amerikanische Naturdichter und Philosoph Gary Snyder sagt.[32]

Akzeptieren heißt, beides können: in der Gegenwart angekommen sein und mit aller Kraft an der Veränderung arbeiten. Und nichts anderes tut ja ein lebender Organismus: Er lauscht auf den jeweiligen Moment ganz im Jetzt, und das nur, indem er beständig darüber hinaus und andauernd dem Stoff schon entflohen ist, aus dem er eben noch bestand. Die Lektion dieser Ambivalenz ist kein platter Biologismus, sondern im Gegenteil die Matrix einer Ökologie lebender Dinge. Sie ist die Moral einer Praxis, wild zu sein, ein lebendes Ding zu sein. »Sein Leben, wie es ist, zu akzeptieren heißt, einen Ausgleich zwischen Ideen herzustellen, die einander zu widersprechen scheinen: Es geht einem zu diesem Zeitpunkt gut *und* es gibt Dinge, die man zu ändern wünscht; man trägt keine Verantwortung für das, was man als Kind erfahren hat *und* man ist verantwortlich, das Leben zu erschaffen, das man sich heute wünscht«, schließen daraus die Autorinnen und Psychologinnen Kimberlee Roth und Freda B. Friedman.[33]

Seelisches Leiden als Angst vor der Wirklichkeit

Wirklichkeit ist dasjenige, was ist. Wirklichkeit zulassen heißt: akzeptieren, was ist – die unausweichliche Lebendigkeit, die unvermeidbar den Tod in ihrer Mitte trägt. Diesen Raum ständig durch Todesangst zu verengen und zu verstören, sieht Ernest Becker, US-amerikanischer Psychologe und Humanist, als den tiefsten Irrtum unserer Zivilisation an. Und diese Todesangst, so beobachtet Beckers Kollege Abraham Maslow, bezieht sich auf das reale Sterben, aber auch auf dessen Abgrund in uns selbst: auf das, was dort wirklich ist und darin mit Vernichtung droht. Die Angst vor den Tiefen des eigenen Ichs, meint Maslow, gehe oft mit einer Furcht vor der äußeren Welt einher.

Das dem schöpferischen Eros innewohnende Begehren sucht diese Furcht zu durchbrechen. Eros ist Kennzeichen des Lebens, das durch den Tod geht, um es selbst zu werden. Diese Beobachtung hat eine seelische, psychologische Geltung – aber ebenso eine stoffliche, verkörperte, deren Sinn allein daran gebunden ist, den physiologischen Bedürfnissen nach Fortexistenz zu folgen. Eros, so Becker, sei »der Drang hin zu mehr Leben, hin zu erregender Erfahrung, hin zur Entfaltung der Kräfte des Selbst, um die Einzigartigkeit der individuellen Kreatur zu entwickeln, er treibt die Impulse, sich aus der allgemeinen Natur abzuheben und zu strahlen ... der Drang also zur Individuation.«[34]

Becker folgt in seinem Lösungsvorschlag einem Gedankengang des deutschen Psychoanalytikers Otto Rank. Rank gehört ähnlich wie C.G. Jung zu jener ersten Generation von Freud-Schülern, die in entscheidenden Punkten von dessen rigider und gegen jede Kritik von außen gepanzerter Denklinie abwichen und von ihrem Lehrer irgendwann erbarmungslos verstoßen wurde. Rank beging den in den Augen des Wiener Meisters unverzeihlichen Fehler, dessen Vorstellung von einem angeborenen Todestrieb für Unsinn zu halten. Die menschliche

Zerstörungswut, das menschliche Böse entstünden nicht aufgrund eines in unsere Biologie eingebauten destruktiven Impulses, hob Rank hervor. Vielmehr ließen sie sich aus seiner Sicht darum nicht im Zaum halten, weil wir beständig unserem Drang zur Lebendigkeit zuwiderhandelten. Und wir handeln ihm zuwider, weil wir nicht akzeptieren können, dass diese Lebendigkeit erfordert, dem Tod ins Auge zu blicken, dem Sterben als zentralem Element lebendiger Wirklichkeit geradezu entgegenzugehen.

Für Rank ist – ähnlich wie etwas später für den Arzt und Psychoanalytiker Wilhelm Reich – die unter den Menschen der Moderne weit verbreitete Weigerung, den ängstlichen Selbstschutz zugunsten der – eigenen und fremden – Lebendigkeit aufzugeben, der eigentliche Grund für das Böse. Der »seelisch gepanzerte Mensch« ist das Problem,[35] der Mensch, der nicht dem anderen offen steht, der nicht das Lebendige als solches will (das den Tod umgreift), sondern sein eigenes Überleben über alles stellt, gleich wie eng und zusammengekrümmt dieses sein mag.

Anders als Freud sieht Rank den Grund seelischer Qualen auch nicht in unserer unterdrückten Sexualität – nein, in unserer unterdrückten Lebendigkeit, in unserer furchtsamen Taubheit gegenüber der Stimme der Wirklichkeit, die danach verlangt, den Tod in jedem Moment zu akzeptieren und ihn um des Lebens willen zu riskieren. Nicht unbedingt den körperlichen Tod, gewiss aber den Tod des um schroffe Souveränität und manipulative Kontrolle bemühten Ego, das die Welt eben nicht als Ort auffasst, wo aus Beziehung schöpferisches Neues und ungeahnte Identität entsteht, sondern als Kampfzone, in der es nur einen Sieger und sonst bloß Verlierer geben kann.

Eigensucht, Egozentrik, das Vermeiden von echter Nähe, Manipulation und Kontrolle, das Ausnutzen Schwächerer, das Sich-Sonnen in der eigenen brüchigen Wichtigkeit, die mal quälerische, mal selbstherrliche Unfähigkeit, allein zu sein in unserer lärmenden Kultur, unter der so viele leiden (ohne das je zuzugeben) – all die Eigenschaften, die wir als Merkmale der eigenen und fremden Neurosen identifizieren, haben in den Augen von Rank ihre Ursache darin, dass wir um jeden Preis den Schutz des Ich vor Verwandlung und Öffnung gegenüber dem Unbekannten aufrecht erhalten wollen. Alle verzweifelte Suche nach Selbstverwirklichung und Ego-Bestätigung folgt diesem Schutzmechanismus: Sie sehnt sich nach dem Triumph des abgeschlossenen und gesicherten souveränen Ichs, nach Unangreifbarkeit, wo es doch dieses Ego gar nicht gibt, weil alles Leben ein schöpferischer Prozess ist, in dem sich eine fühlende Identität nur ausbildet, indem sie sich beständig zu Neuem hin öffnet und dabei schon stofflich andauernd einen Teil von sich selbst aufgibt.

Seelisches Leiden, das sich einen Sündenbock sucht, ist für Rank dementsprechend nicht Krankheit, die therapiert werden müsste, sondern Fehlverhalten, das ein erwachsener Mensch aus Einsicht in das, was zu tun ist, ablegen kann. Ebendiese Form von Erwachsensein haben wir heute, in der sechsten Welle des Artensterbens, am dringendsten nötig. Der Anstand und die Anmut solchen Erwachsenenseins fehlen uns heute. Aber wir können dort aufs Neue hingelangen. Wir müssen uns nur einen Ruck geben und wieder mutig sein. Unser Weg in die Erwachsenheit, der zugleich unser Rückweg in die Lebendigkeit ist, führt über ein beständiges Üben, um den Panzer, der uns nicht schützt, sondern fesselt, abzulegen.

»Frei ist, wer sterben kann«, schreibt die dänische Dichterin Tania Blixen in ihrem großen Afrika-Roman. Sie schreibt es, weil sie Künstlerin ist und etwas vom schmerzlichen Geheimnis des Schöpferischen weiß. Dessen Freiheit ist eben kein Pappenstiel. Anders als die Tiere, als das tragische grüntransparente Heupferd, anders als Muirs Wasseramsel, als Rilkes Gazelle, beherrschen wir das Sterben nicht per Geburt. Und wir erziehen unseren Kindern jenen Teil, den sie davon schon können – oder besser noch kennen –, gründlich ab. Das Sterben als seelische Haltung zu lernen wäre darum die Aufgabe unserer Kultur – so wie sie es in manchen Kulturen einst gewesen ist. Die Gedanken des platonischen Sokrates, die stoisch-heitere Sicht Montaignes sind dafür Beispiele. Heute könnten sie für uns eine Leitfunktion haben, vielleicht. Den Eros des Lebendigen zu begrüßen heißt nichts anderes als das: sterben können, die Unvermeidlichkeit des Scheiterns hinnehmen. Erst dann sind wir ganz unser Körper – und zugleich ganz über diesen hinaus. Ganz Geschöpfe der Materie und ganz Bewahrer der Freiheit, die diese Materie immer wieder zur schöpferischen Überschreitung verführt.

Allein so, zitiert Ernest Becker den Psychologen Rank, allein dadurch, dass sich der Mensch der Größe der Wirklichkeit auf diesem höchsten, diesem am wenigsten missbräuchlichen und am wenigsten von anderen für ihre Zwecke instrumentalisierbaren Niveau unterwirft, kann er den Tod besiegen. Nicht indem er ihm ausweicht, nicht indem er ihn von sich abpanzert, nicht indem er ihn mit Forschung, Technik oder Wirtschaftswachstum wegrationalisiert und nicht indem er ihn anderen zuschiebt. Sondern allein indem er »den intensivsten Eros des schöpferischsten Selbstausdrucks mit der hingebungsvollsten Liebe der Selbstübergabe verbindet«[36] – der Übergabe der eigenen Ziele an das Anliegen der Lebendigkeit als solcher.

Beides also, beides in paradoxaler Einheit, die totale Besessenheit mit den tiefinnerlichsten Zielen und die vollkommene Hingabe an den Zweck des großen Lebens, vermag den Tod in seinem Schrecken stehen zu lassen und ihn zugleich zu einem Werkzeug der Produktivität zu machen. Das ist der Weg der Wasseramsel mit ihrer weißen, von eisigen Tropfen benetzten Brust, die gedankenlos tut, was getan werden muss, und die für Muir dabei zu einer Kristallkugel wird, in der die Facetten der Existenz wortlos verschachtelt sind, zur blühenden Blume der wilden Bäche.

Doch in unserer Epoche gibt es kaum noch imaginative Infrastruktur für ein solches Denken. Sich der schöpferischen Lebenswirklichkeit innezuwerden spielt eine nur noch marginale Rolle. Natur ist für die überwältigende Mehrheit – insbesondere die der Mächtigen – ökonomische Ressource oder ein rein technisch begriffener ökologischer Stabilitätsfaktor. Bestenfalls kann sie im Privatleben als nette Abwechslung erlebt werden. Ein solches Erleben ist freilich vom Erfassen einer tieferen Wirklichkeit, an der ich mit meinen Handlungen teilhabe, abgekoppelt. Aber nur indem wir dem Tod begegnen, wird das Leben in unserer Politik und Gesellschaft wieder stärker Fuß fassen können. Die erotische Ökologie versteht sich somit als ein erstes Erproben der Infrastruktur einer Welt, die sich zutiefst als lebendig erfährt.

Die Antwort liegt in deinen Augen

Die große Übung, sterben zu lernen, die Übung, auf die unsere Kultur vermutlich am dringendsten wartet, um sich wieder auf das zu besinnen, was wirklich ist, lässt sich freilich nicht geschützt am sicheren Ort der »endlich richtigen Erkenntnis«, aus der Festung eines geretteten »Das ist es jetzt!« empfehlen. Wir kommen nicht ins Reine. Die Qual gehört dazu. Wer sie abschaffen will, zeugt neue. Der nietzscheanische Übermensch ist in den letzten 150 Jahren auf vielerlei Weisen so dramatisch gescheitert, dass keinerlei Todesheroismus mehr angebracht ist. Ein solcher gehört zu den Verführungsinstrumenten der Mächtigen, zu ihren Sirenengesängen, die darunter das Versprechen vom ewigen Leben kaschieren, das aber letztlich nur für sie selbst gilt: Umsatzrendite und Dschihad.

Nein. Es besteht ein himmelweiter Unterschied zwischen dem Todesheroismus als einer weiteren Spielart der Verblendung, irgendwie mit allem ins Reine kommen zu können, und der schlichten Anerkennung, dass diese Welt aus Licht und Schatten besteht und dass, wer Licht will, zugleich den Schatten begrüßen muss. Sterben lernen heißt eben nicht töten lernen. Ebenso wenig heißt es lernen, getötet zu werden. Vielmehr: der Entfaltung der Lebendigkeit zu dienen, dem Selbstsein-in-Verbundenheit, dem eigenen und darin dem des Ganzen.

Darum ist es so zentral, den richtigen Tod zu begrüßen. Die Verschwörung zur Abschaffung des Dunkels, an der wir uns alle in unserer Zivilisation seit 200 Jahren beteiligen, die menschliche Erlösung der Welt von dem Übel durch Technologie und Gesetze, hatte immerhin den Vorteil, dass sie das Beste für alle wünschte: Leben nämlich, ewiges Leben. Aber wir haben eben gesehen, in welchem Maß dieser Wunsch sein Gegenteil produziert. Lebenwollen um jeden Preis ruft den Tod – den Tod anderer Menschen, anderer Wesen, die Auslöschung von Sprachen, Ideen und, am schlimmsten, von Möglichkeiten und Freiheitsgraden – beständig hervor.

Die sichere Bank ist also eine Illusion. Doch griechisch-mannhaft das Sterbenkönnen zu predigen, bringt uns schnell in ein neues Dilemma. Klingt das nicht arg nach Blut, Tod und Ehre, nach »dulce et decorum«? Weil unsere Kultur eine blutige Spur des Opfers für immer neue Varianten eines Todesheroismus durch die Geschichte gezogen hat, bildet unser Zurückscheuen von der simplen Wirklichkeit, dass der Tod real ist und real zu den Prinzipien des Seins gehört, einen so schwer zu überwindenden Reflex. Vom notwendigen Sterben zu sprechen ist politisch unkorrekt. Zu viele haben sich angeheischt, zu entscheiden, wessen Sterben notwendig ist.

Aber diese Anmaßung anderer sollte uns nicht länger dazu zwingen, die Augen vor der Realität zu verschließen. Ebensowenig die Angst, dass wir uns täuschen. Denn wenn wir vom Sterben sprechen, ist damit nicht das anderer gemeint, sondern das eigene. Das ist die Myopie unserer Kultur: nicht zu sehen, dass lebendig sein heißt, den Tod von anderen, so sehr es geht, abzuwenden und dabei den eigenen nicht zu fürchten. Das ist gerade keine Maßlosigkeit, sondern eine Form von Maß. (Auf diesen Aspekt eines »mittleren Weges« werde ich im 9. Kapitel eingehender zu sprechen kommen.)

Es geht im Verständnis von Lebendigkeit, welches das Leben als erotisches Phänomen, als Phänomen von Berührtwerden und Bezogensein versteht, nicht darum, das Dunkel zu begrüßen und gar als Mittel einzusetzen. Es geht nicht um Nihilismus. Nicht um Gleichgültigkeit. Nicht um eine technokratische Stoik. Nicht um eine heroische Romantik. Es geht nicht um Realismus, hinter dem sich so oft nur fantasieloser Zynismus verbirgt. Im Gegenteil. Es geht um den Ausgleich, um die lebendige Mitte zwischen gleißendem Licht und verzehrender Finsternis. Es gilt, zugleich an der Unnötigkeit des Lebens zu verzweifeln und gerade darum das eigene Leiden nicht zu schonen, um des Lebens willen.

Den Tod auszuhalten läuft eben darum gerade nicht auf ein nihilistisches »Was soll's!« hinaus. Die Haltung, welche dem Appell der Lebendigkeit bis zur Neige folgt, weiß zwischen dem Sterben als Sklave und dem Tod eines wilden, seiner eigenen Notwendigkeit in Freiheit gehorchenden Tieres zu trennen. Uns Menschen fällt es freilich entsetzlich schwer, hier die richtige Unterscheidung zu treffen. Die Gebrochenheit und Widersprüchlichkeit des Lebens anzuerkennen bedeutet nicht – weitere Widersprüchlichkeit! –, diese hinzunehmen und zu akzeptieren und sie bestenfalls in die »geistigen Welten« meditativer Praktiken und philosophischer Theorien umzusiedeln. Sie anzuerkennen heißt, beständig gegen den Bruch vorzugehen und dabei zu wissen, dass er sich nicht schließen wird. Diese Welt ist unheilbar gebrochen, *und* sie wird schon durch das kleinste Geschenk unendlich viel und augenblicklich spürbar besser. Diese Welt ist tragisch, weil das Tragische die Energie ist, aus der das Lebendige seine Fülle schöpft – aber eigentlich lebendig ist es eben nur dadurch, dass es in jedem Moment gegen diese Tragik anrennt und sie durch eine weitere Geste der Überschreitung, durch eine neue produktive Fantasie, in die Schranken weist.

Das eigene Sterben zu akzeptieren heißt darum gerade nicht, in missbräuchlichen Beziehungen zu verharren, weil es ja doch nicht anders geht, weil sowieso alle Bindungen darauf hinauslaufen, etwas vom eigenen Leben ins Nichts zu schicken. *Gesund werden* als sterben lernen heißt den eigenen Tod nicht mehr fürchten, um endlich aufzuhören, andere in ihren zu schicken – und um nicht mehr selbst am falschen Ende zu krepieren, ein Ableben der Einkerkerung und Depression, in einem luftleeren Versteck, das man nicht zu verlassen wagte, nur weil dann das Licht des Tages qualvoll auf die eigene Nacktheit geschienen hätte.

Der falsche Tod folgt dem Dahinsiechen im Gefängnis der eigenen Angst (das sich Lebenszeit allein noch durch die Bosheit gegenüber denjenigen erkauft, die versuchen, mit weniger Schutzpanzer durchs Leben zu kommen). Der »richtige Tod« ist der Tod, der nicht gesucht wird. Das hat nicht im geringsten mit schalem Heroismus zu tun. Aber wer wirklich leben will, muss das Sterben in Kauf nehmen, weil es untrennbar zum Bemühen gehört, die eigenen schöpferischen Möglichkeiten in einer Welt, die mit anderen schöpferischen Wesen geteilt ist, um dieser geteilten Lebendigkeit willen zu entfalten.

Das also wäre in einer ersten Näherung die existenzielle Ökologie des Todes: dass ich, um festzuhalten, in jedem Moment loslassen muss, damit ich im nächsten Moment sein kann, dass ich verstehe, dass jener Stein, dessen Einzigartigkeit mich zu Tränen rührt, nicht zu mir gehört, obwohl er vom gleichen Stoff ist, obwohl er wie ich einzigartig ist und vollkommen er selbst. Ein Abgrund liegt zwischen uns, und dieser Abgrund ist der Tod, meine vollkommene Trennung von der Welt – und zugleich ermöglicht dieser Abgrund das Einzigartigsein jedes Dinges, und auch meine eigene Besonderheit, den ganz speziellen Geschmack meiner Eigenart auf dieser Welt.

Ich muss, um die lebende Welt in mich einzulassen, ganz verletzlich werden und lernen, wirklich ohne Verteidigung zu sein, in der vollkommenen Prekarität, wie jede meiner Zellen von Moment zu Moment. Ich muss in der absoluten Unsicherheit sein, um restlos die Wirklichkeit wahrzunehmen. Es ist die Nacktheit *in extremis*, die Nacktheit des Tiers, die Nacktheit der Welt selbst.

Der US-amerikanische Psychologe David Schnarch meint: »Unser Problem ist … unser Unwille, die Spielregeln des Lebens zu akzeptieren.«[37] Spielregeln – das klingt nach empirischer Wissenschaft, nach Genen und Instinkt. Aber so meint Schnarch es gerade nicht. Die Spielregeln, von denen er spricht, sind die Prinzipien, nach denen sich lebende Subjekte entfalten und sie selbst werden, *indem* sie dabei ganz auf andere angewiesen sind; sie sind die Grundsätze, nach denen sich Selbste aufbauen, nach denen verletzliche Körper ihren eigenen Standpunkt in der Welt einnehmen – und dieser Standpunkt ist genau unsere seelische Perspektive, unser Erleben, unsere Erfahrung. Ihre Spielregeln sind die Prinzipien der *conditio vitae*, der Bedingung, lebendig zu sein, die wir nicht nur mit anderen Menschen teilen. Gary Snyder sagt: »Um wirklich frei zu sein, muss man die fundamentalen Bedingungen als das hinnehmen, was sie sind: schmerzhaft, endlich, offen, unvollkommen – und dann dankbar sein für die Endlichkeit und die Freiheit, die sie uns gewähren.«[38]

Diese Spielregeln decken sich keineswegs mit den darwinistischen Gesetzen der Unerbittlichkeit, sie sind nicht die »Friss-Vogel-oder-stirb«-Weltanschauung, die wir alle unterschwellig für die Realität halten. Die Spielregeln des Lebens zu akzeptieren heißt nicht, den Gesetzen eines Krieges zu folgen oder sich einem Spiel zu unterwerfen, bei dem es nur einen Gewinner geben kann. Die Spielregeln des Lebens lauten anders. Sie fordern dazu auf, nicht einen anderen Menschen, andere Wesen oder die ganze restliche unbelebte Welt zu dem Zweck zu missbrauchen, die Kontrolle über das eigene Schicksal zu wahren. Vielmehr besagen sie, dass wir vollkommen frei sind und zugleich von unserer zerbrechlichen körperlichen und seelischen Konstitution vollkommen abhängig und dass wir darum, um Verantwortung für diese Freiheit übernehmen zu können, die Zerbrechlichkeit riskieren müssen, ohne anderen die Schuld für unser Scheitern zu geben oder andere für unseren Schutz zu rekrutieren.

Die Spielregeln des Lebens besagen, dass wir versuchen sollten, so lebendig wie möglich zu sein – *und* gerade darin zutiefst anerkennen sollten, dass wir vollkommen sterblich sind. Ja, dass wir, um weiter lebendig zu werden, immer wieder sterben müssen. Wir sollten niemals versuchen, diese herausfordernde Tatsache auszuschalten. Die Spielregeln des Lebens zu akzeptieren heißt anzuerkennen, dass allein wir selbst uns Halt in dieser Misere geben können. Dass nur auf diese Weise die Liebe zu uns finden wird – wenn wir in ihr keinen Schutz vor der Einsamkeit und dem Tod suchen.

Das wäre es also. Die Tragödie annehmen. Nicht davonlaufen, nichts entschärfen. Darin besteht der Irrtum der Moderne: dass sich das Drama verhindern ließe. Doch der Versuch, es zu verhindern, macht es nur schlimmer. Den Schmerz auszublenden erhöht die Schmerzen. Die Gefühle abzuschalten verstärkt sie unsichtbar an anderer Stelle. Eigenes Leiden zu ignorieren bewirkt, dass andere leiden. Die Gebrochenheit der Welt an der Wurzel anzugreifen führt zu Gewalt und Unterdrückung. Leben um jeden Preis wird im Extrem zum Mord. Und zugleich müssen wir alles tun, um das Leben um jeden Preis vor unvermeidlicher Zerstörung zu retten.

Wie lässt sich dieses Paradoxon je lösen?

Die Antwort liegt in deinen Augen. Die Antwort liegt in ihrem Leuchten, mit dem du meine Gegenwart begrüßt, weil sie dir ein Stück Lebendigkeit schenkt, die mich, als Echo aus deinem Blick, selbst willkommen heißt. Die Antwort liegt darin, dass ich alles dafür tun will, dein Sterben zu verhindern, und dass ich in diesem »alles« mein eigenes in Kauf nehme. Ich kann die biozentrische Tragik nicht abwenden. Aber ich kann sie in voller Höhe leben, kann mich ganz zu ihrem Inbegriff machen. Ich kann die Verantwortung für sie übernehmen. Ich kann das tun, was notwendig ist, damit du lebst und damit ich lebe. Ich kann den guten Willen für dein Leben übernehmen, so wie ich ihn für meines übernommen habe. Ich allein trage die Verantwortung für mich. Für meine Tapferkeit. Für meinen Tod.

Teil 2

Du

5 Verwandlung

»Jede Trennung ist eine Verbindung.«
Simone Weil

Ich erinnere mich an einen Abend des letzten Jahres, des Jahres 2013, als der Sommer gerade begann. Es war ein stiller Abend, ein Abend ohne Wind, an dem die Wärme des Tages nicht aus der Luft weichen wollte, als würde im Dunkeln die Milde des kommenden Sommers unsichtbar in die Welt fließen und sie bis zum Rand füllen. Es war auch darum ein besonderer Abend, weil ich in seiner feierlichen Stille zum ersten Mal wieder die Nachtigall singen hörte. Die Nachtigall, dieses magische Wesen der Transformation, dessen Stimme die ganze Welt verzaubern kann, als wäre plötzlich alles aus einem anderen Material gemacht, als wären die Dinge aus klingendem Glas und die Luft ein roter Samtteppich unter einer unermesslichen Glocke.

Die Nachtigall, oh weh, die wunderbare, über die ich jedes Frühjahr neu ein ganzes Buch schreiben könnte. Die Nachtigall, der winzige, wenige Gramm schwere Vogel, materielos fast, nur Stimme. Ihre weltverändernde Gewalt überwältigte mich an diesem Abend mit einem Gefühl von Bewunderung und Dankbarkeit. Ich empfand auch Wehmut wegen der schon jetzt fest verbrieften Vergänglichkeit unserer Begegnung. Mein Herz klopfte, während ich begriff, wie sehr ich diesen kleinen Vogel liebte, wie sehr meine Seele an ihm hing, wie stark sie sich durch die Berührung dieser Töne veränderte.

Und mein Herz klopfte stärker, als ich begriff, dass alle emotionalen Begegnungen uns unweigerlich verwandeln. Alle Beziehungen sind Transformationen, aus denen Ich und Welt *durch einander* verändert hervorgehen, in denen das eine in das andere dringt und es nie mehr so sein lässt, wie es gewesen ist. Alles verändert sich, indem wir emotionalen Kontakt dazu aufnehmen. Keine Begegnung lässt uns die gleichen bleiben. Wir können nicht neutral sein. Wir sind immer schon mitgerissen. Was wir sehen oder hören, verändert unsere Wahrnehmung – und durch unsere neue Art, etwas aufzunehmen, verändert sich, wie wir mit der Welt in Kontakt treten. Wir sind in keiner Sekunde die gleichen. Wir *werden* beständig – und der Ort, an dem wir leben, verwandelt sich mit.

Auch das, so wurde mir klar in den endlosen Minuten jenes Abends, in jenem tönenden, aus der Zeit gefallenen Exil, das mir der kleine Vogel gewährte, ist eine Macht der sinnlichen Berührung. Somit ist auch die Verwandlung Teil der erotischen Ökologie, die all unsere Lebensbeziehungen bestimmt. Die Welt des Lebens ist eine Welt, die nicht aus Objekten besteht, sondern aus Beziehungen. Als was wir uns empfinden, ähnelt weniger einem ruhig auf dem Boden liegenden Stein, als einem Wassertropfen, der sich in einem Spinnennetz fängt und der, während sich die Luft im Lauf des Morgens erwärmt, langsam am glitzernden Seidenfaden hinabgleitet und sich schließlich in unsichtbaren Dampf verwandelt.

Auch wir – und mit uns alle Organismen dieser Erde, von den winzigsten Zellen bis hin zum Blauwal und zum Regenwald – gleiten beständig hin und her, indem wir zu anderen Lebewesen Verbindungen eingehen: indem wir mit ihnen sprechen, mit ihnen Freundschaft schließen, durch sie etwas verstehen, uns an ihnen sättigen. In diesen Beziehungen werden wir zu dem, was wir sein können, aber vorher nicht waren. In diesen Beziehungen verwandeln wir uns gemeinsam mit dem, was wir wahrnehmen. Und erst diese Verwandlungsmöglichkeit bedeutet, dass wir etwas erfahren können. Etwas begreifen heißt sich verwandeln. Lernen heißt, eine andere oder ein anderer zu werden.

Ich ging noch spät an jenem Abend mit meinem Hund durch die dunkle Straße. Statt ins Haus zurückzukehren, blieb ich stehen und lauschte. Lange stand ich vor der Nachtigall und hörte zu, wie sie die Nacht mit Schall zu einer Kuppel ausdehnte und mit ihrer Stimme ganz auskleidete. Es war still genug, sie ganz zu hören, von jenseits der Gleise, aus einem Gebüsch. Der Hund huschte, während ich lauschte, schnüffelnd hin und her. Behutsam bewegte er sich durch den dunklen, von der Vogelstimme gleichwohl erleuchteten Raum. Es war so still, dass es schien, als hätte die Erde auf ihrer Fahrt durch den schwarzen Raum angehalten, um dieser einen Nachtigall die vollkommene Stille zu schenken, damit sich ihr Lied bis zur höchsten Dunkelheit entfalten und diese irgendwie mit einer anderen Form von Licht füllen konnte.

Der Sommer des letzten Jahres, den ich hauptsächlich in einer kleinen Seitenstraße des Berliner Stadtteils Westend verbrachte, wurde für mich zu einem Protokoll der Verwandlung. Ich nahm die Welt wahr, wie sie sich verwandelte, wie sie im Rausch von Wachstum und Entfaltung in jeder Sekunde an Volumen gewann und an Schwere verlor. Ich begrüßte die erste Amsel und dann die nach langer Abwesenheit zurückgekehrte Nachtigall. Ich zählte die schütteren Schneeglöckchen in den Gärten. Und später im Jahr atmete ich am Straßenrand verwundert den Duft der Linden ein, in denen die Bienen summten wie in ihrem heimischen Stock, diesen Kindheitslindenduft, der so süß ist und so hoffnungsvoll, dass einem vor Glück davon schwindeln kann. Selten habe ich die einander überlagernden Phasen des Frühlings und Sommers intensiver wahrgenommen als in jenem Jahr. Und dabei war ich doch gerade von einem idyllischen Haus am Rand des Naturschutzgebiets in die Stadt gezogen. Aber vielleicht lag es insbesondere daran. Verwandlung lag in der Luft, sie betraf mich mehr als je zuvor, begierig kostete ich ihre weltstiftende Kraft, und ich erlebte jede Sekunde anders.

Aber vielleicht kam noch etwas hinzu: Ich verwandelte die Welt selbst dadurch, dass ich sie wahrnahm. Es gab zwei kleine etwas verwahrloste Parks in meiner Nähe. Ich erlebte ihre Flächen als ein Refugium meiner Seele, in dem ich an der allgemeinen Umwandlung von Licht in Drang und Vielfalt nach Herzenslust teilhaben konnte. Ich durchwanderte eine Landschaft, die mit denselben Fähigkeiten wie meine Seele ausgestattet war, deren Dramatik – noch schoss alles empor, aber bald würde es vergilben und dann schnell dahinschwinden – meinen inneren emotionalen Wechselbädern entsprach.

Ich glaube nicht, dass ich dort meine Seele greifbar vor mir sah, und auch nicht, dass »Natur« stets Seele ist. Aber es gab etwas, das mich mit der lebenden Landschaft um mich herum verband, ein gemeinsames Existenzprinzip, das ich erkennen konnte und das mich durch diese Wahrnehmung verzauberte. Ich verwandelte mich und alles um mich herum – und doch blieben die Flockenblumen sie selbst, die Halme der Süßgräser, die Brandmäuse und die Waldameisen, der Grünspecht und die Singdrossel. Sie blieben sie selbst und darum letztlich unverstehbar, aber sie öffneten sich zugleich zu mir hin. Es war eine Begegnung, und in dieser Begegnung lud mich die Welt ein, in ihr heimisch zu werden. Ich verwandelte die Wesen durch meinen Blick, vielleicht auch durch meine Freude – und das machte auch aus mir wieder jemand anderen.

Ich schwelgte in großen und kleinen Veränderungen. Behutsam wurde ich von den langen Wellen des jahreszeitlichen Vegetationswandels emporgehoben, aber wie das Prickeln einer unvorhergesehenen Berührung fremder Haut genoss ich auch die blitzartigen, unvorhergesehenen Erneuerungen durch das immer andere Wetter. Ich jauchzte über jähen Sonnenschein, blitzende Regenschauer, samtiges Grau. Ich war süchtig danach, sofort hinauszugehen, wenn der Regen aufgehört hatte, wenn die Sonne die Welt erneut zu trocknen begann. Ich berauschte mich wieder und wieder daran, jenes leichte, ein wenig ungläubige Perlen mitzuempfinden, mit dem sich die Landschaft nach einem Schauer wieder neu formierte – dampfend und glitzernd, als strahlte jedes Lichtquant die Botschaft aus, zu aller nur denkbaren Kreation fähig zu sein.

Ich lief hinaus auf die Lindenallee, in der ich wohnte, ins Licht gezogen von meinem kleinen schwarzen Pudelmischling, jenem Muskel der Freude, der die Welt jedes Mal mit mystischer Verzückung begrüßt, die niemals müde wird und keinen Verdruss kennt. So oft in diesem Frühsommer sprang ich einfach auf, brach einen Satz in der Mitte unvollendet ab und ließ meine Arbeit liegen, weil das hier wichtiger war. Eines frühen Abends etwa hatte ein schwerer Wolkenbruch von Westen den Himmel violett verfinstert und dann, nach dem Weiterziehen, die Bäume und Häuser und glitzernden Straßen als ein gleißendes Arrangement von Kristallen zurückgelassen. Ich eilte, kaum fielen keine Tropfen mehr, hinunter und schaute zu, wie die Behutsamkeit der Sonne, schräg und abendlich, das Laub der Bäume zum Greifen dicht aus dem Dunst herausschnitt. Ich lauschte, wie die Amsel in der schütteren, noch kaum ergrünten Lärche zu singen begann, triumphierend und ungerührt, und eine andere aus einer hohen Kiefer, fahlgrün, die Stämme fast orange, ihren Gesang erwiderte.

Ich erlebte in diesen Wochen das Gegenteil jener sachlichen Faszination der Teilchenphysiker, aus deren Messungen hervorgeht, dass die Welt zwischen den winzigen Wahrscheinlichkeitswolken der Atome leerer Raum sei. Nein, so war es ja ganz und gar nicht! Hier, in meiner bescheidenen Lindenallee mit ihren zwei vergessenen und wild wuchernden Parks, zeigte sich unter dem lautlosen Donner des Abends, wie voll die Welt war, wie berstend voll bis zum Rand. Hier enthüllte sich, in welchem Maß sie ein unüberschaubar dichtes Gewebe war, ein Netz von Rufen und Entgegnungen, von hastig eingesogenem Atem und wahllos verströmtem Duft, von Schwanken und Auffangen, von Schluchzen und lächelndem Tränentrocknen, von schwerer Feuchte und flüchtigem Dampf. In diesem Wurzelgewebe der Umschlingung war sie so übervoll und gesättigt Heimat, wie sie in der unbestechlichen Analyse der quantenmechanischen Gleichungen fast vollkommenes Vakuum ist. In Wahrheit nämlich ist die Biosphäre beides zugleich, geschwellte Lunge und sprachlose Stille, bodenlos zwischen zwei Atemzügen, zwischen zwei Händen, die sich im Vorübergerissenwerden flüchtig ineinander verschlingen.

Ich erinnere mich an jenen Abend im Mai, weil die Verwandlung so vollständig ablief, weil die Wolken so besonders schwarz gewesen waren und der Regen so überaus heftig – und dann alles in einem unerwarteten, unerhörten Glanz dalag. Ich lief unter den tropfenden Bäumen durch den Park. Ein Obdachloser im zerschlissenen Schlafsack hatte sich unter die eiserne S-Bahnbrücke, die das Grün auf dem Weg zum Olympiastadion durchteilte, zurückgezogen. Er lag im Sand und schaute mich nicht an, als ich langsamen Schrittes vorüberging.

Das Wasser tropfte von den Bäumen in die Stille, in der sich alles wie in einer reinigenden Tinktur auflöste, die Tonfolgen der Nachtigall, die Flötenkadenzen der Amseln, in die hinein sich die Düfte lösten und das Atmen fast schwer machten vor Aromen, als würden die Blätter selbst verdampfen. Ich lauschte dem steten Tropfen unter einem makellos reingewaschenen Himmel, einem Tropfen, »als *kopierten* die Bäume das beständige Geräusch des Regenschauers«, wie der britische Romantiker und Philosoph Samuel Taylor Coleridge einmal in einer ähnlichen Situation notierte. In der Pause nach dem Regen war alles noch nass und doch bereits trocken. Auch sie war ein Moment, der bereits ein anderer war, ein endloser Augenblick, eine ins Unmerkliche verlangsamte Transformation.

Ein paar heitere Tage später turnte ich mit meiner Tochter Emma durch den Grunewald. Wir liefen nicht, wir hüpften mit langen Sprüngen durch die laue Luft und mussten uns zwischendurch immer wieder ausschütten vor Lachen. Eine Weile trug ich sie auf dem Rücken, dann wieder jagte sie mich, und dann schauten wir beide fasziniert zu, wie der Pudel eine Kastanie des Vorjahres hochwarf und mit der Schnauze anstupste, als wäre sie ein Ball und er ein dressierter Seehund.

Ich versuchte Emma anhand der jungen, fast noch gänzlich transparenten Blätter zu erklären, warum ich fand, dass man »das Gold des jungen Grüns« sagen kann, um das frische Laub zu beschreiben. Erst hörte sie nicht hin und lachte mich dann aus. Dann aber begriff ich, dass sie selbst so ein Gold ist und das alles nicht zu verstehen braucht, nur zu sein.

Verwandlung als Übersetzung

Alle Wahrnehmung ist Berührtsein, und alles Berührtsein ist Metamorphose. Im vorletzten Kapitel habe ich beschrieben, wie die Ozeane den Mond wahrnehmen, indem sie sich ihm in Form der Gezeiten entgegenrecken. Die Erde verwandelt sich durch den Mond – so wie auch dieser sich auf eine ganz bestimmte Weise erfährt, solange er mit der Erde in Verbindung steht, denn nur durch ihre Masse wird der Himmelskörper auf seiner Bahn um unseren Planeten gehalten.

Wenn wir die Welt aus der Perspektive der Metamorphose betrachten, dann ergibt sich ein ganz anderes Bild, als wenn wir sie hinsichtlich ihrer Kausalbeziehungen analysieren, wie die Wissenschaft es bisher vorzugsweise tut. Plötzlich entdecken wir, wie viel Verbundenheit es gibt – und nehmen weniger die Trennung wahr. Warum etwa sollten wir nicht sagen können, dass die Erde nicht nur den Mond verwandelt, sondern auch die Sonne? Sie formt deren Energie auf ihrer Oberfläche in eine Haut schwellenden Fleisches um. Sonnenlicht transformiert sich durch die Photosynthese in die Körper der Gewächse. Mit ihrer ganzen Oberfläche fischt die Pflanze im Himmel nach Energie und wird dabei selbst zur schwellenden Materie, die am Anfang aller Nahrungsnetze steht und die »große Kette der Wesen« im Licht verankert. Die Biosphäre ist Fleisch gewordener Sonnenschein. Man könnte sagen: Das Blattgrün übersetzt die energetische Gabe der Sonne in Körper.

Damit die Pflanze Leben spendende Energie zur Verfügung hat, ist in ihr jeder Wachstumsimpuls zur Sonne gerichtet. Schwerezellen tarieren durch die Bewegung winziger Körnchen auf Kissen aus zarten Membranen die Lotrechte zum Erdmittelpunkt; lichtempfindliche Pigmente befehlen den wachsenden Geweben mittels Hormonen, dass die Blätter stets zur Helle zeigen – was Fensterbankgewächse so einseitig wuchern lässt: Es wirkt stets, als wollten sie raus. In einem gewissen Sinn »sieht« also die Pflanze das Licht – wenn es auch eher ein Spüren über ihre Oberfläche ist, und die Wahrnehmung kein abstrakter kognitiver Akt, sondern des Gewächses veränderte Gestalt, die zur Sonne strebt.

Tiere haben sich in das von den Pflanzen geöffnete Lichtfenster hineinentwickelt. Wer von Pflanzen lebt, muss seine Nahrung erblicken können. Was an biologischer Möglichkeit noch offen blieb, nachdem die Sauerstoffproduktion zunächst einmal von den ersten Blaualgen angezettelt worden war, hatte darum in ihrer Lichtwelt zu erfolgen. Noch wir sind Erben dieser siamesischen Verflechtung: Der Glückliche, so sagt man, strahlt. Nicht zuletzt deshalb sucht der Mensch im Grün der Pflanzen immer noch Heimat. So wie ihre Farbe unser Auge, das Auge von einstigen Blätterfressern, empirisch nachweisbar beruhigt, so schwingt in ihrem Anblick die Qualität der Verwandlung mit, die sie gewährt. In ihr ist etwas sichtbar, was von sich aus Leben verheißt. Aus dem Leuchten der Blüten fällt uns ein Abglanz des Sonnenlichts entgegen – ein Schein von Potenzialität, die Ding geworden ist, und damit das Paradox der Schöpfung selbst: das Paradox, dass etwas, um endlich es selbst zu werden, nicht bleiben darf, wie es ist.

Die Pflanze kann nur wachsen, wenn sie systematisch sich selbst loslässt; sie kann nur Materie werden, wenn sie sich auf etwas einlässt (das Licht), das ganz anders ist als Materie und das im Übermaß die Fähigkeit hat, sie zu zerstören. Die Pflanze ist nicht der Stoff, aus dem sie besteht. Doch sie kann diesen flüchtigen Stoff für jeweils einen prekären Moment zu etwas bündeln, was sich als dauerhaft und extrem hartnäckig erweist. Aber diese Identität, dieses »Selbst« der Pflanze, ist eben nicht die Materie, aus der sie besteht, sondern deren Übersetzung in ein Gelingen, das in jedem Moment wieder vorüber sein kann.

Man könnte also sagen: Die Pflanze »versteht« einen Aspekt der Materie, die sie aufnimmt, indem sie diese in ihren eigenen Körper übersetzt. Die Pflanze übersetzt die Welt in ihren Körper – und bringt dabei weitere Dimensionen der Welt zum Vorschein, die bislang unsichtbar gewesen sind. Dass diese Welt blühen kann etwa. Oder kann man sogar sagen, dass die *Blüten* der Pflanzen das Echo der Sonne und ihres Strahlens im Medium eines verletzlichen Körpers sind?

In dieser Welt der wechselseitigen Widerspiegelung kommt ja noch eines hinzu: Wir selbst verstehen durch die Verwandlung hindurch mehr vom Potenzial der Welt. Indem wir die Pflanzen im Frühjahr mit neuer Kraft und kindlicher Zuversicht aus der Erde aufblühen sehen, machen sie auch für uns etwas sichtbar, was bislang unerkennbar blieb. Und indem Pflanzen Lebewesen sind wie wir, machen sie eben auch eine Dimension unserer eigenen Existenz nachvollziehbar, die wir oft nicht klar sehen. Sie zeigen sozusagen am eigenen Körper die Spielregeln des Lebens. Sie zeigen damit, wie der Dichter und Philosoph Friedrich Schiller glaubte, dass sich Notwendigkeit mit Freiheit verbinden kann und dass Schönheit daraus resultiert.

Unser Körper übersetzt die dauernden materiellen Berührungen mit der restlichen Welt in Sinn. Materie, die sich selbst in einer bestimmten, unwahrscheinlichen, angeregten Form erhalten will, so wie Amöben und Kolibris, Blauwale und Bärtierchen das tun, verdolmetscht die Welt der Stoffe und Energietransfers in eine Welt der Bedeutungen und subjektiven Erfahrungen. Materie, die sich selbst und ihren Fortbestand zum Ziel setzt, wie stoffwechselnde Körper das tun, verwandelt somit Außenwelt in Innenwelt – erzeugt aus Berührungen beständig Sinn. Das ist eine fundamentale Dimension einer erotischen Ökologie.

Bedeutung ist das Ergebnis einer Übersetzung materieller Außenwelt in die bedeutungsvolle Innenwelt. Diese Innenwelt erfahren wir als Fühlen. Fühlen ist Transformation, die Verwandlung der Gegenwart eines anderen in eigene Erfahrung. Fühlen heißt, an einem anderen zu einem anderen zu werden. Fühlen bedeutet, dass ein Stück Welt ein anderes »einfaltet« und so eine Ordnung hervorbringt, die beide enthält und zugleich nicht enthält, weil sie etwas anderes ist.

Immer wieder bin ich fasziniert davon, wie sehr diese biologische Sichtweise die Auffassungen der modernen Physik widerspiegelt. Dort gilt, dass jede Messung das Gemessene verändert – obgleich dieser Effekt nur zu beobachten ist, wenn die gemessenen Teile sehr, sehr klein sind, also etwa die Größe eines einzigen Atoms oder gar Elektrons haben. Dann aber lässt sich etwa dessen Impuls nicht mehr feststellen, ohne dass der Forscher zugleich dessen Aufenthaltsort festlegt. Die Teilchen, die er zur Messung der anderen Teilchen aussenden muss, treten mit diesen in Wechselwirkung und verändern sie dabei oder zerstören sie gar. Ähnlich wie wenn ein Jäger mit Schrot auf einen Vogel schießt, um dessen Aufenthaltsort festzustellen. Der Vogel ist hinterher nicht mehr derselbe wie zuvor.

Auch unser Fühlen ist eine solche transformierende Widerspiegelung des anderen. Die eigene Innenwelt wird dabei so unwiderruflich verändert, dass nichts mehr ist wie zuvor. Durch diese veränderte Innenwelt bedingt, ändern sich auch unsere Handlungen, was wiederum auf die Außenwelt zurückwirkt. Lange Zeit galt eine solche Verbindung zwischen Außen (der Biochemie des Körpers) und Innen (unserem subjektiven Erleben) in der Biologie als absurd. Heute aber entdecken Molekularbiologen, wie Gefühle, die reine »Innendimension« also, sogar das Erbmaterial verändern. Seelische Erfahrungen können dazu führen, dass sich der Zustand der eigenen DNA verändert und diese Änderung auch an die Nachkommen weitergegeben wird. So bringen traumatisierte Menschen Kinder zur Welt, die ihrerseits Spuren der entsprechenden Schockerfahrungen zeigen und denen etwa eine größere Neigung zu Angst und Unsicherheit in die Gene geschrieben ist.[40] Das Außen wird ins Innen übersetzt und von da wieder zurückgeschrieben – ein magisches Kabinett aus Echos, ein Saal aus Spiegeln, denen nichts entgeht und die immer neue Bilder zeichnen.

Unausgesetzte Schöpfung: Existieren als Imagination

Als ich durch meine kleinen Westberliner Parks pilgerte, wurde ich Zeuge dieser dauernden Übersetzungstätigkeit. Ich wurde Zeuge, wie sich Innenwelten entfalteten – aber ich konnte nur Zeuge sein, indem ich diese Innenwelten als Außenseiten wahrnahm, als Körper der aufstrebenden Blumen und Gräser. Ihre Innenseite, ihre Sehnsucht nach mehr Sein und ihre Erfüllung im Wachsen, konnte ich nur wahrnehmen, indem ich diese Sehnsucht und dieses Glück selbst empfand, ja, vielleicht sogar nur, indem ich es, empfindend, formulierte, aufschrieb, in Worte verwandelte und mitteilte.

Erst in der Gemeinsamkeit mit anderer lebender Materie komme ich zu mir. Meine Selbstwerdung hängt vom Blick des anderen ab, vom warmen Blick der Pflanze, die ganz Auge ist, indem sie das Licht der Sonne über ihre volle Oberfläche spürt. Natur ist so ein Teil von mir, jener nämlich, der mich sieht, weil er nicht ich ist, und der darum dasjenige von mir erfasst, was ich bin, aber was mir fehlt: meine Psyche, die Pflanze ist. Ich erinnere mich daran, wie ich als junger Mann einmal im Frühsommer in der Toskana zwischen Glühwürmchen und Sternen durch die Nacht ging und dachte, ich müsste verliebt sein, um ein adäquates Gefühl für all das zu haben. Mir kam es vor, als müsste ich selbst schöner sein, um nicht ganz in dieser Schönheit verloren zu gehen, um dieser Lebenssehnsucht eine adäquate Sehnsucht entgegenzustellen und diese darin aufzufangen. Ich ging durch das, was der Dichter Rainer Maria Rilke »Weltinnenraum« genannt hatte.

Metaphorik im »Modus Gras«

Im Folgenden möchte ich versuchen, den Zusammenhang zwischen der verwandelnden Kraft, die unserer lebendigen Erfahrung zu eigen ist, und der imaginativen Macht der Poesie zu ergründen. Die poetische Wahrnehmungsweise und unsere Erfahrung als Lebewesen, sind, wie mir meine Ahnung nahelegt, enger miteinander verknüpft, als unsere technologische Kultur das lange wahrhaben wollte. Vielleicht ist es sogar so, dass wir am Beginn unseres Lebens, als Säuglinge und Kleinkinder, wenn alles so leuchtend neu und verzaubert erscheint, ausschließlich poetische Erfahrungen machen: erschütternd, begeisternd, erhellend und uns aufs Innigste mit der Welt verbindend.

In einer solchen Sicht ist Poesie – der sprachlich oder künstlerisch erfassende, aber nicht erklärende Ausdruck – das adäquate Instrument zur Erfahrung des Erotischen. Ja, das Erotische (in jenem weiten Sinn, den ich ihm in diesem Buch als verkörperte Erfahrung des Auf-der-Welt-Seins gegeben habe) wäre dann überhaupt die leibliche Komponente der poetischen Erfahrung. Der mexikanische Dichter und Nobelpreisträger Octavio Paz bringt dies zum Ausdruck, indem er schreibt: »Das Verhältnis des Erotischen zur Poesie besteht darin, dass Ersteres eine körperliche Poetik ist und Letztere eine verbale Erotik.«[41] Beiden Erfahrungsweisen liegt die sinnliche Logik einer Existenz in Fleisch und Blut zugrunde, einer Existenz *als* Beziehung. Beide sind intensive Erfahrungen dessen, wie es sich anfühlt, als Körper und somit als ein Stück Welt mit der übrigen Welt in einem beständigen existenziellen Austausch zu sein. Beide sind Sinnerfahrungen, die sich nicht ohne einen sinnlichen Körper machen lassen, weil sie nicht mit einer abstrakten Beschreibung auskommen, sondern des mit Auge, Ohr und Haut erfassbaren Ausdrucks bedürfen. Ein Kuss ist Weichheit, auf der Haut gespürt, ein Gedicht ist dieselbe Zartheit, durch das Samt einer Tonfolge mit Körper versehen.

Das schöpferische Wort birgt gerade in seinem imaginativen Potenzial, gerade in dem kreativen Überschuss, den es zur Wirklichkeit hinzufügt, den Schlüssel zu deren Verständnis. Aber nicht, weil es keine Wirklichkeit gäbe, sondern nur unser Reden darüber. Vielmehr, weil die lebende Wirklichkeit selbst beständig über sich hinaus ist, eine andauernde kreative Transformation. An dieser Stelle möchte ich die in den Geisteswissenschaften verbreitete Position, mit unseren Weltbildern stülpten wir einem unkennbaren Kosmos ausweglos unsere »Interpretation« über, umkehren. Gerade weil wir – wie alle Lebewesen – sowohl verkörperte als auch genuin kreative Erfahrungen machen und diese Erfahrungen fantasievoll, schöpferisch und frei zum Ausdruck bringen, können wir den Charakter der schöpferischen Wirklichkeit verstehen. Die Welt ist fluide und unablässig im Aufbruch begriffen – aber unser Umgang mit ihr ist es ebenfalls. Ein Mikrokosmos.

Weil wir lebendig sind, können wir das lebendige Universum erfassen. Wir erfassen es, indem wir zu ihm in Beziehung treten, das heißt also, indem wir es verwandeln und uns durch es verwandeln lassen. Und als ein Instrument dieser Verwandlung dient uns die Sprache. Gerade durch ihre Kreativität, gerade durch ihre Freiheit zu äußern, was auch immer ihr Ausdrucksspektrum ermöglicht, weil sie eben kein physikalisches Messinstrument ist, das Newtons Gesetzen von Ursache und Wirkung folgt, ist sie der lebendigen Welt adäquat. Sie bietet jenes »imaginäre Surplus«, das der Biophilosoph und Hirnforscher Francisco J.Varela bereits in der Kognition eines Bakteriums fand.[42] Die Logik des Organischen ist bereits die bildhafte Erfahrung. Die symbolische Bedeutung. Die poetische Volte. Das unerschöpfliche Paradox. In ihm können wir uns durch Sprache als Teil des Universums schöpferischer Bezüge erleben und dieses Universum gerade dadurch erfassen, dass wir daran teilhaben. Und Sprache kann alles sein: Jedes Mittel, mit dem wir eine Geste erzeugen können, die den Charakter des Lebendigen hat.

Die Poesie ist die Logik des Organischen. Sie ist das Mittel, mit dem immer »nur Leben anderes Leben erkennt«, wie der deutsche Philosoph Helmuth Plessner in den 1920er-Jahren meinte.[43] Sie ist der Verstehenskanal, auf dem uns in unzweifelbarer Evidenz deutlich wird, was der Arzt, Philosoph, Humanist und Musiker Albert Schweitzer als innersten Kern eines mitfühlenden Verhältnisses zu anderen Wesen erkannte: dass wir nämlich »Leben sind, das leben will, inmitten von anderem Leben, das Leben will«.[44]

Niemand hat diese poetische Logik der schöpferischen Wirklichkeit klarer auf den Punkt gebracht als der britische Kognitionsforscher, Ethnologe, Psychologe und Biosemiotiker Gregory Bateson. Er vergleicht die klassische griechische Logik im »Modus Barbara« (im Mittelalter aufgrund eines lateinischen Merksatzes von Studenten der klösterlichen Scholastik so genannt) mit der Logik des Lebendigen, von Bateson als »Modus Gras« bezeichnet. Während der klassische Syllogismus letztlich nur Beziehungen beweist, die bereits vorher bekannt sind (vielleicht ist er darum für manche so eintönig), ermöglicht die Logik des Lebendigen jeweils eine neue Erfahrung und eine so bislang nicht mögliche Einsicht:

Modus »Barbara«

Menschen sind sterblich.
Soraktes ist sterblich.
Sokrates ist ein Mensch.

Modus »Gras«

Menschen sind sterblich.
Gras ist sterblich.
Menschen sind Gras.[45]

Der Modus »Gras« ist die Logik der poetischen Erfahrung. Entfernt erinnert die Bezeichnung, die Bateson gewählt hat, tatsächlich an ein poetisches Werk: an den epochemachenden Zyklus »Grashalme«, den der US-amerikanische Dichter Walt Whitman in der Mitte des 19. Jahrhunderts komponierte. Die poetische Erfahrung ist immer an den Körper gebunden. Allein wenn wir die Zeilen von Batesons Argument im Modus Gras lesen (die bereits selbst als ein kleines Gedicht gelten könnten), geschieht mehr, als dass wir nur rational eine logische Kette nachverfolgen. Wir spüren uns in unserem Körper, und wir spüren die Berührung der Grashalme auf unserer Haut. Wir sehen Bilder vor uns, erinnern uns an Momente, an denen wir Gras begegnet sind: Den Halmen, riesengroß, als kleines Kind auf dem elterlichen Rasen, dem wehenden Haar auf einer melancholischen Sommerwiese, den im harten Sand knisternden Spreiten in einer Nordseedüne. Wir durchleben »Gras« und können so den Gehalt des Arguments verifizieren. Wir fühlen seine Bedeutung im Körper – und imaginieren zu ihr all seine im Halbdunkel liegenden Erinnerungen und Erfahrungen hinzu. Wir werden daran erinnert, schon zu wissen, dass wir in mancher Hinsicht Gras sind: sterblich wie Gras, zum melancholischen Schwanken im Wind befähigt wie Gras, widerstandsfähig und resilient wie Gras.

Diese »logische« Erkenntnis ist somit eine Erkenntnis, die wir nicht mit unserem »Geist« allein machen, sondern mit unserem ganzen Sein. Sie ist möglich, weil wir alle etwas teilen – und zwar etwas, das nicht eine zufällige Eigenschaft ist (eine Farbe, ein Geruch), sondern etwas, das uns existenziell definiert, auch wenn es immer verschiedene Auswirkungen hat. Wir sind lebendig, sagt der Syllogismus, aber wir müssen sterben – und dieses »Wir« umschließt nicht nur andere Menschen, sondern alle Wesen der belebten Welt. Als würde das Gras, der Baum, die Nachtigall plötzlich eine Lupe werden, durch die wir uns selbst endlich scharf zu sehen vermögen, wird unsere eigene Erfahrung ergänzt durch all die im Namen der Pflanze eingeschlossenen fremden Weisen zu leben und zu sterben, die nicht unsere eigenen sind.

All die Eigenschaften, die andere Wesen besitzen, vermögen zu Potenzialen der eigenen Lebendigkeit und zu Möglichkeiten der eigenen Gefühle zu werden. Das flatternde Gras einer vom Wind gewiegten Prärie wird zu einer Ausdrucksform der eigenen Sehnsucht, ohne dass es damit kausal etwas zu tun hat. Die geschickte Zielstrebigkeit eines Fuchses auf Beutesuche lässt uns eigene Zähigkeit und Schläue erfahren, ohne dass der Fuchs notwendig schlau sein muss. Er ist nur Fuchs, eine Ausformung des organischen Potenzials, aber wir können durch seine Gegenwart, durch seine Lebensgesten die Welt und uns selbst sehen, als wäre uns ein neues Sinnesorgan gewachsen.

Der »Modus Gras« ermöglicht Objektivität, aber diese Objektivität ist nicht rational, sondern unserer gemeinsamen Teilhabe am Netz des Lebendigen geschuldet. Sie ist zugleich subjektiv – subjektive Objektivität in einer Welt, in der Subjekte die Regel darstellen. Weil aber wir alle Teil einer schöpferischen, belebten Welt sind, ist vielleicht diese subjektive Objektivität gerade angemessen. Sie lehnt nicht unter der Hand das Leben ab, indem sie es zu erklären versucht.

Wie sehr Dichter auf den Körper, also das verkörperte Unbewusste, als Organ weltstiftender Erkenntnis setzen und wie sehr sie dabei – und entsprechend auch der Leser – selbst zu Gras, zur Pflanze, zur nichtmenschlichen lebendigen Welt werden, zeigt immer wieder der chilenische Poet Pablo Neruda. Etwa in diesen Zeilen:

Oh Erde, erwarte mich
Bring mich zurück, oh Sonne
zu meinem irdischen Schicksal,
Regen des alten Waldes,
gib mir den Duft und die Schwerter,
die vom Himmel stürzen,
den einsamen Frieden von Weide und Stein,
die Feuchte der Flussränder,
den Geruch der Zypresse,
den Wind, lebendig wie ein Herz,
das pocht unter dem mürrischen Getümmel
der großen Araukarie.
Erde, enthülle mir deine reinen Gaben,
die Türme des Schweigens,
die Feierlichkeit aus ihren Wurzeln heben:
Ich möchte zurück, um zu sein, was ich nie war,
ich möchte lernen, aus solcher Tiefe zurückzukehren,
dass unter allen Dingen der Natur
ich lebe oder nicht leben kann: Es ist ganz gleich,
noch ein Stein mehr zu sein, der dunkle Stein,
der reine Stein, den der Fluss mit hinfort nimmt.[46]

Das Symbol ist nicht, was es ist

Die Logik der Poesie hat noch eine weitere Besonderheit: Sie stimmt nicht. Sie ist falsch. Menschen sind *kein* Gras. Sie sind Menschen, also eine Affenart, und damit Tiere und keine Pflanzen. Das ist der Grund, warum manche rational denkende Menschen sich gleich von Beginn an mit Schaudern vom Modus »Gras« abwenden. Er ist nicht nur unpräzise, sondern ganz klar inkorrekt. Oder genauer: Das poetische Argument ist präzise *und* falsch. Es trifft den Punkt, aber nur im Sinn einer poetischen Präzision, in der ein anderes Lebewesen genau versteht, was gemeint ist, aber sich dieses Gemeinte nicht in einem eindeutigen Satz restlos abbilden lässt. Ja, es ist nur darum präzise, *weil* es falsch ist. Die poetische Welterfahrung ist aus demselben Grund präzise *und* falsch, wie jedes Lebewesen es selbst ist und in seinem tiefsten Innern, vom Stoff nur durchflossen, nicht es selbst, sondern sein eigener Tod.

Die poetische Präzision, die stets aus dem Widerspruch entspringt, ist die simple Magie des Lebens. Sie entfesselt die imaginative Kraft, mit der etwas zugleich ist und ebenso sein Gegenteil. Sie ist die Kraft, mit der sich mein Pudel duckt, wenn ich mich über ihm aufbaue – auch wenn ich nichts tue. Er versteht eine solche Haltung aus seinem eigenen Körper heraus, der ihn – unter anderem mit Hilfe spezieller Nervenzellen, den Neuronen des so genannten Spiegelsystems – fühlen lässt, welche motorische Absicht hinter einer solchen Geste steckt. Ich werde, auch wenn ich friedlich bin, zum Sinnbild der Gewalt – so wie ich, wenn ich mich neben den Pudel auf den Teppich werfe und meinen Oberkörper nach vorn ducke, zum Sinnbild des Spielkameraden werde (was sofort einen begeisterten Tanz des Hundes um mich herum zur Folge hat). Der schon erwähnte Verhaltensbiologe und Erfinder der »Biosemiotik«, Jakob von Uexküll, hat beobachtet, dass Menschen in Gegenden Afrikas, in denen Elefanten heimisch waren, bei einer Begegnung zu einem »Baum« erstarrten, sodass der gefährliche Dickhäuter an ihnen vorbeitrottete, ohne sie zu erkennen. Auch hier wirkt wieder die natürliche Symbolik, die auf dem Widerspruch beruht: Der Mensch wurde in der Wahrnehmung des vorübergehenden Elefanten zum Baum – aber er blieb selbstverständlich Mensch.

Mit der Magie der Metapher lassen sich somit tonnenschwere Gewichte bewegen. Sie – nicht die kausale Technologie des Wirtschaftszeitalters – ist die eigentliche weltbewegende Kraft. Die Technik fungiert nur als ausführendes Organ. Bedeutung schenkt Leben – oder verdammt zum Tod. Ein warmes

Lächeln macht den lebendig, dem es gilt. Ja, für das eigene Kind ist dieses Lächeln, in ausreichender Dosis gegeben, eine entscheidende Lebensnahrung. Fehlt es, so wird die Seele des heranwachsenden Menschen unwiderruflich zerstört (dazu mehr im 7. Kapitel). Ein kalter Blick durchsticht das Herz wie ein Messer – aber hinterlässt keine sichtbaren Spuren. Alle Manipulation, die schwarze Magie der Seele, arbeitet im Modus »Gras« – sie insinuiert, aber spricht nichts aus. Aber auch die weiße Magie des Lebens, die Geste der Lebendigkeit, die Bereitschaft zur Poesie, beruht auf dem inneren Widerspruch des sprachlichen Bildes.

Der poetische Ausdruck, mit dem sich das Leben (wie auch der Tod) nicht nur erfassen, sondern weitertragen lässt, beruht auf demselben Prinzip des Widerspruchs und der Inkompatibilität wie der Lebensvorgang, der Stoffwechsel selbst. Und wie dieser beständig die Erfahrung neuer Sinnesmomente hervorbringt, enthält auch das zielgerechte sprachliche Verfehlen gerade jenes imaginative Surplus, das etwas entdecken lässt, was man zuvor ahnte, aber noch nicht kannte. Die Poesie gleicht einem Pfeil, der, ins Dunkel abgeschossen, nicht tötet, sondern lebendig macht, was er trifft, und es so ans Licht holt.[47]

Octavio Paz zitiert, um diesen Effekt zu verdeutlichen, einen Ausdruck eines spanischen Lyrikers des Goldenen Zeitalters, Luis de Góngora, der das Bluten einer tödlichen Wunde mit »purpurnem Schneefall« umschreibt. »Wenn Góngora«, meint Paz, »»purpurnen Schneefall« sagt, so erfindet oder entdeckt er eine Realität, die – obwohl sie beides enthält – weder Blut noch Schnee ist.« Und wenn der altgriechische Dichter Homer das Wasser des Mittelmeeres »die weindunkle See« nennt, sagt er eine Unwahrheit (kaum ein Meer ist weniger »weindunkel« als gerade dieses), aber er bringt zugleich eine Erfahrungsqualität auf den Punkt, eine Innigkeit, eine Süffigkeit, eine geheimnisvolle Bitterkeit auch, die besser trifft als jede »sachliche« Beschreibung.

Die in solchen Bildern im Modus »Gras« entstehende Wirklichkeit existiert *nicht* – und ist doch gerade so, erst so, nur so, befähigt, die einzigartige Erfahrung auszudrücken. Etwas ist, *weil* es nicht ist – in diesem seltsamen Zwischenreich liegt die Logik des Lebendigen: dieselbe Logik, die, wie wir gesehen haben, bewirkt, dass wir zwar ein Körper sind, dass aber unser Stoff beständig durch uns hindurch läuft; dass wir zwar durch unsere DNA binäre Codes sind, aber zugleich pulsierendes Fleisch; dass wir aus der Perspektive innerer Betroffenheit handeln, aber in einer äußerlichen Welt. Folgt man dieser Einsicht, so ist die Biologie, indem wir sie als eine Erotik des Ökologischen auch in unserer Erfahrung ernst nehmen, kaum weniger bizarr als die Physik, die in der Quantentheorie längst die objektive Realität von Raum und Zeit abgeschafft hat und für die Beobachter und Beobachtetes nicht getrennt sind, sondern unwiderruflich verbunden. Sie sind verbunden, *weil* sie getrennt sind. Sie sind durch die Logik eines Paradoxes verbunden.

Der Physiker Ernst-Peter Fischer zitiert seinen dänischen Kollegen Niels Bohr, der Anfang des letzten Jahrhunderts die Quantentheorie maßgeblich mitbegründete, mit dem Gedanken, das Gegenteil einer simplen Wahrheit sei zwar eine Unwahrheit, das Gegenteil einer tiefen Wahrheit aber selbst eine tiefe Wahrheit. Menschen sind Gras.

Mein Freund Rainer Hagencord, Priester, Biologe und Begründer des Institutes der »Theologischen Zoologie« an der Universität Münster, ging kürzlich bei einem Gespräch noch einen Schritt weiter: »Was du da sagst«, meinte er, »ist ja paradox. Dann muss es also wahr sein.« Wir lachten lange.

Die Poesie ist unsere Wildnis

Die dichterische Metapher ist der Extremfall schöpferischer Sprache. Aber dieser Extremfall illustriert deutlich, wie Sprache insgesamt funktioniert. Ohne Bilder wäre Verständigung kaum möglich. Wie könnten wir Freude ausdrücken, wäre uns nicht »das Herz leicht«, würden wir nicht »aufatmen« oder »obenauf sein«. Philosophen und Sprachforscher haben immer wieder nachgewiesen, dass unsere Wendungen und Ausdrücke weniger logisch-sachlich sind als bildhaft-symbolisch. Damit wirkt auch Sprache nach dem grundlegenden Paradoxon der belebten Welt: Sie erschafft Zusammenhänge dadurch, dass sie gerade diese nicht real verkörpert, sondern heraufbeschwört. Sie ist etwas, indem sie es nicht ist. Ein Wort ist nicht die Sache – aber ohne das Wort (oder ein anderes Zeichen) lässt sich mit der Sache kaum umgehen. Sprache trifft, indem sie verfehlt. Und gerade damit ist sie ein fundamentales Verwandlungsinstrument der Welt.

Die Regeln des Biologischen – und damit die Prinzipien der schöpferischen Freiheit, der ihr eigenes Sein etwas bedeutet – erstrecken sich nicht nur auf die Körpermechanismen von Tieren und Pflanzen, sondern auf jeden lebendigen Austausch. Man könnte darum auch sagen: Die Welt, in der wir leben, ist fundamental *wild*. Wildnis ist jeder schöpferische Zusammenhang, der sich von selbst herstellt, in den wir verstrickt sind und den wir nicht kontrollieren, der uns die Möglichkeiten der Selbsterfahrung vorgibt, während er gleichzeitig durch unsere Kreativität fast beliebig erweitert werden kann. In diesem Sinn ist Sprache unsere alltägliche Wildnis. Unter einem solchen Betrachtungswinkel ist sie gerade nicht das dem Natürlichen Entgegengesetzte, sondern eine seiner Erscheinungsformen.

Dichter stimmen hier gewöhnlich zu. Sie sind Jäger und Sammler in der Wildnis der Sprache. Sie wissen – wie es unbewusst auch kleine Kinder wissen, die nach Worten suchen und auf gut Glück Sätze bauen –, dass es eine Welt gibt, bevor sie in Worte gefasst wurde, und dass das treffende Wort nicht einen objektiven Zusammenhang beschreibt, sondern diesen in Einzigartigkeit erschafft – und gerade darin das älteste Bestehende ausleuchtet. Sprache ist wild, indem wir sie uns zu eigen machen können; sie ist objektiv, indem wir sie unseren subjektiven Bedürfnissen anpassen.

Diesen Zusammenhang zwischen Wildnis und Wort erfasst der schwedische Dichter und Literaturnobelpreisträger Tomas Tranströmer in seinem Gedicht »Aus dem März '79« auf besonders bewegende Weise. Er beschreibt ihn in seinen Versen – aber er löst ihn nicht auf:

Überdrüssig aller, die mit Worten,
Worten, aber keiner Sprache daherkommen,
fuhr ich zu der schneebedeckten Insel.
Das Wilde hat keine Worte.
Die ungeschriebenen Seiten breiten sich nach allen Richtungen aus!
Ich stoße auf Spuren von Rehhufen im Schnee.
Sprache, aber keine Worte.[48]

Für die amerikanische Ökopsychologin Shierry Weber Nicholson ist »wild« eine Bezeichnung dafür, »wie Phänomene sich selbst hervorbringen, wie sie aus der fruchtbaren Leere hervordrängen.«[49] Die Entdeckung, dass sich diese Welt selbst organisiert, dass sie von selbst, aus sich allein, ohne den Zwang zu einer bestimmten Form, die Sehnsucht nach Ordnung, regelmäßige chemische Reaktion und schließlich Leben und damit noch mehr Sehnsucht nach Ordnung hervorbringt, ist somit das tiefste Kriterium ihrer Wildheit. Wild heißt, unkontrollierbar lebendig zu sein, heißt, sich als Teil eines Netzes fortwährend verwandelnder Beziehungen zu entfalten. Der einflussreiche US-amerikanische Dichter und Naturphilosoph Gary Snyder, einst gemeinsam mit Allen Ginsberg und Jack Kerouac

Begründer der später sogenannten »Beat Generation«, meint: »Bewusstsein, Geist, Vorstellungskraft und Sprache sind zutiefst wild. ›Wild‹ wie in wilden Ökosystemen – dicht mit inneren Verbindungen durchwoben, aufeinander angewiesen, und unglaublich komplex. Vielfältig, uralt und voller Informationen.«[50]

Die erotische Ökologie – das verwandelnde Beziehungsnetz der Wildnis – ist die Wirklichkeit, in der wir existieren und mit der wir uns gemeinsam in jedem Moment hervorbringen. Nicht »die Materie« oder »der Geist«, nicht »die Natur« oder »die Kultur«, »die Körpermaschine« oder »die Sprache« sind die einander ausschließenden, allem zugrunde liegenden Ebenen der Wirklichkeit, auf die eine gute Wissenschaft alles Übrige reduzieren müsste, um es zu verstehen. Die fundamentale Realität ist die schöpferische Wildheit, in der sich alles durchdringt, verwandelt, aus der heraus es zum Leben drängt und den Tod mit sich trägt.

Diese Wildheit ist nicht entweder räumlich-materiell oder geistig-abstrakt, sondern immer eines *und* das andere: Materie und außermaterieller Sinn, Leben und Zerfall, Kohärenz und Inkompatibilität. Sie kennt keinen Raum und füllt doch alle Räume. Das »rein Stoffliche« oder das »rein Geistige« sind ihre Zwischenprodukte, Bestandteile des einen *poetischen Raumes*, der unentrinnbaren Wildnis, in die wir mit unserer Geburt geworfen sind, obwohl wir bereits vorher aus ihr kommen. Es ist unsere Illusion, zu glauben, diese Wildheit ließe sich zähmen – eine Illusion deshalb, weil unsere stärksten Instrumente dieser Zähmung – die Sprache, die Fantasie, die zärtliche Berührung – bereits selbst wilde schöpferische, imaginative Akte sind.

Allein Kunst vollzieht Wildheit weitgehend nach, ohne sie zu kontrollieren. Allein Poesie ist die Vergegenwärtigung unserer Lebendigkeit, ohne diese Lebendigkeit festzuschreiben. Darum ist sie lebenswichtig – weil sie das Unkontrollierbare in uns selbst verbürgt, ohne das wir drohen zu Maschinen zu werden, ohne das wir unsere Lebendigkeit verlieren. Und das Poetische ist nicht bloß dasjenige, was im Reservat der »white cubes« von Museen und Biennalen stattfindet, was zwischen den Deckeln offiziell als Literatur anerkannter Bücher gedruckt steht, sondern Kern jedes Momentes schöpferischer Wirklichkeit und damit im kreativen Lallen des Kleinkindes ebenso manifest wie im treffenden Scherz. Sein Surplus ist der dünne Boden, auf dem die Wirklichkeit gebaut ist, auch wenn wir es nicht merken. Er trägt die Flamme unseres Lebens. Diese Flamme können wir im Innern erfahren, aber ihre Wärme ist auch unmittelbar auf der Haut wahrnehmbar – in der Lebendigkeit der anderen Wesen.

Für den Philosophen und Musiker Theodor W. Adorno bestand deshalb die Rolle des Künstlerischen auch nicht darin, die Natur (oder die Schöpfung) »nachzuahmen«, wie es lange Zeit im abendländischen Verständnis als Richtschnur künstlerischen Schaffens gegolten hatte. Poetische Kreation ist nicht das *Abbild* der Weltkreativität, sondern ihre zentrale Kraft. Kunst, lebendige jedenfalls, bildet nicht Natur nach, sondern wirkt wie, nein *als* Natur. Sie ist ein Instrument und eine Verkörperung des Wilden. Sie verwandelt uns selbst, indem sie aus der »kreativen Leere« dem Drang zur Verwandlung Stimme verleiht.

Erotik der Sprache: Benennen, verwandeln, erschaffen

Einer der zentralen Denker einer solchen universellen Poetik der Welt war Johann Wolfgang von Goethe, Dichter und Naturforscher, Universalgelehrter und Schauspieler im selbst geleiteten Laientheater an einem winzigen Fürstenhof. Goethe beschrieb diese in allem Wirklichen schlummernde Verwandlungskraft wieder und wieder. Diese Kraft und ihre Wirkungen zu erfahren und diese Erfahrung zu beschreiben ist präziser als eine erschöpfende Analyse durch eine vorgeblich objektive

Wissenschaft. »Man suche nur nichts hinter den Phänomenen. Sie selbst sind die Lehre«[51], ist Goethes rätselhafte, fast schon an den Zen-Buddhismus erinnernde Haltung. Sie sind die Lehre, weil sie verwandelnde Kraft haben, indem man sich ihnen überlässt. Die Lehre liegt nicht in der neutralen Analyse der Welt, sondern darin, zu ihr in Beziehung zu treten und sich in dieser Beziehung verwandeln zu lassen. Goethe nannte eine solche Haltung »zarte Empirie«. In ihr weitet sich das eigene Selbst als Echo des ständig vibrierenden schöpferischen Potenzials, und »jedes wirklich wahrgenommene Objekt erschafft ein neues Wahrnehmungsorgan in uns.«[52] Für einen Dichter wie Goethe erscheint dieses Organ vornehmlich in der Sprache.

Sprache ist die Fähigkeit, Dinge, Prozesse, Gefühle, Individuen zu bezeichnen und sie dadurch zugleich zu etwas anderem zu machen. Sie sind dann nicht mehr nur Objekte, sondern imaginative Energiefelder. Das ihnen jeweils gegebene verwendete Wort verleiht ihnen eine zweite Materialität mit eigenen Sinneseigenschaften, die samtig, kratzig, hohl oder glatt sein können. Dinge werden zu Stimme und verwandeln sich so nicht nur in Zeichen, sondern erhalten darüber hinaus zu ihrem eigenen einen anderen Körper. Sprache verdoppelt also das, was sie benennt, und führt dadurch eine Inkompatibilität in die Welt ein: Sie macht die beiden Seiten, den Gegenstand und seine Bezeichnung, zu etwas vollkommen Gegensätzlichen.

Sprache erlaubt, die Welt zu benennen und so zu besitzen, zwingt aber gleichzeitig dazu, sie dabei zu verfehlen und folglich kreativ zu verwandeln, um dieses Verpassen zu kompensieren. Sprechend kann ich die Gegenstände und die Wesen in meine eigene Stimme verwandeln und sie mir dergestalt einverleiben. Ich kann sie in meinem Mund hin und her rollen und auf meiner Zunge hüpfen lassen. Das befähigt mich, die so neu erschaffenen zweiten Körper der Dinge zu einer eigenen Erschütterung im Raum werden zu lassen. Ich kann sie in etwas Physikalisches, in Schall verwandeln, damit berührbar machen und ihnen die Kraft geben, zu berühren, so wie ein hinreißender Vers, der gesprochen werden muss, um seine volle Kraft zu entfalten, den ganzen Körper ergreift und einen Schauer über die Haut schickt.

Auf diese Weise wird Sprache zu einem Instrument, diese Welt, die nur sich selbst gehört, zu vervielfachen und entsprechend mit anderen zu teilen. Ich teile verwandelte Welt aus – und beständig erhalte ich Fragmente der Dinge in Form von Stimmen, Tönen, Variationen von Berührung und Umschlingung zurückgeschenkt. Ich schenke sie weiter, indem ich das in der Sprache liegende grundlegende Potenzial der Transformation annehme.

Sprache ist ein Mittel der Metamorphose zwischen Körpern und Ideen und zwischen verschiedenen lebenden Körpern. In seinem Potenzial, eine Substanz der Verwandlung zu sein, entspricht das sprachliche Gewebe dem Nervensystem eines lebenden Wesens. Die Sprache ist somit ein weiteres Sensorium außerhalb unseres Körpers, dessen wir uns bedienen können, das sein Eigenleben hat, das sich selbst hervorbringt und doch zugleich auch von mir hervorgebracht wird, das ich anordne und gruppiere und das mich doch zugleich umfängt.

Die Ökologie der Sprache bildet somit eine weitere Ebene der kreativen Ökologie des Geistes, in die wir eingebettet sind, eine weitere Schicht eines sich selbst regulierenden und wahrnehmenden, und in dieser Wahrnehmung beständig Neues hervorbringenden Systems. Sie ist wild wie eine Landschaft, und wie diese ermöglicht sie uns eine erweiterte Erfahrung unserer selbst. Denn wie das Nervensystem unserer Leiber, wie die Gräser und Glühwürmchen als Nervensystem der Landschaft, verwandelt sie alles, mit dem sie in Berührung kommt, indem sie sich selbst verwandelt. Sprache berührt, was wir sind, und macht es, und damit uns, dabei zugleich zu etwas anderem.

Die Sprache hat ihre Eigenlogik, ihre eigene Resonanzschwingung, vom Genius der jeweiligen Ausdrucksmöglichkeiten eines Idioms, von seiner Grammatik und seiner Geschichte bedingt. Nur *weil* eine Sprache diese »Eigenschwingung« aufweist, kann sie überhaupt einer Anregung antworten. Aber sie antwortet immer mit sich selbst. Auch darin verhält sich ein Zeichensystem nicht anders als ein Lebewesen, dessen Sinnesorgane immer mit ihrer »spezifischen Energie« auf die Welt reagieren. Ein Auge nimmt alles, auch einen unsanften Stoß auf seinen Glaskörper, als Helligkeit und Farben wahr. Aus dem Zusammentreffen eines Widerstandes und der Netzhaut entsteht Licht.

Der Quantensprung: Eine Poetik belebter Systeme

Die Metamorphose gehört zu den grundlegenden Prinzipien einer erotischen Ökologie. In ihr durchdringen sich die Gegenstände und die Individuen und verwandeln sich ineinander. Sie folgt den Regeln einer Verbundenheit, die wir zugleich als eine Trennung erfahren, sodass wir sie ständig durch neue Akte der Bezogenheit kompensieren müssen. Aus dieser Situation können wir weitere Grundregeln eines schöpferischen Kosmos ableiten:

1. Wahrnehmung ist stets körperliches Berührtsein (das Auftreffen des Lichtteilchens auf den Rhodopsin-Stapeln der Netzhaut, die Infrarotwellen auf dem Fühlkörper, die durch ein Duftteilchen beim Auftreffen bewirkte Membranbewegung).

2. Berührtsein heißt in Beziehung sein: in der Beziehung, die zwischen einem selbst und einem anderen besteht.

3. Jede Beziehung beinhaltet eine Verwandlung beider Pole der Beziehung.

4. Verwandlung ist die Übersetzung des einen durch das Medium des anderen (des DNA-Codes durch den Zellkörper, der Figuren im Paarungstanz durch das Verhaltensrepertoire).

5. Die Übersetzungstätigkeit lebender Systeme lässt sich als Kognition in einem Nervensystem beschreiben. Beispiele für solche Nervensysteme sind das Gehirn, das Immunsystem, die DNA-Schaltergene, Ökosysteme, der Planet Erde, tierische Verhaltenscodes, das pflanzliche Rhizom, die Sprache bzw. andere Ausdrucksmedien (Musik, Zeichnungen, Architektur).

6. Ein Nervensystem erlaubt Wahrnehmung des Fremden in der Form des eigenen Selbst. Es gestattet die Imagination dessen, was sich prinzipiell nicht als Selbst erfahren lässt.

7. Jede Beziehungsstruktur ist ein Nervensystem.

8. Ein Nervensystem funktioniert nur, weil es in sich widersprüchlich ist. Es lässt sich umgekehrt nur in einer Logik der Widersprüchlichkeit erfassen.

9. Diese Logik der Widersprüchlichkeit ist die Logik des Poetischen. Nervensysteme lassen sich umfassend nur in der Logik des Poetischen beschreiben, zugleich in dieser aber weder definieren noch konstruieren.

10. Selbsterfahrung ist Ausdruck eigener Identität im Medium des anderen. Fremdwahrnehmung ist Ausdruck des anderen im Medium meiner selbst.

11. Selbsterfahrung heißt die *zugleich imaginative und reale* Bündelung der Welt in einem einzigen Individuum oder einer einzigen Geste.

12. Dieses »Ganze in einem beliebig kleinen Fragment« ist das bestimmende Moment poetischer Erfahrung. Wer sich von ihr ergreifen lässt, dem ermöglicht sie ein Mitsein in der erotischen Beschaffenheit der Wirklichkeit.

13. In welchem Maß eine Erfahrung wirksam wird (in einem Nervensystem eine Veränderung eintritt), hängt von ihrem imaginativen Potenzial ab, nicht von materieller Ursache und Wirkung, sondern von der symbolischen Bedeutung einer Begegnung für den Zusammenhang der Lebendigkeit.

Verletzlichkeit als Sinnesorgan

Es regnet draußen, es ist immer noch warm, aber es regnet, ich sehe es aus dem Fenster. Der Hund bemerkt es nicht und will unbedingt nach draußen. Unten stelle ich fest, dass ich den Schirm vergessen habe. Zuerst ist der Regen kühl auf meiner Haut. Mein T-Shirt hat er sogleich durchdrungen. Kühl trifft er auf und sammelt sich dann auf meinem Körper als Schicht von Feuchtigkeit. Ich halte es aus, bleibe zunächst unter dem Regen stehen und gehe dann langsam weiter mit dem Hund, der ohne Kleider und nur mit durchlässigem Pudelfell überzogen vom Wasser durchnässt wird. Ich lasse den Regen mich durchtränken, meine Haare durchfeuchten, das Wasser läuft mir in kleinen Strömen die Schläfen hinab. Ich nehme es hin, ohne etwas dagegen zu unternehmen, ich nehme es hin, wie ein Tier, das ganz und gar zur Welt gehört und nicht von ihr getrennt ist, und plötzlich erfüllt mich eine solche Freude und Lust – da weiß ich, dass nichts Schlimmes mehr geschehen kann.

Als das Blitzen beginnt, setze ich mich in einen fremden Hauseingang gegenüber der Westend-Bibliothek. Ich warte, während der Regen niederrauscht und Blitze zucken und flackern und die ganze Elektrizität der Atmosphäre sich entlädt. Eine elementare Lust packt mich. Der Regen prasselt nieder, der Donner wälzt sich über die Dächer, all diese ganze Ereignis- und Seinslust, diese krachenden Manifestationen einer »Sympathia universalis«, deren Teil zu sein mir heute wieder geschenkt ist. Ich bin mitten darin – und ich spüre zugleich, wie es ist, mitten darin zu sein. Ich *bin* das Ganze, das sich selbst erfährt. ich betreibe Theorie, aber ich setze dafür die Sinnesknospen meiner Haut ein.

Auf diese Weise lässt sich die Welt immer wieder als eine Poetik der Lebendigkeit erfahren. Diese ist mitreißende Affirmation, aber durchbricht jedes Affirmative. Sie trägt nicht einen Maßstab der Gesundheit, sondern einen der schöpferischen

Fülle, oder besser: des immer tieferen Lernens des Ganzen über sich selbst als ein Wahrnehmungsorgan, als ein Organ der verwandelnden Übersetzung von Selbst in Welt und Fremd in Eigenes. Zugleich jedoch ist diese Übersetzung ein ewiges Verfehlen. Schöpferischen Sinn erschaffe ich erst durch die Unsicherheit einer Selbstbehauptung angesichts einer beständigen Bedrohung.

Denkt man von diesem prekären Leben aus, so wird klar: Das ewige Verfehlen der Übersetzung ist zugleich ihr Herz, die Ungewissheit, aus der sich das eigene Ich durch die Antwort des Gegenübers jedes Mal neu erfahren kann. Das Verfehlen ist ein Treffen-im-Verfehlen. Ohne dieses Verfehlen ist die Herstellung von Sinn gar nicht möglich – ähnlich wie ohne eine grundsätzliche Inkompatibilität zwischen dem fühlenden Körper und der abstrakten Sprache des DNA-Codes kein Leben denkbar wäre und keine Wahrnehmung.

Die ganze Wahrheit bleibt unaussprechlich. Jede Schöpfung ist für immer unvollkommen. Sinn existiert in jedem Moment – aber nicht der einfache, eindeutige, der ein für alle Mal gültige, sondern jener des Moments, in dem ein Lebewesen sich selbst nach seinen augenblicklichen Bedürfnissen in Gesundheit aus einem prekären Verhängnis herstellt. Dieser Sinn trägt stets seinen Schatten mit sich: den Schatten, der damit zu tun hat, dass dieselbe Handlung in einem anderen Moment, an einem andern Lebewesen vollzogen, tödlich sein könnte, verfehlt, unbrauchbar, verhängnisvoll.

Biologisch ausgedrückt: Die Unvollkommenheit der Schöpfung beruht auf der Inkompatibilität, die im Herzen jedes schöpferischen Systems liegt. Jede Zelle, die lebt, trägt ihre eigene Negation, die tote Materie, nicht nur in sich, sondern *ist aus dieser gemacht.* Aber nur diese Negation ermöglicht, dass sich die Zelle (oder das Tier, oder der Mensch) selbst *wollen* kann, dass ein Wesen sich selbst ein Anliegen ist, und somit immer wieder Sinn, geordnete Fortexistenz, *produziert.* Doch diese

Fortexistenz löst den Widerspruch nicht auf. Sie hält ihn eine Zeit lang aus. Sie verwandelt ihn in Erfahrung. In etwas Inneres, in etwas, das nicht der Materie anhaftet, obwohl es gleichwohl vollkommen von ihr abhängt. Sie verwandelt ihre eigene Negation, manchmal, in die Perle eines Augenblicks aus purem Glück. Nichtsdestoweniger trägt dieses Glück seinen Schatten in sich wie die Austernperle das trübe Sandkorn, den Fremdkörper, der seinen Weg in die weiche Innengestalt des Schalentiers gefunden hatte.

Der französisch-algerische Philosoph Jacques Derrida brachte diesen Zusammenhang in den 1990er-Jahren in einem kleinen Aufsatz zur Poesie auf den Punkt.[53] Der Text ist auch ein Statement zur schöpferischen Lebendigkeit. Was Derrida über das Gedicht als den Inbegriff schöpferischer Sprache schreibt, könnte auch über ein Lebewesen gesagt werden: Niemals erschließt es sich in Gänze, immer bleibt es ein Stück weit unzugänglich, immer droht es sein Gegenüber zu enttäuschen, weil die Bindung an ein lebendes Wesen, an ein schöpferisches Stück Wirklichkeit eben zugleich immer eine Trennung ist. »Kein Gedicht ohne Unfall«, schreibt Derrida, »kein Gedicht, das sich nicht wie eine Wunde öffnet, aber das nicht auch selbst verwundet. Du nennst Gedicht eine schweigende Verzauberung, die stimmlose Verletzung, die ich durch dich mit dem Herzen auswendig zu lernen begehre... Das Gedicht fällt mir zu und verfällt, Segen, der vom anderen kommt.«[54]

Wer sich nicht auf den »wilden« Schattenbereich in der Wirklichkeit einlässt – und in sich selbst –, wird ein Stück ausblenden, und vielleicht das Zentrum. Im Zentrum sein heißt lebendig sein. Lebendig sein heißt, sich der Wirklichkeit einer körperlichen Existenz zu überlassen, die mit nichts je im Reinen ist und zugleich aus dieser Ungewissheit ihre Poesie und Schönheit gebiert. Dafür aber benötigt man den Mut, sich nicht länger hinter einer Simulation von Makellosigkeit zu verstecken.

Unsicherheit ist darum unser entscheidendes Beziehungsorgan, die notwendige Voraussetzung, um Bindungen zu anderen Wesen und zu anderen Menschen eingehen zu können. Bindungen in Gegenseitigkeit, in denen das eigene Selbst nicht versteckt werden muss und in denen die anderen eine Chance haben, in all ihrer Wirklichkeit aufzutreten. Jede Beziehung ist ein Zusammenstoß, der unwiderruflich verändert – und genau das, diese Transformation des Selbst, bedeutet Erkenntnis. Allein der Unfall, wie Derrida sagt, die Berührung-als-Verformung, bringt in Verbindung mit der Wirklichkeit. Sie ist immer zugleich eine Erfahrung des Gewichts der Welt *und* eine Erfahrung des Selbst *und* die Erfahrung einer Metamorphose des einen im anderen, mit offenem Ende. Berührung durch den anderen ist die Erfahrung einer Selbstvergewisserung und die Erfahrung einer Verwundung zugleich.

Um diesen Prozess zu ermöglichen, brauchen wir Risikobereitschaft. Offenheit, die sich immer wieder der Furcht stellt. Offenheit gegenüber den Schatten, den eigenen und denen der Welt. Offenheit heißt, die Lücken und Risse hinzunehmen, ohne sie zu beklagen. Neugier auf das, was werden mag. Akzeptieren, dass diese Welt ein Terrain der Verwandlung ist und es keine Transformation gibt, die nicht auch schmerzt. Dieser Schmerz gehört zur Wirklichkeit. Jede Erfahrung ist eine Verwundung durch die Wirklichkeit – aber unweigerlich auch eine Verwandlung durch die Wirklichkeit. Und umgekehrt verwandelt sie die Wirklichkeit in etwas ganz und gar Eigenes.

Akzeptanz also. Hinnehmen dessen, was ist. Die Selbstgewissheit der eigenen Durchlässigkeit. »Vollkommen passiv, alle Sinne auf das Äußerste geschärft«, so hat der Ökonom und Humanist Manfred Max-Neef diese Haltung einmal beschrieben (und auch hier wieder ein Paradoxon geschaffen). »Beobachten, ohne zu bewerten«, meint der Philosoph Krishnamurti ganz ähnlich, sei »die höchste Form menschlicher Intelligenz«, welche die alles verwandelnde Prekarität und jede Schöpfung erst möglich macht, ihr keine Zügel anlegt, ihr keine Regeln zu geben versucht, sie nicht kontrolliert und so die in ihr schmerzende Sehnsucht lebendig werden lässt. Der mexikanische Dichter Octavio Paz sagt: »Wir sind Bühne einer Umarmung der Gegensätze und ihrer Auflösung, gebettet in einen einzigen Akkord, der weder Zustimmung ist noch Ablehnung, sondern Hinnehmen ..., reine Lebendigkeit, Herzschlag der Zeit.«[55]

Alles ist schon da

Im Spätsommer gehe ich nach einem langen Arbeitstag hinaus in meine Lindenallee. Ich atme fast erschrocken die Frische der Abendluft, ich höre die unschuldige Versunkenheit der Heupferde in ihren Gesang, ich spüre die Kühle der Steine, ich sehe die gleichmütige Ferne der wenigen Sterne, die bereits am dunkler werdenden Himmel zu erkennen sind, den perlmuttern im letzten Licht stehenden Dampfpilz über dem Heizkraftwerk Spandau weit im Nordosten hinter dem langen, glänzenden Bogen der Gleise. Ich bin Teil eines stummen Gewebes, das alles in sich einbettet und von alleine trägt, ohne je etwas zu erklären – und ohne je zu retten.

6 Umarmung

»Jemanden lieben heißt, ihn so zu sehen,
wie Gott ihn gemeint hat.«
Marina Zwetajewa

Am nächsten Tag fuhren sie zum Wannsee.

Der nächste Tag. Blendendes Licht, es ist schon morgens dreißig Grad heiß. Als Kind zog man die kurzen Hosen an, ein dünnes T-Shirt, und machte sich mit dem Fahrrad auf in den warmen Morgen, ein Marmeladenbrot in der Hand.

Blendendes Stadtlicht, Berlin ist nicht geschaffen für den gewaltigen Sommer, es zieht sich zurück, erstaunt unterbricht es seine sonst immer zu deutliche Anwesenheit, die Seele der Stadt macht ein Nickerchen im Sonnenschein. Die Straßen liegen da wie Felsen und Priele in einer Meeresbucht bei Ebbe, jetzt kann man zwischen den Dingen spazieren, die sonst nur halb zu sehen und schwer zu erreichen sind.

Ein Morgen, welcher der Nacht folgt wie angegossen. Unvorstellbar, dass irgendeine Einzelheit anders sein könnte. Alles ist wahr, alles breitet sich mit warmer Sanftheit aus. Die Anwesenheit des Sommers gibt allen Geschehnissen eine unbeirrte Selbstverständlichkeit. Am Morgen sieht man den anderen, in dessen sicherer Gegenwart man geschlafen hat, wieder im Licht, seine Umrisse füllen sich mit Form. Heute Nacht waren wir von einem Laken der Dunkelheit umfangen, wir hatten dieselbe Atemfrequenz, und was sich nicht fügte, wurde von der Nacht versteckt, unhörbar und gnädig.

Auf dem Weg zum See fassen sie einander an der Hand, übermütig übersprungene Treppenstufen aus grauem Beton, vor dem Bahnhof die erneute Begrüßung des gleißenden Tages, dann der Wald. Sie halten den Atem an und berühren mit der bloßen Fußsohle den hellen Sandboden. Die Haut hat einen Geruchssinn, sie riecht den Sand und die Kiefernnadeln und das trockenes Gras. Die Haut ist überhaupt der klügste Sinn, längst hat sie sich mit dem Sommer gut gestellt, sie sind grundlos Freunde geworden und tanzen miteinander unter den lichten Blätterbogen der Birken und Kiefern. Mit den Ameisen hat sich der Körper verbrüdert, mit den schlanken Stämmen der Bäume. Die Finger suchen im Vorbeigehen unwillkürlich ihre Nähe, berühren ihre Borke, eine trockene, gleichmütige, wissende Nähe, die Haltung der Natur.

Ihre Haut ist warm wie der Sandboden, ihr Bauch wölbt sich unter dem Stoff, sie ist die Königin dieser Erde, aber sie weißt es nicht, auch eine Amsel weiß so etwas nicht, doch er weiß es. Und dann versucht er es zu vergessen, jedes Wort zu vergessen, nur noch den Samtboden des Waldes unter den Füßen, den Samt ihrer Haut an den Fingerspitzen.

Es gibt die beiden an diesem Vormittag, und es gibt die Erde, auf der sie gehen. Sonst ist niemand da, kein Mensch aus dem drangvollen Berlin kreuzt ihre Spur. Es gibt nur ihre Spuren und den Geruch, der daraus aufsteigt, das Leben, das daraus aufstaubt, feiner Staub in der Nase, auf dem Nasenrücken, auf den Lippen, den wunderbaren, auf den Füßen. Auf dem Rücken der nackten Füße bildet sich beim Gehen ein kleines Atoll aus hellem märkischen Staub. Alles ist so ahnungslos ringsum, so ahnungslos und schön, Tränen der Rührung müsste man weinen für diese Schönheit, die einen so unvorbereitet packt.

So schreiten sie durch den Wald, sprachlos, zögernd, tänzerisch, die Dome der Hitze säumen ihren Weg zwischen den Bäumen, und das Rascheln und Knistern der kleinen Arabesken der Natur begleitet sie in geheimer Zärtlichkeit. Keine Fragen, doch ein weit geöffnetes Gehör für das Flüstern der Dinge, die Sanftmut der Haut, die ihresgleichen gefunden hat. Ein vorläufiges Fest, ein Abschnitt der Unendlichkeit, eine schmeck- und riechbare Verheißung, die sie in einer knappen halben Stunde durchschreiten, resigniert und beschwipst vor Glück.

Er hält ihre Hand, und sie hält seine, sie halten einander an den Körpern fest und diese halten sich an den Pflanzen, sie blicken einander in die Augen, und diese reflektieren das gleißende Licht des Sommers und werden davon erfüllt, bis sie überlaufen und es zum anderen weitersprudeln lassen. Sie tragen sich auf Händen, denn die Natur trägt sie, das Sein ringsum, denn es ist ein Sein, kein Werden und Vergehen, das Leben ist auf ihrer Seite. Es erlaubt ihnen keinen Zweifel, und beglückt werfen sie ihn fort, den Zweifel; das Misstrauen liegt schon lange im Abfall am Rand der Straßen. Sie haben es gleich zu Beginn abgegeben und sind jetzt ganz nackt. Niemand kann sie so sehen, nackt wie die Vögel, nackt wie die Grashalme. Sie gehen miteinander und atmen die Luft, die ihnen so wohlgesonnen ist.

Die beiden sind ganz in der Welt, und sie sind ganz sie selbst. Sie sind Individuen in einem Ganzen, durch die sich dieses Ganze erst in voller Pracht zu zeigen vermag. Sie wissen, dass es nur ein Augenblick ist, ein Wimpernschlag, die wenigen Minuten ihrer Schritte auf dem federnden Gras des Grunewaldes, in der Luft aus Harzgeruch und dem Parfum trockenen Waldbodens. Sie wissen, dass alles wieder vorbei sein wird, und gerade dadurch ergreift sie der Moment in unerhörter Intensität. Er ist zerbrechlich, und er ist umfassend. Sie spüren berauscht ihre Einzigartigkeit, aber sie spüren diese nur, weil sie Teil von etwas unerhört Dichtem, unglaublich Komplexem sind. Sie zerteilen mit ihren empfindlichen Zehen den nackten Sand, sie berühren des anderen Haut, atemlos von der immer wieder neuen längst bekannten Überraschung. Sie sind verbunden und zugleich zerteilt, unentrinnbar.

Die Welt, eingesogen in die Lungen, erlitten als Lichtexplosion auf der Netzhaut, empfangen als Vibration der Körperoberfläche, mitvollzogen im Echo des klopfenden Herzens, durchwachsen von Birken und Kiefern, von Springkraut und

Brombeeren, durchsungen von Buchfinken und Kreuzschnäbeln, verworren, überraschend, unergründlich und überwältigend von Glück erfüllt, enthüllt sich in diesen kurzen Minuten als eine schöne Komplikation.

Jener lange zurückliegende Tag im brandenburgischen Sommer war eine Bühne der Bezogenheit und ihrer ungreifbaren Regeln. Alles lag da, aber nichts war gewusst. Jeder Moment, in dem ein Mensch sein Dasein auf intensive Weise erfährt, mit seinen Sinnen und mit seiner Seele, enthält das Spektrum der Kriterien, wie es ist, in einer schöpferischen Welt lebendig zu sein. Um sie zu erfahren, ist keine besondere Versuchsanordnung nötig, keine spezielle Begabung und auch keine Meditation. Wir haben bereits alles, was wir brauchen, weil wir immer Teil des Ökosystems sind, an dem wir teilnehmen und das wir verstehen möchten. Wir sind mit unseren Körpern Teil dieser Welt. Alles ist vorhanden, um das Mysterium der Existenz zu erfassen, um diese Welt in ihrer erotischen Gemeinschaftlichkeit von Begrenzung und Austausch zu erfahren. Unsere Existenz als empfindsamer Leib stattet uns mit dem Instrumentarium aus, das Leben nicht nur leben, sondern auch erfassen zu können. Der Leib ist das denkbar empfindlichste Instrument, um Leben nachzuweisen.

In jedem intensiven Erfahrungsmoment erleben wir uns in Beziehung. Wir erfahren, dass sich die eigenen Emotionen in einer bestimmten Umgebung gemeinsam mit dieser erschaffen. Durch die Erfahrung von Licht etwa verwandelt unsere Haut unsichtbare Energiewellen in die Selbstwahrnehmung »angenehm und nützlich, also hell«, oder »zerstörerisch, also grell«. Im Zentrum unserer Existenz steht die Erfahrung von Bindungen, die existenzielle Bedeutung haben. Beziehung ist die Grundlage unseres Seins. Und Beziehung ist die Grundlage unserer sozialen Wirklichkeit. Wir leben in Beziehungen.

Darum soll es in diesem Abschnitt um die Bindungen zwischen Menschen gehen. Auch diese richten sich nach den gleichen universellen Prinzipien der Lebendigkeit, wie sie Ökosysteme kennzeichnen. Das Erotische und die Liebe sind Instanzen der gleichen schöpferischen Ökologie, der unser Stoffwechsel folgt, unsere Wahrnehmung, unsere Imagination – und nach deren Prinzipien etwa eine Bakterienzelle auf freie, schöpferische Weise Sinn als »Surplus« ihrer existenziellen Begegnungen erschafft.[56]

Wir sind von Anfang an wir selbst

Alle Bindung beginnt mit der Kindheit. Ein Mensch ist die Folge der Begegnung einer Samenzelle mit einer Eizelle, die sich gemeinsam in einen Embryo verwandeln. Dieser Prozess hat sich seit Generationen, ja seit Jahrmillionen so fortgesetzt, seit den Zeiten, als die höheren Tiere mit ihrer geschlechtlichen Fortpflanzung aus anderen Lebensformen, die zur Vermehrung ihre Zellen teilten, hervorsprossen. Die Geschichte unserer Beziehungen reicht bis zu dem Moment zurück, als das Leben entstand. Jeder von uns ist ein Überlebender vom ersten Anbeginn des Daseins. Wir sind also wirklich routiniert im Führen erfolgreicher Beziehungen.

Im Mutterleib entfaltet sich unsere Bindung auf aufschlussreiche Weise. Ein Fötus ist ein eigenständiges Wesen, dennoch auf die Versorgung durch die Mutter angewiesen. In der Plazenta dringen Nährstoffe aus ihrem Blut in seines ein, aber die Kreisläufe bleiben getrennt. Beide können sogar verschiedene Blutgruppen haben, deren Vermischung zur Verklumpung und so zum tödlichen Schock führen würde. Kind und Mutter haben eine je eigene körperliche und seelische Identität, stehen aber zugleich in einem unvermeidlichen Austausch, den sie nicht steuern können. So werden die Gefühle der Mutter mittels Botenstoffen, die durch die Plazenta wandern, in den Embryo hineingeschwemmt. Dieser wird von fremden emotionalen

Zuständen so überflutet, wie einen Wanderer an der Küste die Gewalt eines Sturms trifft. Gleichwohl ist das Kind ein eigenständiges Wesen – und kein Auswuchs des mütterlichen Körpers.

Hier liegt die Quelle eines Missverständnisses, das Embryologen und Kindheitsforscher erst heute aufklären.[57] Lange Zeit gingen sie davon aus, dass Kind und Mutter eine »symbiotische Einheit« bilden, das Kind also die Mutter als Teil seiner selbst erlebt, als Erweiterung des eigenen Körpers. Auch nach der Geburt, außerhalb des Mutterleibs bis zum Alter von zwei Jahren, so nahmen viele Psychologen an, lebe das Kind in dieser »primären Symbiose«. Mutter und Kind seien im Erleben des Säuglings nicht getrennt. Vielmehr müsse das Kind in seinen ersten Lebensjahren diese Trennung erst lernen. Auf dieser Annahme beruhten viele psychologische Konzepte. So gingen Forscher davon aus, uns allen sei in der frühesten Kindheit ein unvermeidbares Trauma in die Wiege gelegt: das Zerbrechen der perfekten Einheit mit der Mutter.

Aber diese perfekte Einheit hat nie existiert. Die Situation im Uterus ist nicht die einer körperlichen Identität. Das bestätigt jede schwangere Frau. Spätestens wenn das Kind sich in ihrem Uterus bewegt, wenn es morgens um halb fünf munter sein Eigenleben beginnt, ist ganz klar, dass die Mutter einen anderen Menschen in sich trägt. Im Uterus existiert der Fötus zwar in einer intensiven Form von Bezogenheit, ist aber zugleich ein eigenes Individuum. Der Fötus besitzt eine klare, eigene Identität und erlebt diese auch so – zugleich aber muss diese Identität beständig im Zusammenspiel mit einem Gegenüber erschaffen werden. Dieses erste Gegenüber ist die Mutter: Sie versorgt ihr Kind mit Sauerstoff und Nahrung, sie reinigt sein Blut, sie wiegt es im Fruchtwasser in den Schlaf. Sie gibt dem Embryo Identität, indem sie ihn mit ihrem eigenen Körper pflegt. Wir sehen hier einen schöpferischen Austausch, durch den ein Subjekt in die Welt kommt und ein anderes unwiderruflich verändert wird.

Unsere Lebensphase im Mutterleib ist der ökologische Archetyp einer Verbindung-in-der-Trennung – und damit Maßstab dessen, was das Kind später, außerhalb des Mutterleibs, immer wieder herzustellen versucht. Der gesunde Normalzustand ist eine enge Bindung, aber nicht eine Symbiose. Nur weil die Mutter sie selbst ist und nicht ihr Fötus, vermag sie dem Kind zu geben, was es braucht. Nur, weil beide vereinzelt sind, ist eine Bindung möglich.

Statt von einer primären Symbiose kann man also von einer primären Trennung sprechen: Das Baby erlebt die Mutter nicht als Teil seiner selbst, sondern als ein Gegenüber. Es erfährt sie als allmächtige Welt, die über sein Gedeihen bestimmt, ohne dass es versteht, warum. Im Fruchtwasser zu schwimmen, wenn auch adäquat versorgt, ist ein passiver Zustand: ein Erleiden, aus dem die Befreiung per Geburt die eigene Subjekthaftigkeit erlöst. Das Neugeborene ist zwar weniger geschützt, hat aber mehr Mittel, seine Umgebung zu kontrollieren. Nun muss sich erweisen, ob die Welt es weiter trägt, ob nicht nur metabolische Notwendigkeit es gedeihen lässt, sondern auch der bewusste Wunsch eines anderen Menschen, das Kind lebendig zu machen. Das Vertrauen, das ein Baby während dieser Zeit in seine Mutter ausbilden kann, wird zum Maß seines Vertrauens in die Welt. Die Stärke dieses ersten Vertrauens bestimmt sein Leben auch dann noch, wenn es längst erwachsen ist.

Nach der Geburt besteht die Rolle der Mutter darin, das ihr im Mutterleib unbewusst entgegengebrachte Vertrauen auf die Welt zu übertragen. Sie muss das Kind schrittweise davon überzeugen, dass nicht sie die Welt ist. Und sie muss ihm die Chance geben, zu erfahren, dass nicht nur die Welt über das Kind bestimmt, sondern dass es selbst schöpferische Macht darüber hat, was die Dinge mit ihm anstellen. Sie muss das Kind gleichsam von sich fortlieben. Im Lauf der Kindheit sollte das Kind *verlernen*, dass ein anderer gottgleich über alles bestimmt. Es muss erfassen, dass die Mutter ein Individuum ist wie es selbst – und dass es mit eigener Kraft produktiv auf die Welt Einfluss nehmen kann.

Ein Säugling weiß, dass er ein Ich ist

Indem das Kind ein Gegenüber erlebt, das unabhängige, eigene und unkontrollierbare Gefühlsregungen zeigt, also ein Subjekt ist, und nur dadurch, dass dieses Subjekt mit ihm in eine wohlwollende Beziehung tritt, kann sich die eigene Identität bilden. Die klare Erfahrung der Grenze, das Zusammentreffen mit einem Du, ist nötig, um das Ich zu entfalten. Bahnbrechende Forschungen hierzu stammen von den amerikanischen Entwicklungspsychologen Andrew Meltzoff und Keith Moore. Sie zeigten, dass schon Neugeborene auf die Gesichtszüge einer Person reagieren – indem sie diese imitieren. Lächelt einem gerade geborenen Säugling eine Versuchsperson entgegen, so zieht dieser schwach die Mundwinkel empor. Schürzt die Versuchsperson ihren Mund, so spitzt auch das Baby die Lippen.[58]

Die Forscher konnten diese Fähigkeit des Neugeborenen kaum fassen. Sie waren vom Bild des Säuglings als passiver Symbiosemaschine befangen und wagten sich kaum vorzustellen, dass ein Neugeborenes Selbsterfahrungen macht wie andere Menschen auch. Aber seine Fähigkeit zum Nachahmen lässt keinen Zweifel daran: Sofort nach der Geburt – und damit auch schon im Mutterleib, aus dem es Minuten vorher geflutscht kam – weiß ein Kind, dass seine innere Erfahrung mit dem eigenen Körper verbunden ist und sich dort zeigt.

Babys müssen also nicht erst lernen, dass ihre Erfahrungen ihnen selbst gehören. Und ihnen ist klar, dass andere diese Erfahrungen an ihrer Oberfläche ablesen können. All das ergibt sich von selbst aus der Logik eines verletzlichen Körpers, der in Beziehungen zu anderen einen inneren Standpunkt gewinnt. Es ist unsere primäre, unverstellte Erfahrung. Wir wissen, wie es ist, ein Subjekt zu sein, das »innen« etwas fühlt und diese Gefühle nach außen zeigt. Das Kind weiß. Es muss nicht erst lernen, dass es ein Innen mit einem Außen ist. Es reagiert auf die Gegenwart eines korrespondierenden Außen mit einer entsprechenden Geste des Innen. Wenn der Säugling das Lächeln seines Gegenübers nachahmt, indem er selbst lächelt und das damit einhergehende Gefühl von Freude und Sympathie erlebt, begreift er, wie sich der andere Mensch fühlt. Er ist dazu in der Lage, weil er selbst die Verbindung zwischen Außen – dem lächelnden Gesicht – und Innen – dem Gefühl gelöster Freude – *ist*.

Die Rolle der Eltern in dieser Beziehung besteht darin, ihr Kind in seiner Sicherheit zu bestärken und es nicht darin zu hindern, sich die Welt zu erschließen. Das funktioniert freilich nur, wenn Bezugspersonen ihre Gefühle ausdrücken können. Eine Mutter, die zwar lächelt, dabei aber keine Freude fühlt, zerbricht die innige Korrespondenz von innen und außen. Wenn das Gegenüber Gefühle nicht zeigt, weil die eigenen Emotionen gestört sind, wird ein Kind die Verbindung zwischen außen und innen verlernen, und seine eigenen Affekte werden ihm zum Rätsel werden. Denn Lieben können heißt, der Verbundenheit von innen und außen zu vertrauen.

Wir haben also wieder die paradoxe Situation: Ein Säugling weiß, dass er ein eigenständiges Ich ist, mit einem eigenen, abgesonderten Körper – aber zugleich muss er üben, voll und ganz dieses Ich zu sein. Erneut begegnen wir hier jenem paradoxen »Werde, der du bist« des griechischen Dichters Pindar, das die erotische Ökologie so tief kennzeichnet. Der Kern der Identität muss durch den Austausch mit der Umgebung, in einem gemeinsamen Spiel der Verwandlung, Wurzeln schlagen und Zweige treiben. Das faszinierende Anschwellen der eigenen Identität im Austausch mit der Welt wahrzunehmen und zu entfalten ist die Beschäftigung des Menschen in den ersten Lebensjahren – und zugleich der Traum einer gelungenen Partnerschaft unter Erwachsenen.

Der Psychologe David Schnarch konstatiert, dass sich ein »elementarer Zusammenhang zwischen Loslassen und Verbundenheit schon in der Beziehung von Mutter und Baby beobachten« lässt.[59] Damit gibt er wie einige andere Forscher die Idee der »primären Symbiose« auf und betont stattdessen, was man als »primäre Dialektik« bezeichnen könnte – als fundamentale Trennung in der Verbundenheit. Seine Kollegin Shierry Weber Nicholson bestätigt: »Die Fähigkeit, allein zu sein, beruht auf der Erfahrung, sowohl getrennt voneinander als auch miteinander verbunden zu sein. Wir sind zuerst allein in der Gegenwart eines anderen, der Mutter, und es ist diese Erfahrung, aus der wir unsere Befähigung zur Einsamkeit entwickeln.«[60]

Forscher beobachten, dass Babys von Anfang an ihr seelisches Eigenleben besitzen. Sie möchten bisweilen in Ruhe gelassen werden und können sich schon früh allein beschäftigen. Säuglinge brechen den Blickkontakt zur Mutter ab, wenn sie allein sein möchten. Auch das zeigt: Menschen sind von Anfang an kein Auswuchs einer gemeinsamen Identität mit der Bezugsperson, sondern haben ein klares Eigenempfinden.

Bereits im Mutterleib machen wir die innere Erfahrung der eigenen Identität. Zugleich aber ist es essenziell, dass diese Identität anerkannt, ihr das Recht gegeben wird, zu wachsen, und sie ein fruchtbares Umfeld findet, das ihr mit Freude und Großzügigkeit gestattet, sich zu entfalten. Es geht – wie in der Selbstherstellung der Zelle aus Soma und DNA, wie im Stoffwechsel, wie in jeder Erfahrung – um dieses Wechselspiel zwischen dem, was angeboten wird, und dem, wie dieses Angebotene empfangen wird. Immer kommt es auf beides zugleich an, nicht auf eine der beiden Seiten. Das zu übersehen ist der Grund für unsere jahrzehntealten Missverständnisse, etwa in der Frage, ob die Erziehung oder die »Gene« entscheidend seien. Das eine und das andere existieren unabhängig, und zugleich bringen sie sich gegenseitig hervor.

Das Gesicht, das ein Kind mit dem Gefühl freundlicher Zustimmung anblickt, *ist* die Gestalt der Liebe – die Liebe selbst, in körperlicher Form, die gütige Lebendigkeit, die schenken möchte, um mehr von sich in der Welt zu erwecken. Sie regt dabei im Kind den unbewussten Wunsch an, ebenfalls diese freundliche Zustimmung zu schenken.

Es lächelt zurück.

Die Hälfte wurde nie verloren

Lächeln ist eines der wichtigsten Mittel im Austausch zwischen menschlichen Subjekten. Leuchten die Augen, sagen sie: Ich sehe, dass du mich siehst, freue mich, von dir gesehen zu werden, und will, dass du dies siehst. Das Ich wird durch den anderen bestätigt. Weder verschmilzt es mit diesem, noch steht es ihm abgetrennt und allein gegenüber. Es sieht ihn und wird gesehen – und steht zu ihm somit in einer prekären Balance. Stets ist es darauf angewiesen, dass der andere es wahrnimmt und er ihm signalisiert: Du darfst lebendig sein. Das Gegenüber hat also nur eins zu tun: Die eigene Lebendigkeit zu gestatten, die prekäre Balance zuzulassen. Es hat keine einzige lebenswichtige Ressource zu geben. Es liebt, wenn es seinerseits dem ihm gegenüberstehenden Subjekt schenkt, was wir alle im Überfluss zu verteilen haben: ein Klima, welches das Leben wünscht.

Von der ersten Bezugsperson in der frühesten Kindheit bis hin zur Partnerschaft und dem Verhältnis zu den eigenen Kindern besteht die essenzielle Rolle des anderen nicht darin, dem eigenen Ich etwas Nützliches zu liefern. Auf dieser Sichtweise beruht freilich ein Großteil der abendländischen Romantik. Hier scheint der geliebte Mensch immer im Besitz von etwas, das mir fehlt – einer besonderen Schönheit, einer Stärke, einer Ressource, oder jenem Blick, der in mir sieht, was ich zwar besitze, aber selbst nicht erkennen kann.

Liebesbegehren, so das Klischee, beruhe auf der Sehnsucht nach diesem Etwas, das man allein nicht hervorbringen kann. »Ich liebe dich, denn ich brauche dich«, heißt es dann. Oder aber: »Ich liebe dich nicht mehr, denn ich brauche dich nicht länger.« Schon der Philosoph Platon berichtete von dem Mythos, wir seien alle auf der Suche nach der »verlorenen Hälfte«. In Platons berühmten »Gastmahl«-Dialog erzählt die Priesterin Diotima eine alte Göttersage. Am Ursprung waren die Menschen ganz und heil wie perfekte Kugeln. Dann aber wurden sie in zwei Teile gespalten. Von nun an sucht jeder von uns das fehlende Gegenstück, das ihn wieder ganz sein lassen wird.

Seitdem tendieren wir dazu, Liebe so zu verstehen, dass der geliebte Mensch mir eine Eigenschaft verschafft, die bislang fehlte. Ja, man kann die Rolle der Liebe in der abendländischen Kultur vielleicht sogar so definieren, dass sie zunehmend für den Ausgleich der Defizite im eigenen Ich verantwortlich wurde. Unter diesem Blickwinkel leben wir in einem platonischen Zeitalter. So schreibt der Pariser Philosoph und Künstler Fabrice Midal, der sonst eine sehr differenzierte Sicht auf die Erotik hat: »Das Genie der Liebe besteht nun aber darin, dass der andere, der mich liebt, mich so sieht, wie ich bin, während ich dazu nicht in der Lage bin. Er sieht das Höchste in mir …«[61] Und der Philosoph und Theologe Christoph Quarch meint: »Wenn ich mich verliebe, dann in einen Menschen, bei dem ich ahne, dass er mir etwas geben kann, was mir fehlt: dass er meine Ganzheit stillen kann.«[62]

Lebendige Gegenseitigkeit funktioniert anders. Sie ist ein Austausch, kein Versorgen mit Ressourcen. Sie ist ein Wechselspiel zwischen zwei Identitäten, aus dem beide verwandelt hervorgehen. Jeder der Partner einer Bindung ist unweigerlich allein und er selbst – so wie bereits der Fötus allein und er selbst ist. Aber dieses Selbstsein steht im beständigen Dialog mit dem anderen. Dieser vermag mich zu verwandeln, so wie ich ihn. Die Kreativität dieser Verwandlung und der Grad ihrer Lebensförderlichkeit bestimmen darüber, wie sehr beide Partner in einer Beziehung »sie selbst« sein können. Der andere räumt dem Ich einen Platz in der Wirklichkeit ein. Wir unglücklich Liebenden in unserer hedonistischen Zivilisation haben also gewaltig umzulernen.

Die Rolle des Partners in einer gelingenden Beziehung besteht darin, *gemeinsam mit mir* die gesamte Lebendigkeit zu steigern, und darin sowohl seine als auch meine. Das gilt für die Liebe, für die Freundschaft und für das Elternsein. Dies gilt auch für meine Verbindung zu einem Tier, zu den Pflanzen in meinem Garten, zur Biosphäre im Ganzen. Jede gelingende Beziehung ist ökologisch: Produktiv fügt sie sich in das Lebensnetz ein – mit dem Ziel, Lebendigkeit als solche zu unterstützen und ihr beim Wachsen zu helfen. Liebe ist also die Praxis der Bezogenheit, die das Ganze wirklicher macht. Sie macht es wirklicher, nicht netter. Denn zu seiner Wirklichkeit gehören Licht und Schatten, eigener und fremder Schmerz.

Was die Priesterin Diotima in Platons Gastmahl als menschenalten Mythos beschreibt, ist somit bereits von einem kulturellen Defizit überschattet: Wesen, die nach der zweiten Hälfte suchen, zeigen die bittere Not von Bedürftigen, denen verwehrt wurde, sie selbst zu sein. Die weise Diotima formuliert ein beziehungsökologisches Dilemma, den Zustand einer schmerzlichen Trennung als Normalzustand der Welt. Das hat seinen Grund. Denn Platon lässt sie aus dem Geist einer Trennung sprechen, der seine ganze Philosophie durchzieht und von dort aus unabsehbaren Einfluss auf das abendländische Denken genommen hat.

Diotima folgt in ihrer Haltung dem Gesamtprogramm der platonischen Haltung: Die Welt der Körper, also die Welt, in der wir leben, sei bereits das Produkt einer Trennung. Die Wirklichkeit sei von den eigentlichen Dingen, den »Idealen«, isoliert. Leben heißt in diesem Denken, nach einer Vollkommenheit streben, die aber nicht hier, sondern nur in einer jenseitig-idealen

Welt gefunden werden kann. Im Christentum wurde Gott an diese Stelle gesetzt – und das »eigentliche« Leben kam nach dem Tod. Die neuzeitliche Wissenschaft besetzte das platonische Ideal mit ihrem Ziel, alles irdische Übel durch analytisches Verstehen und technische Verbesserung zu beseitigen. Auf dem heutigen Liebesmarkt steht das Ideal weiter im Mittelpunkt unserer Sehnsüchte. All das hat einen gemeinsamen Nenner: Die reale Welt wird als fehlerhaft angesehen. In der Liebe soll ein Stück des Idealen real werden – aber was dabei herauskommt, ist Kontrolle, und nicht die Erlaubnis, dass der andere lebendig werden dürfe.

Für Platon – und viele Denker, die in den folgenden Jahrtausenden unter dem Einfluss seines Denkens standen – galt es als ausgemacht, dass das menschliche Ich an der Welt der Ideale teilhaben kann. Nur durch seinen Körper bleibt es in die dunkle Höhle des irdischen Lebens eingesperrt. In der Philosophiegeschichte heißt diese Auffassung die »radikale Transzendenz des Ego«. Das Ich existiert eigentlich nicht in dieser irdischen Welt, leidend und liebend in der Erfahrung sinnlicher Körper, sondern als ein irgendwie außerweltlich-abstraktes Erkenntnisprinzip. Es ist Bewusstsein, Geist, Rationalität – und damit letztlich dem undurchschaubaren Treiben hienieden strukturell unverwandt.

Für einen Philosophen wie Immanuel Kant, der dieses Thema zur treibenden Kraft seines Lebens und Denkens machte, wurde es zum unerklärlichen Rätsel, wie das abgekapselte, »jenseitige«, in seinem Körpergefängnis eingeschlossene Ich überhaupt Kunde von der Welt erhalten konnte. Lieben, das Streben nach Ganzheit und Erkenntnis, hat in einem solchen Bild mit den Prinzipien der Lebendigkeit und denen lebender Beziehungen wenig zu tun.

Biologischer Antiplatonismus

Gehen wir zurück an den Ursprung unserer Erfahrung, zur Situation des Säuglings im Mutterleib und nach der Geburt, stellen wir fest, dass das Ich nicht eingesperrt ist. Aber es ist auch nicht von außen vorgegeben oder erzeugt. Es ist beides: radikal an den eigenen Körper gebunden, aber über diesen Körper, der ein empfindsames Organ des Austauschs zwischen anderen solchen Körpern in einer lebendigen Welt ist, unmittelbar am ökologischen Ganzen beteiligt.

Das eigene Ich ist, philosophisch gesprochen, *radikal imma-nent*, ganz und gar ein empfindsamer Teil der Welt. Ihm fehlt nichts, weil es nicht abgekapselt ist, sondern immer bereits in Beziehung. Es ist nicht Hälfte, sondern ganz – und gleichzeitig doch vollständig auf den Austausch mit anderen angewiesen. Weil es *immanent* ist, in der Welt verteilt, muss es keine Ressourcen finden, die ihm ein anderer vorenthalten könnte. Sein Anliegen besteht vielmehr darin, diese Immanenz ganz sichtbar zu machen, das heißt, so viel Lebendigkeit wie nur irgend möglich zu zeugen.

Die »radikale Transzendenz des Ego« der Philosophen spiegelt in meinen Augen einen pathologischen Seelenzustand wieder, ein Trauma. Sie folgt auf das Drama, dass die eigene Lebendigkeit mit Füßen getreten wurde und nicht sein durfte. Die meisten von uns haben das erlebt. Ein solches Trauma pflanzt sich fort. Ist das Ich unrettbar in sich selbst eingeschlossen, weil es von keinem gütigen Blick gesehen wurde, macht es alles, mit dem es in Kontakt tritt, zum Mittel, um die Qualen dieser Eingeschlossenheit zu erleichtern. Jeder Beziehungspartner verwandelt sich dann in eine Ressource zum Überleben.

Zu sehen, wie solche Verstörungen unserer natürlichen Beziehungsfähigkeit ein ganzes Weltbild prägen können, ist hochinteressant. Sie zementieren die Trennung, provozieren aber zugleich die Besessenheit, diese Trennung zu überwinden, koste es, was es wolle. Unsere gegenwärtige Fixierung auf Erfolg, ewigen (Wett-)Kampf und den Krieg als Vater aller Dinge speist sich letztlich aus dieser Quelle: Sie ist der Drang zu einem totalen Sieg, der allein die Einsamkeit auszuhalten verspricht.

Auch in der Evolutionspsychologie finden wir diese Auffassung von Bindungen. Sie pflegt einen genetischen Platonismus. Der Darwinismus geht davon aus, dass jedes Wesen ein kriegerisches Ego in Sachen eigener Genfrequenz ist – und die Welt letztlich nur in dem Maß real wird, als sie zum Fortpflanzungserfolg beiträgt. Der Mainstream-Darwinismus betrachtet Partnerwahl und Kinderaufzucht ausschließlich unter *einer* Perspektive: Welchen Nutzen hat eine Handlung für eine Erhöhung der Nachkommenzahl? Entsprechend versteht er alles als Investition. Diese Auffassung dominiert unsere unbewusste Vorstellung von der Welt und führt letztlich ganz zur Abschaffung des Selbst. Hat dieses mit der Welt der Körper nichts mehr zu schaffen und wird die Welt unter dem Blickpunkt einer Ökonomie des Überlebens betrachtet, scheint es nur konsequent, es als partiell nützliche Illusion abzutun.

Ist es nicht frappierend, in der platonischen Grundhaltung eine der am stärksten wirksamen Schubkräfte unserer Zivilisation zu erkennen? In Form des Bedürfnisses, die vorgebliche Trennung zu überwinden, sei es, dass wir uns Partner suchen, um eigene Defizite auszugleichen, sei es, dass wir von der Wissenschaft erwarten, sie werde die Schattenwelt der Wirklichkeit erhellen und durch Erkenntnis der idealen Verhältnisse eindeutig für Ordnung sorgen.

Die westliche Konzeption der Liebe seit Platon scheint in vieler Hinsicht einem Irrtum zu erliegen. Sie hält verzweifelt daran fest, durch die richtige Partnerwahl könne eine Heilheit erzeugt werden, die in keiner Schöpfung existieren kann. Sie versucht seit Jahrtausenden die Erfahrung der Trennung durch richtiges Handeln zu überwinden, durch Technik, Selbstoptimierung, die Unterjochung anderer. Die Trennung aber ist das zentrale Merkmal der schöpferischen Wirklichkeit. Sie kann nicht überwunden werden, nur *verwandelt*, will man diese Wirklichkeit nicht zerstören.

Wir sollten Liebe darum als eine Praxis der Bezogenheit zwischen miteinander unvereinbaren Polen verstehen. Sie ist das, was schöpferisch und verwandelnd wirkt und damit das Ganze wirklicher macht. Zu dieser Wirklichkeit gehören immer Licht und Schatten, eigener und fremder Schmerz. Der Philosoph und Mystiker Richard Rohr meint: »Der wahrhaft kontemplative Geist verleugnet nicht die äußerste Faktizität der äußeren Welt. Vielmehr stammt ein Großteil seines Leids gerade daher, dass er die Dinge sieht, wie sie sind, und sie genau so akzeptiert.«[63]

Die Herausforderung einer solchen Haltung, wenn sie nicht schal und süßlich werden soll, liegt demnach darin: Sich für die Lebendigkeit zu entscheiden heißt immer, für diese jederzeit zum Kampf bereit zu sein. Lieben ist dann nicht mehr sehnsuchtsvolle Suche nach dem, was ich nicht habe, sondern ein klares Gefühl dafür, dass ich etwas habe – nämlich die Lebendigkeit, die es zu verteidigen gilt. Sie ermächtigt zum Kampf für das Recht, in der Praxis des eigenen Liebens lebendig zu werden und andere lebendig zu machen. Zugleich aber verschließt sie sich nicht dem Wissen, dass nichts die grundsätzlich tragischen Koordinaten der Wirklichkeit zu ändern vermag.

Liebe: Unser ökologischer Maßstab

Wahre Ordnung ist somit immer zweideutig. Wir erfahren sie in vieler Hinsicht als Mangel. Zugleich besitzen wir bereits alles, was wir je brauchen werden. Wir haben es nur vor uns selbst versteckt. »Wir müssen lernen, Paradoxien zu akzeptieren, oder wir werden nie etwas wirklich lieben oder auch nur korrekt zu sehen vermögen«, sagt Richard Rohr.[64] Unsere lebendige Identität, selbst immer widersprüchlich, ermöglicht uns diese Perspektive. Unsere Fähigkeit zur Doppelsicht ist bereits vorhanden. Und ist sie es nicht, weil sie in der Kindheit traumatisch zerstört wurde, wird kein späterer Beziehungspartner je in der Lage sein, sie zu reparieren. Nur ich selbst.

Identität muss sich herstellen. Jeder Organismus ist das Zwischenergebnis eines endlosen Aushandelns von Identität zwischen den Billionen zellulärer Selbste, die seinen Körper ausmachen, zwischen seinem Körper und der Umgebung, zwischen seinen Vorstellungen von sich und dem Echo, das andere auf sie geben. Die Identität, die dem eigenen Selbst zugrunde liegt, kann sich nur dann dauerhaft und produktiv hervorbringen, wenn dies in wechselseitiger Verwandlung geschieht. Sie muss – wie die kohärente Struktur der Zelle im Stoffwechsel – beständig im Austausch mit anderen Identitäten neu erzeugt und neu bestätigt werden. Sonst hungert sie gleichsam aus, wird irgendwann brüchig oder beginnt, Fantasien zu entwickeln, die mit der Wirklichkeit nur bedingt übereinstimmen.

Auch hier kommt es darauf an, den schmalen Grad zu halten – zwischen einer Überbetonung des anderen und seines Einflusses und einer substanziellen Selbstgenügsamkeit. Identität bildet sich in jedem Wesen allein durch innerliche Beziehungsprozesse – und muss zugleich von außen immer wieder bestätigt und gespiegelt werden. Beides ist fundamental, und das eine nur durch das andere. Ich selbst bin lebendig. Der andere lebt durch meine Lebendigkeit auf und respektiert sie, so wie ich seine. Das allein sind die Zutaten einer gelingenden humanen Ökologie. Sie ist, wie schon der Zustand des Fötus im Mutterleib, eine *Verbindung in der Trennung.* Und gerade darum, weil sie beides ist, weil das Ergebnis immer offen und ungewiss sein wird, kommt es so sehr auf eine Etikette der Bindung an, in der sich beide Seiten bemühen, die Lebendigkeit immer an die erste Stelle zu setzen. Die Liebe zum Leben zählt mehr als die Besessenheit von einem bestimmten Menschen.

Wir haben zu lange über Liebe nachgedacht, ohne unsere ökologische Realität in Betracht zu ziehen. Wir haben sie als ein irrationales Gefühl beschrieben, das allein Menschen vorbehalten ist – oder sie, wie in den letzten Jahren zunehmend üblich, vornehmlich als eine chemisch gesteuerte, evolutionär nützliche Überlebensfunktion beschrieben.

Aber Liebe, die Erfahrung einer tief bedeutsamen Beziehung unter Menschen, enthält beides zugleich: Handlung und Innewerden. Die Erfahrung, seine eigene Existenz in Fleisch und Blut zu leben und diese Existenz zu verstehen. Im Gefühl der Liebe erfassen wir innerlich die körperlich verankerte Praxis, lebendig zu sein. Es ist das stärkste Bindeglied zwischen dem seelischen Inneren und dem körperlichen Äußeren, der verlässliche Nachweis, dass *beide* Aspekte derselben verkörperten Existenz sind.

Damit wird Liebe zu einer Praxis, Existenz zu realisieren. Diese Existenz besteht immer darin, sich selbst gemeinsam mit dem anderen hervorzubringen – und sich und den anderen dabei beständig zu verwandeln. Wirklichkeit können wir als Netz von Beziehungen verstehen, das sich beständig umgestaltet und so zu einem Wahrnehmungssystem wird, in dem sich »das Ganze« durch seine Individuen beständig neu erfährt.

Das ist die Essenz des Erotischen: Die allumfassende und unentrinnbare Bezogenheit macht die Welt wahrnehmungsfähig, lernfähig, imaginativ und sensibel. In der erotischen Begegnung berührt sich die Welt selbst und erfährt dadurch etwas Neues über sich. Beziehungen sind ihre Möglichkeit, Erfahrungen zu machen. Wie wir miteinander in Verbindung treten, stellt eine bestimmte Spielart der allem zugrunde liegenden unauslotbar komplexen Bezogenheit dar. Darin gibt es einiges, was nur bei uns Menschen auftritt – aber viele Aspekte, die für alle Arten von Bezogenheit universell sind.

Unsere Zivilisation versteht derzeit sehr wenig von den Prinzipien solcher lebensfördernder Bindungen, die das Werden des Universums von Anbeginn an geprägt haben. *Homo sapiens* zerreißt beständig das Gewebe von Gegenseitigkeit, aus dem die Wirklichkeit besteht. Unsere Beziehungskrise manifestiert sich dabei in so unterschiedlichen Dimensionen wie dem Schwinden der Arten und Lebensräume, der Alltäglichkeit des ehelichen Scheiterns oder der stetigen Zunahme von Depressionen und Persönlichkeitsstörungen.

Wie wir lieben ist nichts anderes, als wie wir unsere ökologischen Bindungen pflegen. Weil die Liebe der Ort ist, an dem sich Innen und Außen treffen und gegenseitig erfassen, gibt es eine unausweichliche Rückkopplung zwischen der Art und Weise, wie wir die Welt behandeln, und der Tiefe unserer Liebe.

Wir sollten uns darüber klar werden, dass wir unentrinnbar in einem Beziehungsgewebe stecken. In der platonischen Tradition, in der unser Ich einer Sphäre des Ideals und der unbeschränkten Freiheit angehört, klingt eine solche Einsicht freilich nach Determinismus. Aber den Prinzipien der Wirklichkeit zu folgen heißt nicht, unfrei und determiniert zu sein. Es verlangt vielmehr anzuerkennen, dass es grundlegende Strukturen gibt. Sie beeinflussen uns – aber wir können sie ebenfalls beeinflussen. Natalie Knapp versteht es so: »Wir werden von den zufälligen, spielerischen Begegnungen der Natur geformt und halten zugleich den Faden der Geschichte in unseren Händen. Beides zusammen prägt unser Leben.«[65] Die Wirklichkeit, für die wir im Moment so wenig Respekt haben, ist nicht reduzierbar: Sie ist unvorhersagbar schöpferisch. Aber sie folgt *trotzdem* bestimmten Regeln – so wie der Weg eines Schmetterlings durch die Luft unvorhersehbar ist, aber sein Flug den physikalischen Gesetzen genügen muss. Der unvorhersehbare Flug des Schmetterlings ist überhaupt nur darum möglich, weil er sich auf gesetzmäßige Weise die Prinzipien der Physik zunutze macht.

Beziehung als Inbegriff der Wirklichkeit

Der Philosoph Fabrice Midal meint: »Liebe ist nicht ein zusätzliches Gefühl unter vielen, sondern die Dimension, in der sich unsere Existenz erfüllt.«[66] Damit kehrt Midal die Blickrichtung um: Leben im vollständigen Sinn ist Bezogensein und damit immer bereits eine Praxis der Verbindung. Alles Handeln, alle Verbindungen und Erfahrungen sind nur verstehbar und ergeben nur dann Sinn, wenn sie als eine Intensivierung unserer Beziehungen – und damit unseres Selbst – vollzogen werden. Umgekehrt sind leidvolle Beziehungen solche, in denen die Grundprinzipien des erotischen Austauschs, die ich in diesem Buch untersuche, verletzt und missachtet werden.

Die von uns gelebte Erotik stellt einen kleinen Ausschnitt des erotischen Ganzen dar, in dem aber stellvertretend dessen gesamte Fülle wirksam wird. Sie ist eine Facette, in der sich das Ganze spiegelt und bricht, in der wir es für Momente mitvollziehen können, weil es uns erfasst und ergreift. Sie reagiert – wie auch das Ganze – darauf, ob die Regeln schöpferischer Gegenseitigkeit wirksam werden dürfen. Umgekehrt kann uns die gelebte Gemeinsamkeit mit allen anderen lebendigen Wesen, die zugleich immer behauptete Individualität ist, dazu inspirieren, unsere menschlichen Bindungen lebendiger zu gestalten.

Die Regeln des erotischen Austauschs sind offen, was das Ergebnis betrifft – aber sie bewegen sich streng innerhalb der Prinzipien des Schöpferischen. Diese beschreiben das Zustandekommen von etwas Neuem aus der Verbindung und Verwandlung zweier unvereinbarer Pole. Und genau darin treffen sich diese Prinzipien mit der Realität menschlicher Beziehungen. Die Wirklichkeit ist widersprüchlich, und alles Verhalten lässt sich nur in der konkreten Situation entscheiden oder bewerten, eine Vorhersage ist unmöglich. In erster Näherung könnten die Regeln des erotischen Austauschs ungefähr so lauten:

1. Jeder Beteiligte kann seine Lebendigkeit nur allein herstellen und sie sich nicht durch einen anderen aneignen.
2. Um sich als lebendig zu erfahren, müssen wir Lebendigkeit stiften. Das Du geht dem Ich vor.
3. Die Gabe des anderen ist Geschenk, nicht Lohn für eine Leistung.
4. Durch dieses Geschenk – den anderen, der mich in meiner Wirklichkeit sieht – kann ich zu dem werden, der ich bin.
5. Eine Beziehung gelingt, wenn mit ihr die Lebendigkeit aller gesteigert wird.
6. Eine Beziehung gelingt, wenn alle ihre Bedürfnisse offenlegen können.
7. Eine Beziehung ist unvollkommen. Nur aus der Unvollkommenheit kann sie sich weiterentwickeln.
8. Eine Beziehung ist die Einheit in der Trennung.
9. Jedem Partner gehört der eigene Tod.
10. Eine Beziehung ist ein Spiel.
11. Eine Beziehung verwandelt beide Partner beständig so, dass jeder sich selbst durch einen Aspekt des anderen wahrnimmt und erfährt.
12. Eine Beziehung ist ein Nervensystem.

In unseren menschlichen Bindungen geht es, ob wir uns das eingestehen oder nicht, ums Ganze. Es geht darum, wie wir uns selbst als einen schöpferischen Teil eines widersprüchlichen und paradoxen Gewebes der Wirklichkeit entfalten können, und darum, ob wir das den anderen zugestehen. Es geht darum, wie sehr wir in der Tiefe das akzeptieren, was dieser lebende Kosmos an produktiven Möglichkeiten bereithält, oder kurz: wie lebendig wir zu sein vermögen.

Der Paartherapeut David Schnarch bezeichnet das Grundproblem der Lebendigkeit als »Zweier-Dilemma«. Er meint damit die Widersprüchlichkeit des Lebens zwischen Verschmelzung mit dem Ganzen und Vereinzelung, die ihm innewohnende Ökologie der Inkompatibilität. Nach vielen Jahren der praktischen Arbeit sagt Schnarch illusionslos: »Unser Problem ist nicht das Zweier-Dilemma selbst, sondern unsere Weigerung, sich ihm zu stellen, unser Unwillen, die Spielregeln des Lebens zu akzeptieren.«[67]

Beziehungen, ganz gleich welche aus dem dichten Gewebe der Wirklichkeit, sind immer eine Vermittlung zwischen Nichts und Totalität. Das Grundproblem jeder menschlichen Beziehung dreht sich entsprechend um *Nähe* und *Distanz*, oder, unter einem leicht abgewandelten Aspekt formuliert, um die Spannung zwischen *selbst* und *fremd*. Wie sehr kann ich in einer Beziehung »ich selbst« bleiben? Wie viel von mir muss ich zu des anderen Gunsten aufgeben? Wo ziehe ich die Grenzen? Gibt es mich überhaupt schon, bevor ein Du mich zu lieben und wirklich zu sehen begonnen hat?

Für den einflussreichen US-amerikanischen Psychologen und Autor Ernest Becker ist für alles lebendige Sein eine grundsätzliche, »ontologische« oder »kreatürliche« Tragödie kennzeichnend. Sie besteht im Aufeinandertreffen zweier grundsätzlich unvereinbarer Bedürfnisse, dem nach Verbindung und dem nach Autonomie. Wir haben gesehen, dass sich aus diesen beiden Polen auch die zentrale Spannung aller Beziehungen zwischen Menschen ergibt. Für Becker leben wir heute in einer Epoche, die glaubt, diese Spannung in der Liebesbeziehung zwischen zwei Partnern auflösen zu können: durch die romantische Vereinigung mit dem *richtigen* Partner. »In der romantischen Lösung stillt der Mensch seinen Drang nach kosmischem Heldentum mit einer anderen Person in Form eines Liebesobjekts.«[68] Die romantische Liebe, die Bindungen, Verwirrungen, Trennungen, die damit verbundenen Erfahrungen von Ekstase oder Hass, folgen somit alle unserem Versuch, dem Tod zu entfliehen.

Gerade diese scheinbare Lösung aber muss schmerzlich scheitern: »Wir gehen symbiotische Beziehungen ein, um die

Sicherheit zu erhalten, die wir brauchen, um Trost zu finden für unsere Ängste, unsere Einsamkeit, unsere Hilflosigkeit, aber diese Verbindungen binden uns, sie versklaven uns nur noch mehr, denn sie verstärken die Lüge über die Wirklichkeit, die wir uns zusammengebastelt haben.«[69] Das Liebesobjekt, so Becker, werde zu Gott – und damit könne es sich ebenso gut in den Teufel verwandeln.[70] Denn »Leben selbst ist das unüberwindliche Problem«.

Dessen Spannungen lassen sich prinzipiell nicht in Widerspruchsfreiheit auflösen, denn sie folgen der Grundspannung allem Schöpferischen. Sie sind Erscheinungsweisen jener Spannung, durch die überhaupt etwas entsteht – jener Inkompatibilität zwischen Unendlichkeit und konkreter Form, zwischen genetischer Information und betroffenem Körper, zwischen innerer Erfahrung und äußerer Materie. Wie diese sind sie nicht zu bereinigen. Vielmehr besteht die schöpferische Antwort auf die lebende Wirklichkeit darin, diese Dualität in eine dynamische Balance zu bringen.

Darin, diese Balance zu suchen – und sie immer wieder zu verfehlen –, liegt das Drama menschlicher Bindungen. Auch sie sind damit ein Phänomen aus der Ökologie der Wirklichkeit. Wie wir Beziehungen führen, hängt entscheidend davon ab, was wir für die Wirklichkeit halten. Derzeit betrachten wir diese immer noch unter der Optik der Erlösung – jener frühneuzeitlichen Selbstgewissheit, dass wir die Sache Gottes besser in die Hand nehmen können als er selbst.

Was aber, wenn die eigentliche Erlösung nicht darin läge, mit den Schwierigkeiten der Existenz ins Reine zu kommen (mein Haus, mein Auto, mein Mann, meine Kinder mit Abitur, mein Labrador), sondern darin, sie nicht fortzuschieben, sondern auszuhalten und zu verwandeln? Uns darauf einzulassen, dass Wirklichkeit eine Flucht nicht zulässt und gerade darin unser größtes schöpferisches Potenzial liegt?

Ganz ich, ganz du: Die Magie der Haut

Einer der großen Pioniere einer radikalen Immanenz, eines tiefen Empfindens der Verschwisterung mit der Welt und einer Praxis der Liebe aus Loyalität zu ihrer Schönheit war der französische Dichter und Philosoph Albert Camus. Camus musste freilich in den rationalen 1950er-Jahren bitter darunter leiden, dass er eine Philosophie auf dem sinnlichen Empfinden des Körpers begründet hatte. Von seinem Kollegen Jean-Paul Sartre wurde er in intellektuellen Kreisen weitgehend unmöglich gemacht, weil Sartre Camus' intuitive, sinnliche und poetische Art zu denken nicht passte. Platon gegen Pindar. Heute ist Sartre weitgehend Geistesgeschichte, Camus hingegen wird gerade wiederentdeckt.

Camus' Instrument für die Verbindung mit der Wirklichkeit war die Haut, die sich dem verschwenderischen südlichen Leuchten öffnet. Geboren in Algier, in ärmlichen Verhältnissen, besaß der spätere Philosoph in seiner Kindheit allein die Großzügigkeit der Wärme und die Schönheit von Licht und Meer, die sinnliche Begegnung mit der warmen und gnädigen mediterranen Welt. Der junge Albert brachte alle freie Zeit mit seinen Kameraden am Strand von Algier zu, von der Sonne liebkost, von ihrer Glut gebadet. Mit allen Sinnen vom Licht gemeint zu sein rettete das Kind aus vielen Entbehrungen, vor allem vor der Erbarmungslosigkeit seiner kaltherzigen Großmutter. »Im Licht bleibt die Welt unsere erste und letzte Liebe«, meinte der Schriftsteller später[71]. Und bekräftigte immer wieder: »Die Welt ist schön. Außerhalb ihrer gibt es kein Heil.«[72] Das war eine philosophische Erfahrung. Aber das Instrument dieser Erfahrung war nicht der »reine Geist«, nicht der Intellekt, sondern der Körper, die Weisheit der Haut.

Gerade die Haut, jener Ort gnädiger Gewissheit im warmen Licht, im kühlen Ozean, auf dem heißen Sand, ist stets Medium einer Verbindung und Trennung zugleich. Dieses beobachtete

auch Camus' Zeitgenosse, der Philosoph und Wahrnehmungs-
forscher Maurice Merleau-Ponty. Merleau-Ponty war davon
fasziniert, dass ich jedes Mal, wenn ich etwas oder jemanden berühre, selbst von diesem berührt werde. Daraus resultiert gerade
für die Partner in einer Liebesbeziehung ein so großes Ent-
zücken: Streichele ich deine Haut, so spüre ich die Oberfläche,
an der du beginnst und mit der du dich mir – mit leichtem Er-
schaudern, mit unwillkürlichem Näherrücken oder vorsichti-
gem Rückzug – mitteilst. Du spürst mich, meine Fingerspitzen,
die deine Oberfläche nachzeichnen. Und meine Fingerspitzen
spüren dich. Aber ich kann dich nur spüren, weil ich mich dabei
selbst spüre: Die Berührung *meiner* Haut signalisiert mir die Berührung deiner Haut. Du musst mich berühren, damit ich dich
berühren kann. Und du spürst mich nur, weil du dort, wo ich
deine Grenze mit den Fingerkuppen ertaste, dich selbst spürst.
Nur indem ich mich spüre, kann ich dich spüren. Und nur indem ich dich spüre, kann ich mich spüren. Selbstverständlich
gibt es mich, bevor ich dich berührt habe: Ich bin bereits ein
Subjekt mit einem Körper. Aber ich bin mir dieses Körpers in
einem viel intensiveren Maß bewusst, indem ich ihn von deinem berühren lasse und dabei mich selbst spüre. Beide Berührungen sind voneinander unablösbar. Sie sind körperlich, materiell, physisch untrennbar und können nur gleichzeitig stattfinden. Indem ich dich berühre, muss ich mich der Berührung
durch dich öffnen. Damit ich mich öffnen kann, muss ich mich
jemandem öffnen: Ich muss ein konkretes Gegenüber meine
Grenze berühren lassen.

»Chiasma«, die Überkreuzung der Welt, nannte Merleau-
Ponty diese grundlegenden Dimensionen unserer Selbst- und
Fremdwahrnehmung. Für ihn folgte daraus, dass sich alle Erfahrung in der Wirklichkeit nur gemeinsam, nur als ein kommuni-
katives Gewebe aus vielen einzelnen Erfahrungen von unzähligen Individuen beschreiben ließ. Diese lebendige, miteinander
verflochtene Wirklichkeit der gemeinsamen Erfahrungen be-

zeichnete er als das »Fleisch der Welt«. Damit traf der Denker die körperhafte, schöpferische Lebendigkeit in ihrem Zentrum, jene Lebendigkeit, die innen Poesie und außen atmender Körper ist. Fleisch wie die schwellende Haut jungen Lebens, wie rosige Wangen, wie platzende Apfelknospen, wie mit der Dünung schwingende weiche Seeanemonen, wie das Licht, das aus dem Blau des Himmels fällt – aber auch Fleisch wie der Klang eines Verses, wie die innerliche Empfindung eines Gefühls. Das Fleisch der Welt ist nicht allein fleischlich. Es ist nicht die Biosphäre, sondern ihre Gegenseitigkeit in einer Unendlichkeit schöpferischer Bezüge. Merleau-Ponty meinte, dass alles, was wir wahrnehmen, so mit uns verbunden ist, dass es auch uns wahrnimmt. Der Baum erfährt unsere Gegenwart, während wir ihn betrachten. Der Schnee, der langsam fällt, nimmt unsere Anwesenheit wahr, wenn wir unsere Spuren in ihn hineindrücken. Die Erde spürt die Präsenz des Mondes und bäumt sich ihm in ihren Wassern entgegen.

Weil ich mit der Haut die Welt fühlen kann, kann ich auch mich fühlen; und weil ich mich fühlen kann, kann ich die Welt fühlen. Im Berührungsmoment der Haut ist beides auf einmal da, gemeinsam geboren: Ich, Subjekt, Individuum – und die Welt, die mich umgibt und deren Teil ich bin. Die Wirklichkeit existiert überhaupt nur an diesem Berührungspunkt, aus dem beide hervorgehen, sie existiert nur in der Sensibilität, in der Berührbarkeit und in meiner Aufmerksamkeit, mit der ich sie und zugleich mich selbst wahrnehme. Wird nicht darin ein grundsätzlicher erotischer Zusammenhang der Wirklichkeit offenbar? Die Welt spürt mich wie eine Liebhaberin. Die Welt ist zärtlich bereit, mich in jedem Moment zu empfangen. »Wahrnehmbarkeit ist eine grundsätzliche Form von Aufmerksamkeit«, hatte der romantische Dichter und Philosoph Novalis ganz im Sinne von Merlau-Ponty 150 Jahre vorher schon gesagt.[73] Dieser enge Zusammenhang zwischen Selbst und Fremd wird in allen Dimensionen unserer organischen Existenz spürbar. Unser körpereigenes Immunsystem etwa kann ein Antigen nur erkennen, wenn es auf der Oberfläche einer eigenen Zelle »präsentiert« wird. Die Immunzellen erkennen einander als Bestandteile des körperlichen Selbst und nehmen erst dadurch das Fremde *als eine Modifikation des Selbst* wahr. Und das in den Körper geschleuste Antigen, die parasitische Zelle, das Virus, nimmt in gewisser Hinsicht die Immunzellen ebenfalls wahr, denn es wird von ihnen real »ergriffen«, prozessiert und auf einer Zelloberfläche verankert.[74]

Lass mich deine Augen sehen: Der »erweiterte Blick«

Auch unser Blick zeigt diese Gegenseitigkeit. Wie ist es möglich, dass wir uns selbst in den Augen eines anderen Menschen entdecken können, indem wir ihn dort entdecken? Das ist nach wie vor ein Rätsel. Die glänzenden Pupillen des anderen spiegeln dabei nicht uns, sondern uns in der Verbindung mit dem Gegenüber, das wir erblicken und das uns anschaut. Wir sehen, wie wir gesehen werden, und lassen uns dabei beobachten.

Eine Freundin mit besonders schönen Augen, warm und erwartungsvoll wie eine angebrochene Sommernacht, führte mit einem Partner lange eine Fernbeziehung. Oft, wenn sie mit ihrem Freund per Computer über ein Chat-Programm sprach, so erzählte sie mir, näherte sie ihre Augen so dicht der Bildschirmkamera, dass nur noch ihr Blick den Monitor des Geliebten füllte – jenes Leuchten, das den Schatten des anderen wahrnahm und verwandelt durch das eigene Gefühl zurückgab. Die Freundin hatte es sich zur Gewohnheit gemacht, auf diese Weise die Verschränkung durch den gegenseitigen Blick auch über Raum und Zeit zu aktivieren, und für die beiden wurde es über die Jahre zu einem Ritual. »Willst du meine Augen sehen?«, fragte sie ihn manchmal aus der Ferne. Das funktioniert auch über Skype. Ich habe es ausprobiert. Die Distanz zwischen uns war wie ausgelöscht.

Unsere Augen nehmen Licht nicht nur auf, sondern strahlen es auf eine rätselhafte Weise ab, als wären sie Himmelskörper. Die Augen sind jene Organe unseres Körpers, die beständig bezeugen, dass wir die Welt erfahren, indem wir sie verwandeln, denn sie drücken diese Verwandlung aus. Sie sehen, dass ich sehe, dass sie sehen. Der französische Dichter Paul Valéry meinte: »Du nimmst mein Bild, meine Erscheinung, ich nehme die deine. Du bist nicht ich, da du mich siehst und ich mich nicht sehe. Was mir fehlt ist jenes Ich, das du siehst.«[75]

Ich muss jemanden anblicken, um von ihm gesehen zu werden, ich mache mich sichtbar, durch den Tausch des Blickes. Darum sind Augen Boten des Innern: Sie zeigen ein Du. Das lässt sich nicht vermeiden. Nur wenn ich mein eigenes Inneres sichtbar mache, kann ich das eines anderen erkennen. Nur wenn ich mein Inneres hergebe, erhalte ich das eines anderen. Die deutsch-iranische Künstlerin Pantea Lachin hat diese Verschränkung als den »erweiterten Blick« bezeichnet[76]: Weil der andere etwas von mir zu sehen in der Lage ist, das ich selbst nicht erkenne, verbreitet sich mein *eigenes* Sehfeld. Genau das ist die Verwandlung des liebenden Sehens: Sie ermöglicht dem Gesehenen, selbst schöpferisch zu werden. Wer liebt, sehe den Geliebten nicht so, wie seine Eltern ihn realisiert haben, sondern so, wie Gott ihn gemeint hat, schrieb die russische Dichterin Marina Zwetajewa.[77]

»Esse est percipi«, Sein ist Wahrgenommensein, sagte schon der irische Philosoph und Bischoff George Berkeley[78]. Wenn ich jemanden, dessen Identität von meiner abhängig ist, nicht sehe, ist das nicht anders, als würde ich ihn seiner Identität und seiner persönlichen Autonomie berauben. Hier liegt der Grund für die Traumata unserer Kindheit. Und so sehr der *erweiterte Blick* der große Glücksfall unserer erwachsenen Jahre bleibt, so wenig kann er das sein, worauf wir Anspruch erheben dürfen.

Uns fehlt keine Hälfte, uns fehlt im schlimmsten Fall das glückliche Vertrauen in die Fähigkeit, *sein* zu können, wenn niemand es uns je geschenkt hat.

Das Erotische – also der von Körpern vollzogene materielle Austausch gegenseitiger Wahrnehmbarkeit – ist das Grundmoment jeglichen Weltbezugs. Die Welt spürt mich: In meiner Wahrnehmung werde ich von der Welt gespürt. Und so erlebe ich mich, spürend, durch das mir Fremd-Vertraute des eigenen Körpers als fremd wahrgenommen, als mir immer wieder neu geschenkt. Darin liegt das Erotische.

Poetische Imagination der Körper

Unsere Beziehungen sind, wenn sie gelingen, stets Feier dieser Verbindung-in-der-Trennung. Sie sind Beispiele der lebensursprünglichen Dialektik. Sie sind damit immer tragisch, selbst die glücklichste noch, wie Octavio Paz beobachtet, selbst die mit den wenigsten Kompromissen behaftete: Der Tod wird sie beenden. Unsere Beziehungen enthalten, wenn sie uns lebendig machen, einen Vorschuss von blindem Vertrauen auf ein unbekanntes Ergebnis. Sie sind Überwindung des Paradoxes der Gegenseitigkeit – und gerade darin seine überdeutliche Manifestation. Gelingende Beziehungen schenken uns in ihrem Glück und in ihrer Tragik sonst nichts anderes als das, was auch Poesie uns ermöglicht: Sie bieten uns mitten in der Alltäglichkeit der gegenseitigen Berührung ein exemplarisches Begreifen des Lebendigkeitszusammenhangs.

Unsere Beziehungen in diesem Sinn ökologisch zu führen, läuft auf simple, aber paradoxale Prinzipien hinaus: Es bedeutet, sich selbst seine ganze Lebendigkeit zu gestatten – *und* den anderen in der ihm eigenen Lebendigkeit zuzulassen. Nur beides zusammen gewährt die Verwandlung, ermöglicht, dass sich der Raum poetischer Imagination für das eigene Leben zu öffnen vermag. Die geglückte Beziehung ist der Prozess einer gegenseitigen Verwandlung, die beide lebendiger macht.

In der erotischen Begegnung wird der Umstand, dass wir miteinander, wie wir sind, unverhüllt, in allen Schwächen, in Beziehung treten, selbst zum Thema. Und damit wird in ihr deutlich, was es heißt, lebendig zu sein. Octavio Paz schreibt: »Die Liebe besiegt nicht den Tod, sie ist nur eine Wette gegen die Zeit und ihre Unglücksfälle. Durch die Liebe erhaschen wir in diesem Leben einen Blick auf das andere. Aber nicht auf das ewige Leben …, sondern auf die reine Lebendigkeit … Die Zeit der Liebe ist nicht groß, und sie ist nicht klein: Sie ermöglicht die Wahrnehmung aller Zeiten in einem einzigen Augenblick. Sie befreit uns nicht vom Tod, sondern lässt uns diesen in aller Klarheit erblicken … In der Liebe kehren wir nicht zu den Wassern des Anfangs zurück, sondern erkämpfen uns einen Zustand, der uns mit dem Exil vom Paradies versöhnt.«[79]

Das Erotische ist die Wirklichkeit in Potenz, die intensive Erfahrung des Wirklichseins, während ich existiere. Gerade darum konnte Octavio Paz eine so dichte Verbindung zwischen dem Erotischen und dem Poetischen ziehen; beides sind Erfahrungsweisen, in denen der genuine Beziehungscharakter der Welt deutlich wird, weil sich in ihnen Verwandlung vollzieht und Neues entsteht, weil in ihnen Identitäten zerbrechen und neue aufkeimen, weil hier die Imagination explodiert und sich jene Ekstase einstellt, die sonst nur in spiritueller Trance erreicht wird.

Alle Erotik ist der Übergang vom Körper in die Fantasie. Das Erotische im eigentlichen Wortsinn, die körperliche Zärtlichkeit und Ekstase der Haut, sie ist nichts anderes als genau diese Erfahrung, sich zugleich im Innen und Außen voranzutasten. Die erotische Erfahrung erlaubt, einem Körper nahe zu sein, einem Außen, und dadurch in die intensivste denkbare Verbindung zu einem Innen zu treten. Die zärtliche Berührung lässt die Grenze meines Körpers spürbar werden und macht erst dadurch die deine erfahrbar, aber weil diese Erfahrung gemeinsam ist, werden die Grenzen zugleich niedergerissen und das Land öffnet sich, um sich, in der Berührung der Körper, in einem Raum jenseits der Körper zu berühren. Die körperliche Berührung in der Liebe schenkt somit gerade das: die Erfahrung, dass erst indem ich akzeptiere, dass ich ganz und nur ein nackter Körper bin, ein auf seinen eigenen Raum zurückgeworfenes Ich, die Welt mehr ist als Körper – und nicht nur ich, sondern vor allem du.

Erotik ist somit eine Transzendenzerfahrung. Aber sie ist keine Transzendenz des allein geistigen Ich, sondern Transzendenz im Fleisch. Sie erlaubt keine Flucht aus der Welt, sondern dringt tiefer in sie ein. Sie gestattet, indem ich mich dem anderen in meiner ungeschützten nackten Lebendigkeit aussetze, die Erfahrung, dass Lebendigkeit eine Kraft ist, die den Körper als Vehikel nutzt, aber nicht an ihn gebunden ist, obwohl sie nicht ohne ihn auskommen kann. Erotik ist die Poesie des Körpers, hat Octavio Paz gesagt: die Weise, wie wir in größtmöglicher Lebendigkeit handeln und zugleich erfassen, was diese Lebendigkeit meint. Wenn Liebe die Praxis der Lebendigkeit ist, durch die ich mich und andere lebendiger mache und wirklicher, so ist die Erotik der Rausch der Lebendigkeit, in dem ich begreife, dass ihr Raum nicht der des Stofflichen allein ist, sondern ein Ort der Verwandlung und der Imagination. Die Natur ist eine Spielart des poetischen Raumes. Die Liebe ist eine andere. Die Erotik ist der spürbare Umschlagpunkt, der Moment, an dem der Körper ganz Seele ist.

Sich der erotischen Erfahrung hinzugeben heißt dann auch: verstehen, dass der andere nicht Rettung aus der Misere der unvollkommenen, immer schmerzhaften Existenz ist, sondern das Gegenteil. Er öffnet das Fenster zur Akzeptanz der Wirklichkeit mit allem Verzicht, der darin beschlossen liegt. Der Paarforscher Schnarch nennt diese Akzeptanz »Differenzierung«. Sie verlangt, dass wir »zwei elementare Lebenskräfte miteinander in

Einklang bringen: das Bedürfnis nach Individualität und das Bedürfnis nach Miteinander«.[80]

Lebendigkeit zulassen heißt, nicht mehr vor der Angst davonzulaufen. Und gerade das, die Angst zuzulassen, liegt im Zentrum einer erotischen Beziehung. Für den französischen Denker und Schriftsteller Georges Bataille bestand die tiefste Wirkung des Erotischen darin: Immer stellt es eine Verknüpfung mit dem Tod her. Für ihn hat »der Abgrund zwischen zwei Wesen« die erotische Spannung hervorgebracht. Und zugleich beinhaltete er ein Moment des Todes, verbürgte er die Unmöglichkeit einer vollständigen Verbindung.[81]

Bataille verglich das Nacktsein in der erotischen Begegnung mit einem symbolischen Sterben. Für ihn enthält die »mise à nu«, das Entkleiden, immer die »mise à mort«, das Entleiben.[82] Der Körper, in seiner strahlenden Spannkraft und Beweglichkeit, birgt immer die Schwere des Irdischen, einen Hauch von Unvollkommenheit und Hinfälligkeit. Sich in seiner verletzbaren Körperlichkeit zu zeigen heißt gerade das: akzeptieren; sich akzeptieren; den anderen akzeptieren; sich ganz zeigen, in aller Unvollständigkeit; der Scham die Stirn bieten; den Mut auskosten, die Scham zu verlachen; dem anderen die Möglichkeit schenken, mich ganz zu sehen, mich ganz zu berühren; selbst, in diesem Geschenk, mir meine eigene Sichtbarkeit schenken.

In der Liebkosung der nackten, ganz ungeschützten Körper, in ihrer Erregung, potenziert sich das Chiasma der Wahrnehmung, von dem Merleau-Ponty gesprochen hat. Ich berühre dich und muss dafür selbst ganz berührbar sein. Ich errege dich und lasse mich von deiner Erregung anstacheln – was wiederum dich erregt: Intimer kann die Gemeinsamkeit gesteigerter Erfahrung nicht stattfinden. Und doch beruht diese Intimität auf einer unüberwindlichen Kluft zwischen dir und mir. Das Erotische ist das Erlebnis, nur durch den anderen hervorgebracht und gesehen zu sein und zugleich mit jeder Faser das eigene Selbst zu spüren.

In der erotischen Begegnung geht es im innersten Kern darum, uns nackt und damit verwundbar zu zeigen. Diese Verwundbarkeit ist unser Angewiesensein auf den andern. Sie ist das, was wir nicht alleine bewältigen können. Sie ist damit der Raum unseres Todes, unsere Hilflosigkeit als ein verwundbarer, sterblicher Körper, für den der andere eine Leben spendende Rolle übernimmt. In der erotischen Vereinigung zeigen wir uns dem andern als »Homo sacer«, wie der italienische Philosoph Giorgio Agamben den Menschen in seiner extremen Wehrlosigkeit bezeichnete. Aber nicht, um gerettet zu werden, sondern um uns als dieses unvergleichliche und einzigartige Individuum zu erfahren, das wir schon immer waren, das gleichwohl stets auf den anderen angewiesen bleibt, um weiter zu dem Wesen zu werden, das es ist.

Die Wehrlosigkeit ist das Erregende, die freiwillige Ausgesetztheit. Aber nicht, weil hier irgendein Opfergelüst wirksam würde, sondern weil sie eine Einladung an des anderen Großzügigkeit ist, mich mit Wahrgenommensein zu beschenken und mir so Leben zu spenden. Oft wird diese Nacktheit missverstanden. Die in ihr enthaltene Hingabe aber hat nichts Passives. Sie ist ein Geschenk, das zu einer Antwort verführt. Und diese Antwort besteht darin, ebenfalls Leben zu schenken, die Verletzlichkeit durch die Gabe der eigenen Nacktheit zu würdigen.

In der unausweichlichen Konsequenz des Lebens folgt dann aus diesem Akt existenzieller Symbolik manchmal eine tatsächliche Empfängnis und später eine reale Geburt.

7 Ein Spiel der Freiheit

»Tue nichts, was kein Spielen ist.
Denn es wird Spielen sein, wenn du deine eigenen
Bedürfnisse berücksichtigst.«
Joseph Campbell[83]

Zuletzt packte mich der Übermut im Winter. Der Schnee lag dicht, es war eine jener Berliner Kälteperioden, in der alles unter einem harten und glatten Weiß erstarrt. Meine Tochter Emma und ich machten einen Spaziergang. Wir führten unseren Pudel in den kleinen Park hinter der Kurve aus. Dort neigt sich die Wiese sanft zu einem kleinen Weiher. Diesen nutzt die Stadtreinigung als Überlauf überlasteter Kanalisationsstrecken – aber im Winter, wenn eine gefrorene weiße Schicht das Wasser bedeckt, spielt das keine Rolle.

Der schwarze Pudel jagte durch das Weiß. Meine Tochter bestand darauf, dass auch sie und ich »Spaß haben« sollten. Ich musste mir einen kleinen Ruck geben, denn ich spürte ein wenig Müdigkeit in meinen Muskeln und meinen, es lässt sich nicht länger verbergen, alternden Knochen. Ganz gern wäre ich einfach stehen geblieben. Aber ich habe schließlich nicht bereut, dass ich mich mitreißen ließ. Wie oft habe ich mit meiner Tochter in ihrem Leben einfach nur »Spaß gehabt« und nicht irgendwelche erwachsenen Bedenken vorgeschützt? Sicher nur ein paar wenige Male, und alle gehören zu den raren Diamanten meines Erinnerungsschatzes.

»Spaß haben« war das Codewort dafür, uns gemeinsam einen Hang hinunter rollen zu lassen – ohne Rücksicht darauf, was der Boden alles bereithielt. Emma hatte die Beschäftigung vor ein paar Jahren bei einem kurzen Urlaub auf der

Nordseeinsel Spiekeroog in den Dünen erfunden, dort, wo Kinder eigentlich aus Küstenschutzgründen keinen »Spaß haben« sollen.

An diesem Wintertag ließen wir uns, von der Schwerkraft gezogen, durch den Schnee hinab zum Weiher wirbeln, die Kragen voller schmelzender Kristalle, die Haut nass und rot, atemlos japsend vor Intensität. Dann häuften wir einen Schneeberg auf, als Startrampe unserer olympischen Schlittenbahn. Emma hatte im Gebüsch einen zerrissenen schwarzen Müllsack entdeckt. Ein bisschen Hunde-Urin hatte den Schnee verfärbt, aber wir lachten darüber und achteten nicht darauf – wie gesagt, es war »Spaß haben« im Berliner Stadtwinter. Und dann rasten wir auf dem Plastik gemeinsam den Hang hinab, Emma vorne, ich hinten, der Hund in einer Schneewolke vor Begeisterung knurrend hinter uns her. Wir drehten uns, wirbelten durch Eiskristalle und tauchten dann mit gerötetem Gesicht tief ins kalte Weiß.

Noch mal, noch mal! Meine Tochter ließ sich nicht davon abbringen. Mir wurde von den Drehungen ein wenig flau, aber die Begeisterung im Schwung und im Sausen ließ mich die Kälte und den Schwindel vergessen. Wir stoppten erst, als wir von innen total verschwitzt und von außen vollkommen durchnässt waren. Für die Dauer dieser vorüberfliegenden Momente war alles im Einklang, alles stimmte in einem kurzen Lichtblitz zusammen, nichts fehlte. Wir waren ganz da. Wir waren ein Knäuel aus drei Lebewesen, das den Schnee dieses bescheidenen Parks in eine Arena der Begeisterung verwandelte. Niemand brauchte uns zu sagen, was wir zu tun hatten, oder wie. Das ergab sich aus der Weisheit unserer Muskeln, unserer Sinneszellen, aus der Weisheit der kristallinen Welt, die uns trug. Wir taten etwas ganz Unnützes, nämlich das, wofür alle Wesen geschaffen sind.

Wir spielten.

Wir waren ganz lebendig.

Lebendige Freude ist Leben als Spiel. Die Welt lieben heißt, mit ihr, in ihr, mit uns selbst zu spielen. So, dass nichts notwendig ist, aber alles eine Rolle spielt.

Im Spiel erfassen wir Lebendigkeit

Lebewesen spielen. Anekdoten berichten nicht nur von Menschenkindern, die in fiktive Welten versunken sind. Wir kennen auch spaßhaft miteinander balgende Rattenbabys, überdrehte Großkatzeneltern und Elefantenopas, die sich ungehemmt zum Unernst hinreißen lassen. Nach Ansicht mancher Biologen spielen sogar Ameisen miteinander.[84]

Kaum etwas hat Evolutionsbiologen so sehr in Erklärungsnot gebracht wie der Umstand, dass Spielen derart universell verbreitet ist. In seiner ökonomischen Sicht der Wirklichkeit, in der alles nützlich sein muss, was existiert, kann der Darwinismus schwer erklären, warum junge Tiger in spielerischer Neugierde Kopf und Kragen riskieren – oder etwa ein ausgewachsener Hirschbulle Energie für etwas verbraucht, was nicht zur Verbreitung seiner Gene beiträgt. Weil auch alte Tiere – und erwachsene Menschen wie Emmas Vater – spielen, verfängt nicht einmal die lange Zeit als Standard gehandelte Erklärung für den unernsten Übermut im Lebensreich, die meint, Spielen sei vorbereitende Übung für späteres nützliches Tun.

Eines aber vermag das Spiel: Beziehungen zu erschaffen. Es ist eben kein Training ernsthaften Nahrungserwerbs oder machtvoller Revierverteidigung, sondern imaginatives Mitvollziehen des schöpferischen Universums und der eigenen Rolle darin. Und damit kommt das Spiel einem Begreifen der eigenen Lebendigkeit sehr nahe. Spielen ist ein Ausdrucksgeschehen und damit eine der wichtigsten Erscheinungsformen der erotischen Ökologie. Es ist Maßstab einer Existenz, die sich nicht dem Funktionieren unterwirft, sondern mutig die Naturgeschichte der Freiheit fortspinnt und Individualität zum Ausdruck bringt.

Katzen haschen nicht Garnknäueln hinterher, um das Mäusejagen zu üben, sondern weil es in ihrer Katzennatur liegt, die eigene körperliche Spannkraft im Jagdverhalten zu erfahren. So wie einem Raubtier das Jagen Freude macht (Hunde, die auf Mäusepirsch sind, wedeln begeistert mit dem Schwanz), so bringt jedem Wesen das, wodurch es seine Natur erfährt und diese zum Ausdruck bringt, Spaß. Junge Menschen spielen nicht darum mit Puppen (oder miteinander »Mutter und Kind«), weil sie so etwa die nützlichen Gesetze der Elternschaft einstudieren, sondern weil es in ihrer Natur liegt, pflegende und sorgende Beziehungen in Gegenseitigkeit einzugehen. Spielend können sie deren Möglichkeiten in freier Kreativität ausloten und verändern.

Man kann also sagen: Spielen ist Vergegenwärtigung des Am-Leben-Seins, ist plastisches Arbeiten mit den Rohstoffen jener »reinen Lebendigkeit«, die der Dichter Octavio Paz als den innersten Kern unserer Erfahrung bezeichnet. Im Spielen dichten Kinder – und Welpen – ihre Welt. Das Interessante daran: Alles, was sie dazu brauchen, bringen sie bereits mit. Sie folgen einem kreativen Programm, das sich in ihrer Erfahrung als Instinkt der Spiellust bemerkbar macht und ihnen unfehlbar das Richtige weist. Kinder üben nicht ihre Menschlichkeit, indem sie spielen, sondern sie drücken diese aus, und erfahren sie so zuerst – indem sie eine Identität aufbauen. Dieser Aufbau ist wiederum durch und durch ein Austausch in Bezogenheit. Spielen heißt also, lebensfördernde Beziehungen zu erfinden – und genauso lebensschädigende, denen man sich ebenfalls im Spiel zu entziehen lernt.

Im Spielen wird die Paradoxie der Bezogenheit zwischen dem altbekannten Selbst und dem unbekannten Fremden nachgestellt. Spielende Kinder suchen Themen, Orte, Methoden, mit denen sie einerseits Altbekanntes ausprobieren können, andererseits das Unbekannte riskieren müssen. Jeden Tag dehnen sie ihre Suchgänge über die Wiesen etwas weiter aus, klettern zuerst nur auf die unteren Äste des Baums, am nächsten Tag ein paar höher. Sie suchen beständig Ränder und Verwandlungszonen – solche, wie den Wald, der im Grenzbereich mittels der blühenden Büsche zur Wiese wird.

Kinder sind selbst die Essenz des Lebendigen. Es drängt sie, im unbestimmten Bereich zwischen Risiko und Sicherheit ziellos schöpferisch zu sein. Im Spiel definieren sie beständig Leben als den kreativen Übergang zwischen Kontrolle und Unkontrollierbarkeit. Dass es Leben ist, lässt sich sofort erfahren und wird aus der intensiven Versunkenheit der konzentrierten Mienen ersichtlich, die augenblicklich in gelöstes Gelächter übergehen kann.

Spielen enthüllt sich so als eine Praxis der Liebe zur Welt.

Liebe als Praxis der Lebendigkeit

Erstaunlich genug: Unsere Kinder beherrschen diese Praxis von Geburt an. Diese Einsicht widerspricht einer bis heute einflussreichen Denktradition: Kinder seien von Natur aus schrankenlos und *wild* und müssten daher mit Macht und Strenge kultiviert – erzogen – werden. Der Gründervater der Tiefenpsychologie, Sigmund Freud, stellte eine schreckliche Liste der unreifen seelischen Phasen auf, die wir in der Kindheit durchmachten (etwa von *anal* über *polymorph pervers* bis zu *ödipal*). Ein Mensch sei, davon war Freud überzeugt, am Beginn des Lebens im Grunde so grausam und gefährlich wie alle Natur. Darum meinte er, jeder Mensch müsse seine nach Sex und Zerstörung drängenden Triebe in der Kultur zu »sublimieren« lernen. Notfalls mit Zucht und Ordnung.

Freud erfand damit eine besonders einflussreiche Variante der uralten abendländischen Auffassung, die dem Leben und seinen nach Gesundheit und Erfüllung strebenden Kräften zutiefst misstraut. Unterschwellig fassen wir auch heute noch Kinder und ihre Bedürfnisse in vielerlei Hinsicht als Teil einer bedrohlichen Wildnis auf: undurchschaubar, schwer zu bändigen und um jeden Preis zu zähmen. Kaum geboren, werden die jungen Menschen unserem Drang zur Entfernung von Widersprüchlichkeit unterworfen. Auch dieser Prozess folgt der unbewussten Überzeugung unserer Zivilisation, durch Technologie dem Tode Herr zu werden. Kinder mutieren heute zu Erfolgsprojekten. Unsere Erziehung soll sie möglichst gegen jedes Missgeschick wappnen. Kinder sollen gleichsam symbolische Unsterblichkeit erreichen, indem sie Fertigkeiten, Durchsetzungsstärke und Leistungswillen erwerben.

In unserem Eifer übersehen wir, dass Kinder meist besser wissen als wir selbst, was Lebendigsein ist. Ebenso übersehen wir, dass uns nichts wirklich retten kann, sobald wir erst verlernt haben, lebendig zu sein. Wenn wir vergessen, uns nach jenen Grundprinzipien zu richten, aus denen sich die schöpferische Wirklichkeit beständig entfaltet, sind all unsere Projekte bedroht. Doch Lebendigkeit ist selten ein Erziehungsziel. Erziehung heißt vielmehr »fördern und fordern«: Beständig wollen wir etwas von unseren Kindern, damit sie besser werden. Aber wir können nicht erkennen, dass sie uns etwas zu geben haben, weil sie als lebende Wesen bereits perfekt sind. Die Gabe der Kinder an uns besteht in der Erkenntnis, dass Menschen alles besitzen, wonach sie suchen. Wir dürfen es uns nur nicht aus der Hand nehmen lassen.

Jenes Kostbare, das wir am Anfang schon haben, ist unsere Liebe zur Welt. Im Spiel liebt das Kind die Welt, indem es sie bewundernd und fasziniert nachstellt. Und es liebt sich selbst in dieser Welt, indem es seine Freude auskostet und sich begeistern lässt. Dem Kind ist alles angeboren, was es braucht, um die Beziehungshaftigkeit der Welt mittels selbst hervorgebrachter schöpferischer Beziehungen nachzuvollziehen. Der kindlichen

Fähigkeit zu spielen haftet dadurch eine kosmische Genialität an: Das spielende Kind setzt sich selbst an die Stelle der universellen Kraft, die beständig neue Bindungen schafft, bestehende variiert und so dem Ganzen dazu verhilft, sich tiefer zum Ausdruck zu bringen und zu erfahren. Nichts anderes tun wir alle im Spiel – die Menschenwelpen, die Ameisen, all die miteinander verflochtenen Arten unseres unüberschaubaren Ökosystems.

Kinder kommen auf die Welt und wissen, wie sie die eigene Identität durch Akte von Bezogenheit herstellen. Ist das nicht wundervoll? Sollten wir uns daran nicht in unserer zivilisierten Isolation ein Beispiel nehmen? Leider tun wir meist das Gegenteil. Immer noch glauben wir, wir müssten unseren Kindern die entscheidenden Dinge beibringen, statt zu akzeptieren, dass sie diese bereits wissen, wir sie hingegen wieder verlernt haben. Es geht also darum, Kindern die Freude an diesem Wissen zu lassen und ihre ganz individuelle Art zu fördern, wie sie es mit der Welt in Beziehung setzen. Die Kinder brauchen dazu nur noch ein paar Elemente unserer kulturellen Codes: Schriftsprachen, mathematische Konventionen, technische Fertigkeiten.

Kinder vermögen zu spielen. Und Kinder vermögen zu lieben. Und gerade das ist es, was viele Erwachsene in ihrem Erziehungswunsch am tiefsten missbrauchen: Sie beuten die Lebendigkeit der Kinder aus, um die eigene zu stärken, die ihnen abhanden gekommen ist, weil ihnen selbst die frühe Verbundenheit mit der schöpferischen Welt entrissen wurde. Viele Eltern lieben ihre Kinder nicht, sondern lassen sich von ihnen lieben, mit all der Verzweiflung, die ein Kind aufbieten kann in dem Bemühen, jemandem zu helfen, der ebendieses Kind eigentlich beschützen wollte.

Kaum jemand ist in diese Verhältnisse tiefer eingedrungen als die Schweizer Kindheitsforscherin Alice Miller. Sie gelangte zu der Einsicht, dass das Trauma vieler Menschen darin besteht, in der Kindheit ihre Lebendigkeit verloren zu haben. Ihnen wur-

den das sichere Wissen und das schlafwandlerische Fühlen aus-
getrieben, dass die eigenen Impulse in Korrespondenz mit einer
schöpferischen Welt stehen und zutiefst *richtig* sind. So sind sie
als Erwachsene nicht mehr in der Lage, diesen Impulsen entsprechend zu handeln. Lebendigkeit heißt, in der Lage zu sein,
mit den eigenen Möglichkeiten zu spielen, weil man weiß, dass
man genügt, weil man ein individueller Teil des kreativen Kosmos ist. Genau damit, mit diesem Vertrauen, schlägt ein kleines
Kind die Erwachsenen in seiner Umgebung in Bann. Und dieses Vertrauen lässt ein Kind sich so leicht aus der Hand nehmen.

Spielen ist eine hoch imaginative und extrem ernsthafte
Weise, die »Regeln des Lebens«, von denen der Paarforscher
Schnarch spricht, zu begreifen, ihnen zu folgen, indem sie in
den speziellen persönlichen Stil verwandelt werden. Spielen ist
die kindliche Methode, sich der eigenen Rolle in der Ökologie
der Beziehungen innezuwerden. Die Rolle der Bezugsperson
in diesem Prozess besteht darin, ebenfalls diesen Regeln des Lebens zu folgen. Dafür muss sie als der Partner einer Beziehung
auftreten, die den anderen wirklicher werden, das heißt, zu dem
werden lässt, was er bereits ist. Die Bezugsperson muss dem
Kind helfen, sich beständig zu verwandeln – nicht aber in ein
Modell der elterlichen Wünsche oder Ängste, sondern in das,
was es schon ist, wenngleich dieses noch unausgefaltet in ihm
schlummert.

»Mental death«

Genau hier trifft sich unser zivilisatorisches Versagen an der
Ökologie liebevollen Bezogenseins mit dem Scheitern vieler
Eltern, ihrem Kind den nötigen Raum zu dieser Verwandlung zu schenken. Sie scheitern, weil die eigene, in der Kindheit
gelernte Angst vor der Lebendigkeit gierig die junge Lebendigkeit des Kindes einsaugt und es daran hindert, eine wohl-

wollende Verbindung zum Ökosystem der Wirklichkeit aufzubauen.

Gerade das Entscheidende findet dann nicht statt: Die Gegenseitigkeit, in der zwei Partner einander mehr Leben schenken, wird ständig gestört. Der stärkere Partner, der einst selbst gequälte Elternteil, beutet den schwächeren, das zutrauliche Kind, aus. Er zehrt von der Lebenskraft und dem Lebenszutrauen, mit denen Kinder zur Welt kommen. Er bereichert sich an ihrer Bereitschaft, bedingungslos zu geben. Weil das Kind nicht erkennen kann, dass seine Bezugsperson für die mangelnde Großzügigkeit verantwortlich ist, nimmt es unbewusst die Schuld auf sich und beginnt, die Regungen der eigenen Lebendigkeit als schlecht und schädlich einzustufen. Allmählich glaubt es, dass es eigentlich gar nicht lebendig ist, dass nur die anderen lebendig sind, dass es tief im Innern tot ist. Mit zunehmendem Älterwerden verinnerlicht es den modernen Mythos einer zutiefst toten Welt, weil sich in deren Sachzwängen und Ablenkungsangeboten das quälende Bewusstsein der eigenen Nichtexistenz am besten verbergen und kaschieren lässt.

Miller beobachtet: »Jedes Kind hat das legitime … Bedürfnis, von seiner Mutter gesehen, verstanden, ernst genommen und respektiert zu werden. Es ist darauf angewiesen, in den ersten Lebenswochen und -monaten über die Mutter verfügen zu können, sie zu gebrauchen und von ihr gespiegelt zu werden.«[85] Miller bezieht sich auf den britischen Psychologen und Spielforscher Donald Winnicott, der zwischen Mutter und Kind jene wechselseitige Kreativität beobachtet, deren Ökologie ich im letzten Kapitel analysiert habe: »Die Mutter schaut das Baby an, das sie im Arm hält, das Baby schaut in das Antlitz der Mutter und findet sich selbst darin«, meint Winnicott, »vorausgesetzt, dass die Mutter wirklich das kleine, einmalige, hilflose Wesen anschaut und nicht ihre *eigenen*… Erwartungen, Ängste, Pläne, die sie für das Kind schmiedet, auf das Kind projiziert. Im letzteren Fall findet das Kind im Antlitz der Mutter nicht sich selbst, sondern die Not der Mutter. Es selbst bleibt ohne Spiegel und wird in seinem ganzen späteren Leben vergeblich diesen Spiegel suchen.«[86]

Nur ein solches vertrauensvolles In-Beziehung-Sein erlaubt einem Kind, seine körperlichen und seelischen Bedürfnisse wirklich zu fühlen. Erfährt es diese als unwillkommen, geht es ihm wie einem Traumaopfer, einer Geisel, einem Entführten – also wie jemandem, der die Erfahrung macht, dass seine Wünsche nach Entkommen und Freiheit zu lebensbedrohlichen Situationen führen. Ein Mensch in einer solchen Situation lernt, die entsprechenden Gefühle aus seinem Bewusstsein zu eliminieren. Um die Todesangst zu lindern, hilft es, die menschlichen Seiten des Entführers wahrzunehmen und die gewalttätigen auszublenden. Irgendwann kann der Gefangene seinen Bewacher nicht mehr in seiner ganzen Komplexität erfassen, sondern nimmt ihn je nach Verhalten als nur gut oder nur böse wahr – ein Schwarz-Weiß-Denken, das die Überlebensfähigkeit gewährleistet, jedoch die Lebensfähigkeit zerstört. Bestimmte Gefühle abzuschalten bedeutet, sich selbst nur entweder als funktionierend oder aber als ungenügend zu erfahren. Die echte eigene Identität ist auf der Strecke geblieben.

Die australischen Traumaforscher Angela Ebert und Murray Dyck bezeichnen dieses Ergebnis als »seelischen Tod«, als *mental death*.[87] Er liegt den schweren Traumata nach Geiselnahme und Lagerhaft zugrunde und folgt systematischer Folter und Gehirnwäsche. Die Struktur gesunder Identitätsbildung in Gegenseitigkeit wird dabei zerstört. Die Fähigkeit, eine positive Eigenidentität zu erzeugen, ist erstorben. Das Vertrauen, jene Widersprüche auszuhalten, die in einer Beziehung notwendig auftauchen, ist zerrüttet: Jede Schwankung heißt Todesgefahr.

Einen nahestehenden Menschen auf aggressive Weise *nicht* zu sehen, setzt diesen der Gefahr des seelischen Todes, des »mental death« aus. Das gilt umso mehr für kleine Kinder, deren zerbrechliche Identität nicht über die Mittel verfügt, von der

Welt dort Zuspruch zu sammeln, wo die engsten Bezugspersonen versagen. Säuglinge lesen keine Lyrik und keine Selbsthilfebücher. Die Psychologen Ebert und Dyck schildern als Symptome des »mental death« den Zusammenbruch persönlicher Autonomie und das diffuse Gefühl, irreparabel beschädigt zu sein. Seelischer Tod heißt Gefühlstod – und damit das Aufgeben der eigenen Lebendigkeit um des nackten Überlebens willen.

Lebendigsein – schöpferisch das Netz der Beziehungen in Gegenseitigkeit zu erweitern – bedeutet, alles fühlen zu dürfen und dabei nichts als unerwünscht aussortieren zu müssen. Lebendigkeit heißt, ganz, in allen Existenzdimensionen, wirklich sein zu dürfen. Aber gerade das wird durch die Traumata der kindlichen Jahre verhindert. Sie zerstören Lebendigkeit – und sind damit das Echo unserer Welt, der es vor allem an einem tiefen Verständnis von Lebendigkeit mangelt – und am Mut, sich zu dieser zu bekennen.

»Toxische« Beziehungen

Das Trauma, das viele bereits im Kindesalter trifft, ist eine Katastrophe der zerbrochenen Gegenseitigkeit. Sie ist ökologisch, weil sie unsere Bindungsfähigkeit beeinträchtigt, die allem anderen Können zugrunde liegt. Und sie ist existenziell, weil sie das Weiterleben des Betroffenen gefährdet. Das Drama tritt ein, wenn wir der eigenen Lebendigkeit keine Beachtung schenken. Wenn wir stattdessen darauf lauschen, was andere sagen – oder auf das Echo hören, das die Dekrete anderer, unserer Eltern oder unserer Lehrer, in uns hinterlassen haben. Seine Folgen für den Einzelnen bestehen darin, sich selbst für wertlos zu halten, aber alles dafür zu tun, diese eingebildete Wertlosigkeit zu kaschieren. Gehorsam wird er sich die eigenen legitimen Bedürfnisse versagen und dazu alle gefährlichen, weil mit diesen Bedürfnissen verbundenen, Gefühle abschalten. Infolge dieses

Traumas tauscht die oder der Betroffene die Wirklichkeit gegen ein besser aussehendes Konstrukt ein – und versucht jeden, der diesen Tausch aufzudecken droht, mit allen Mitteln an einer solchen Entlarvung zu hindern.

Susan Forward bezeichnet die Wirkung von Menschen, die nicht der Lebendigkeit zuliebe handeln, sondern mit dem Ziel, die eigene Angst vor dieser zu überdecken, als »toxisch«[88] – toxisch wie eine Quecksilberlösung, die einen Bach vergiftet und dessen vielfältige Bewohner umbringt. Die Toxizität von Menschen ist immer eine Verschwörung gegen die Lebendigkeit – auch gegen die eigene. Toxisch verhält sich jemand, der nicht mich sieht, wie ich bin oder zu sein versuche, sondern mich, gefiltert durch die eigenen Ängste und Bedürfnisse – aber der womöglich in überwältigender Herzlichkeit das Gegenteil vorgibt. Toxisch ist jemand, der sich für zutiefst minderwertig hält und darum alles kontrollieren möchte – damit bloß nicht die vorgebliche Wahrheit über seine Person ans Licht kommt. Toxisch ist jemand, der nicht nur Angst hat, sondern sich von ihr widerstandslos leiten lässt, und der, um das zu vertuschen, stets den anderen eine Schuld zuweist.

Psychologen rechnen solche Verhaltensweisen den Persönlichkeitsstörungen zu. Diese – wie auch andere Qualen der Lebendigkeit, etwa Depressionen – nehmen in unseren Tagen beständig weiter zu.[89] Laut WHO-Statistik schlägt sich inzwischen jeder vierte Erdbewohner mit seelischen Problemen herum, die dringend behandlungsbedürftig wären: Tendenz steigend. Im Zentrum dieser Leiden stehen unsere Beziehungen. Man kann also sagen, dass heute das schwere Leiden an der Liebe eine weit verbreitete Epidemie darstellt.

Persönlichkeitsstörungen sind Krankheiten der Emotionen – und damit Pathologien der Lebendigkeit und des lebendigen Fühlens. Von ihnen Betroffene können nicht die widersprüchliche Vielfalt einer Beziehung sehen, aushalten und womöglich fördern, sondern müssen gewaltsam Eindeutigkeit und schwarzweiße Konturierung herstellen: Kontrolle auf Kosten der Wahrheit. Manche Autoren gehen davon aus, bis zu 15 Prozent der westlichen Bevölkerung seien auf diese Weise beeinträchtigt.[90]

Alle Gestörten eint die Verzweiflung über das Trauma der frühen Zerstörung ihrer seelischen Beziehungsfähigkeit: Fast alles würden sie tun, um diese gefühlte Minderwertigkeit vor anderen zu verstecken. Sie verleugnen ihre Probleme so wirkungsvoll, dass sie eigene destruktive Eigenschaften nur wahrnehmen können, indem sie diese den Bindungspartnern unterstellen. Immer ist jemand anderes schuld. Und am leichtesten kann man diese Schuld dem eigenen Kind geben, denn es wird sich dagegen nicht auflehnen. Es wird alles tun, um die Schuld auszubügeln, um sich als würdig zu erweisen, um gesehen zu werden – bis es schließlich selbst so zerbrochen ist, dass es als Erwachsener die eigenen Kinder ihrer Lebendigkeit berauben wird.

Die Kindheitsforscherin Christine Ann Lawson hat beobachtet, dass eine seelische Störung, die in der Kindheit den Keim der eigenen, selbstbestätigten Lebendigkeit zum Erlöschen gebracht hat, meist an die eigenen Nachkommen weitervererbt wird. Wessen Lebendigkeit mit Füßen getreten wurde, wird verzweifelt andere benutzen, um lebendig zu werden. Die Vergiftung der Lebendigkeit unter den Menschen innerhalb von Familien und in der Schule ist eine stille Tragödie. Viele von uns nehmen an, dass es nicht anders sein könne. Sie zucken die Schultern, um nicht zu intensiv an lange zurückliegende Wunden erinnert zu werden, die unter ihrer alten Borke immer noch nicht verheilt sind und in der Stille schmerzen. Was die eigene Lebendigkeit betrifft, verhalten sie sich ähnlich wie gegenüber den anderen Wesen: Sie versuchen, sich glauben zu machen, das Trauma sei nicht so schlimm, dass man wirklich hinschauen muss, und lenken sich ab.

Emotionaler Kapitalismus

Das individuelle Drama ist auch deshalb so wenig sichtbar, weil die offizielle Lesart der Wirklichkeit unser Fühlen zur Chimäre erklärt. Das derzeit dominierende Bild des Lebens lässt vornehmlich den vorgeblich universellen Trieb gelten, besser als andere zu funktionieren, um im Krieg aller gegen alle zu überleben. Unsere Gesellschaft hat es zum bestimmenden Prinzip gemacht, dauernd Lebendigkeit zu verletzen. Die lawinenartige Zerstörung des Lebens anderer Arten spiegelt dabei wider, wie sehr das emotionale Leben der Einzelnen gestört ist. Was die kollektive Wirklichkeitsverwirrung heute so ansteckend und dadurch fast schon zu einem Kandidaten für den seelischen Mainstream macht, ist der Umstand, dass unser ganzes Lebens- und Denkklima ein narzisstisches Weltbild der Ausbeutung in seinem Zentrum bewahrt. Die Vernichtung der Gefühle hat nicht nur eine private pathologische Dimension. Der persönliche Narzissmus ist auch ein Echo des kulturellen – und umgekehrt.

Das individuell-psychologische Verhängnis zeigt sich von der kollektiven Seite als das universell-ökologische Unheil. Beide sind miteinander verflochten. Beide sind Symptome eines grundsätzlichen Missverständnisses in Bezug auf uns selbst und die Wirklichkeit. In einer Welt zerstörter Lebendigkeit ist es unmöglich, selbst lebendig zu sein. Beide – die innere Lebendigkeit und die der Natur – stellen zwei Facetten eines tieferen Zusammenhangs dar. In diesem ist unser Ich dem Du geschuldet, verbürgt allein die ökologische Gesundheit einer Welt liebender Beziehungen die eigene.

Die Verblendung, die darin zum Ausdruck kommt, diesen Zusammenhang nicht mehr zu sehen, könnte man als »emotionalen Kapitalismus« bezeichnen.[91] Emotionaler Kapitalismus beinhaltet seelischen wie auch ökologischen Missbrauch. Emotionaler Kapitalismus verwandelt die Welt in etwas Totes, um dem eigenen Tod zu entgehen. Er ist Missbrauch der Wirklichkeit als beziehungsloses Einwegsortiment. Er führt direkt in die prosperierende Hölle der Ersatzbefriedigungen, die suggerieren, einen kleinen, behaglichen Schutzschirm gegen den Tod aufzuspannen.

Emotionaler Kapitalismus heißt, das eigene Sterben nicht zu akzeptieren, heißt, es um jeden Preis zu verleugnen und dafür den Tod anderer in Kauf zu nehmen – oder sogar zu benutzen. Die Pariser Psychologin Marie-France Hirigoyen nennt ein solches Handeln »pervers«. »Pervers« stammt vom lateinischen Verb »pervertere«. Das Wort bedeutet »umstürzen« – aber auch »vernichten«. Pervers ist Handeln, das sich gegen den Weg der Lebendigkeit wendet. Pervers ist die Weigerung, das Dilemma der Existenz zu verstehen und zu akzeptieren, die Tatsache nämlich, dass wir in einem mittleren Bereich zwischen Verwundbarkeit und schöpferischer Kraft existieren und dass unsere Lebendigkeit immer von beidem etwas enthält. Pervers ist, die eigenen Schwächen nicht zu kennen, sondern sie beim anderen zu suchen und zu bekämpfen.[92]

Emotionaler Kapitalismus führt zu einer durch traumatische Irrtümer hervorgerufenen Isolation des Individuums. Er verabsolutiert diese Erfahrung in einem Weltbild, in dem Vereinzelung, Überlebenskampf und Gewalt zu den Grundkonstanten zählen. Er wiederholt sein Mantra der totalen Bindungslosigkeit, die erlaubt, schadlos alles und jeden zur Ressource zu machen. Emotionaler Kapitalismus erklärt den Missbrauch zu etwas Unvermeidlichem und tröstet mit der Verheißung, die Erlösung von allem Übel sei in naher Zukunft erreicht. Er tritt im Gestus des Besitzens und der Gier nach noch mehr Besitz auf. Er pflegt Rechthaben, nicht Zuhören.

Emotionaler Kapitalismus heißt, die Unmöglichkeit der Liebe zur Richtschnur des Lebens zu machen und zugleich diese Unmöglichkeit als wissenschaftliche Beschreibung der Welt zu predigen.

In einer Welt, in der Entdifferenzierung an der Tagesordnung ist, in der die natürliche Schöpfung um uns herum beständig verarmt, ist »mental death« zu einer alles bedrohenden Diagnose geworden. So wie manche Menschen nicht in der Lage sind, ihren Bindungspartnern eine Beziehung in Gegenseitigkeit zu schenken und diese damit schleichend vergiften, höhlen wir uns selbst von innen aus, indem wir unser Band zum Leben um uns herum kappen. Wenn wir ohne Bezug zu jenen unzählbaren Spezies sind, die uns ernähren, die unsere Gefühle erfüllen, die uns helfen, unsere Körperlichkeit zu verstehen, sperren wir uns freilich selbst in einem traumatischen Gefängnis ein. Aber wie alle wahren Traumaopfer haben wir von dem, was uns wirklich leiden lässt, keine Ahnung. Wir versuchen es weiter mit Kontrolle, obwohl gerade sie alles schlimmer macht.

Es fällt schwer, eine Antwort auf die Frage zu finden, wie eine Gesellschaft aus lauter Individuen, die vor allem ihr Selbstwertgefühl kontrollieren wollen, sich dazu ermannen kann, den entbehrungsreichen Prinzipien der Lebendigkeit Rechnung zu tragen. Das erfordert viel Courage – und auch die Bereitschaft, das Risiko des persönlichen Irrtums auf sich zu nehmen. Dem Mut, die eigenen Bedürfnisse zu fühlen und diesem Fühlen zu vertrauen, entspricht dabei im Öffentlichen die Beherztheit, aufzustehen und eine andere Politik zu fordern, die den Bedürfnissen der Lebendigkeit gerecht wird.

Beides ist für den, der einmal traumatisiert wurde und die Regeln der Gefangenschaft kennt, mit großen inneren Nöten verbunden. Denn solch ein Aufstehen erfordert, dass man sich selbst das Recht gibt, zu sein. Und gerade das, sich ohne Erlaubnis »von oben« die eigene Individualität zu gestatten, fällt ja so schwer, wenn das eigene Leben nicht in der Gegenseitigkeit einer lebendigen Beziehung begann.

Wer für das Recht der Lebendigkeit in der Welt einstehen möchte, muss sich somit zuerst selbst das Recht zu leben zusprechen. Er muss üben, sich liebevoll zu betrachten und seine Bedürfnisse zu akzeptieren. Erst dann wird er mit seinen Anliegen nicht ein Trauma weitergeben, wird nicht anderen um der »gerechten Sache« willen die eigene Erfahrung absprechen, und wird nicht des »Guten« wegen bereit sein, anderes und andere zu opfern. Wer für die Lebendigkeit kämpfen möchte, muss somit zuerst für die eigenen Gefühle kämpfen.

Barometer unserer seelischen Ökologie

Unsere Gefühle sind die Dimension, in der sich für uns nach »innen« zeigt, ob unsere Ökologie gegenseitigen Austauschs fruchtbar ist. Sie haben daher einen quasi objektiven Charakter und sind nie persönliche Einbildung. Fühlen ist das Barometer der Lebendigkeit in uns. Es ist innen das, was außen der Zustand eines Stücks Landschaft wäre, den wir unmittelbar durch unser Empfinden erfassen können: eine blühende Wiese, ein abgeholzter Wald. Fühlen ist die Bedeutung unserer Lebenssituation nach innen. Es ist dasjenige, was *wir* sind – nicht die anderen. Die amerikanische Beziehungsforscherin und Psychologin Susan Forward ermuntert dazu, dem Blick auf diese innere Landschaft zu trauen. Er ist stets richtig, ganz so wie Bäume und Blüten nicht lügen können. »In uns gibt es stets eine klare, wenn auch manchmal unendlich leise Stimme, die weiß, was für uns gut und richtig ist«, meint Forward.[93]

Gefühle sind die Stimme der Wahrheit über unsere existenzielle Lage. Sie sind subjektiv, weil es in ihnen um *unser* Gedeihen geht. Aber sie sind eben auch objektiv, weil sie den Grad unserer Lebendigkeit ausdrücken. Sie sind die ausdruckshafte Erfahrung des eigenen ökologischen Gleichgewichts. Oder noch deutlicher gesagt: Gefühle sind ein poetischer Kommentar zur eigenen Existenz – genauso indirekt, genauso kreativ, genauso schwer unterdrückbar wie ein Ausruf, eine Zeichnung, ein Vers, eine Melodie, eine Landschaft, deren emotionaler Gehalt uns bis ins Mark erschüttert.

Das Fühlen ist die Widerstandsgruppe des eigenen Ich, die stets Bescheid weiß und darum von jedem Unterdrücker mundtot gemacht werden muss. »Es ist eine ganze Kunst entwickelt worden, Gefühle nicht erleben zu müssen, denn ein Kind kann diese nur erleben, wenn *eine Person da ist, die es mit seinen Gefühlen annimmt,* versteht und begleitet«, sagt Alice Miller.[94] Ohne Gefühle aber, in denen sich die eigenen Bedürfnisse zeigen dürfen, bleiben letztere ohne Stimme. Doch nur wenn man seine Bedürfnisse hört und kennt und anerkennt, steht man mit seinem wahren, lebendigen Selbst in Verbindung. Erst dann kann man den eigenen Wahrnehmungen vertrauen, denn sie zeigen, was wirklich ist.

Wer hingegen als Kind erfahren musste, dass ihn die gesunde Erfahrung der eigenen Lebendigkeit und ihrer natürlichen Bedürfnisse mit Vernichtung bedroht, bildet als Erwachsener ein »falsches Selbst«[95] aus. Unbewusst strebt er die Identität an, die ihm erlaubt war – und nicht diejenige, die in ihm schlummert. Auch das ist freilich ein kreativer Prozess. Er entfaltet sich mit der gleichen Resilienz, mit der die Natur Katastrophen in Überlebensgeschichten verwandelt. Ein Bach, in den toxische Flüssigkeiten eingeleitet werden, bleibt ein Bach. Er »kippt um«. Aber er ist nicht tot. Er verwandelt sich in ein Gewässer mit niedriger Diversität, in dem nur noch Blaualgen, Bakterien und Rädertierchen gedeihen können. Der Bach bewahrt seinen Lebendigkeitszusammenhang. Allerdings liegt dieser auf einer viel geringer differenzierten Stufe als vor der Vergiftung. Dass selbst in einer Geste der Gebrochenheit noch die Kräfte des Schöpferischen walten, sah auch der Arzt und Philosoph Viktor von Weizsäcker, als er sagte: »Jede Krankheit ist eine unvollendete Schöpfungstat.«[96]

Diese Schöpfungstaten zeigen sich stets als Gesten eines Körpers. Die Natur vermittelt uns so, wie es um ihren inneren

Zustand bestellt ist. Anders als ein Mensch offenbart die Natur uns ihre existenzielle Verfassung ohne Scheu, Scham und Hintergedanken. Das ist kein bewusster Prozess – aber zugleich sind solche Erfahrungen nicht verborgen. Monotone Schonungen und eintönige Fluren sprechen Bände über den Grad, in dem das Schöpferische in ihnen wirksam ist. Natur ließe sich geradezu als der Raum definieren, in dem Erfahrungen der Lebendigkeit offen zutage liegen. Dabei zeigt das Geflecht der Tiere und Pflanzen immer ehrlich und unverblümt seine Gefühle. In den Körpern der Wesen liegen diese offen zutage. Beständig lassen sie erkennen, wie sie mit dem Leben klarkommen, ob sie gedeihen oder ob es ihnen schlecht geht. Sie sehen verdorrt aus, sind struppig, voller Blüten, sie schleppen sich zaghaft dahin oder sind im kraftvollen Flug begriffen.

Im Gewebe der Lebewesen kommt alles zum Ausdruck, was wir für die Entfaltung einer gesunden Identität wissen müssen. Das ist einer der entscheidenden Faktoren, warum die Natur uns Trost und Unterstützung zu spenden vermag, während wir diese Erfahrungen und die ihnen zugehörigen Gefühle so eifrig vor uns selbst und anderen zu verstecken suchen. Gerade für heranwachsende Menschen ist ein solcher Bezugsrahmen von großer Bedeutung. Natur lebt – und zeigt diesbezüglich alle Wahrheiten ohne Scheu. So gesehen ist sie die ultimative Wirklichkeit, die uns dazu ermuntert, ebenfalls zu riskieren, wirklich zu sein. Sie ist der Ort, der Trost spendet, wenn wir mit unseren Bedürfnissen auf Ablehnung oder Unverstand stoßen. Sie ist der Raum, der kein Gefühl verheimlicht und uns daher erlaubt, die eigenen Gefühle zuzulassen. Im Innern der Natur gibt es keine unpassende oder falsche Lebendigkeit. Sie ist vom totalitären Handeln weiter entfernt als irgendeine humane Errungenschaft.

Natur gestattet jedem sein authentisches Selbst. Damit wird unsere ökologische Beziehung zum Unterpfand der Prinzipien persönlicher emotionaler Echtheit. Genau diese Grundsätze versucht ein Kind in Gegenseitigkeit mit seinen Bezugspersonen zu entfalten, was diese ihm oft verwehren. Ohne diesen Raum des freien Gefühls aber ist kein selbstbestimmtes Leben möglich. Die amerikanische Psychologin und Pionierin der Familientherapie, Virginia Satir, nennt diese Prinzipien die »fünf Freiheiten«. Diese sind unerlässlich, um eine fühlende Identität zu behaupten und anderen eine solche zuzugestehen.

Die »fünf Freiheiten« bedeuten:

- sehen und hören, was da ist, anstelle dessen was da sein sollte, da war oder sein wird
- sagen, was ich denke, anstelle dessen, was ich denken sollte
- fühlen, was ich fühle, anstelle dessen, was ich fühlen sollte
- verlangen, wessen ich bedarf, anstatt beständig auf Erlaubnis warten
- in eigener Sache etwas riskieren, anstatt auf Nummer sicher gehen und nicht die Pferde scheu machen.[97]

Diesen Grundsätzen folgend ist eine gute Beziehung auch immer eine ökologisch stabile Beziehung: eine, in der die Wahrheit gilt. »In Wahrheit zu leben«, darin liegt für den Ökophilosophen David Abram sogar der eigentliche Sinn unseres Bestrebens, eine Landschaft zu schützen und unseren Frieden mit ihr zu schließen.[98] In eine solche Beziehung können beide Seiten eintreten. Sie dürfen sich darin schöpferisch verwandeln und brauchen die Wirklichkeit nicht zu verheimlichen. Das heißt auch: Solange ich nur eins der Blütenkätzchen im Frühjahr sehe, arbeite ich gegen die Verdrängung.

Die Transformationen der Liebe sind nur denkbar, wenn nichts unterschlagen bleibt. Zugang zu solch einer Transformation, und damit zur Reife des Erwachsenseins, können wir nur erlangen, indem wir uns gestatten, zu sehen, zu fühlen und das Erfahrene auszusprechen. Ohne die Bereitschaft zu dieser Transformation hat es die Liebe schwer, denn sie ist das verwandelnde Element schlechthin. Entsprechend beobachtet der Psychologe Abraham Maslow: »Die Furcht, sich selbst zu kennen, geht oft einher mit einer Furcht vor der äußeren Welt.«[99]

Ich erinnere mich, dass ich an einem Frühjahrstag in meiner Küche in Ligurien zwei Insekten gefangen hatte, die aus dem dort aufgestapelten Feuerholz geschlüpft waren. Die beiden gelb-schwarz gestreiften Bockkäfer kletterten erst ruhelos an den Wänden des leeren Honigglases hinauf, in das ich sie gesperrt hatte. Irgendwann steckte ich noch eine Kleeblüte hinein. Sofort fingen die beiden an, sich zu paaren – sie hatten die Gefangenschaft vergessen. Der Blütenzweig hatte die Bedrohung in den Rausch des neuen Jahres verwandelt.

Wir ringen ein Leben lang darum, uns die »fünf Freiheiten« zu erkämpfen, während nichtmenschliche Wesen und Menschen in den ersten Monaten ihres Lebens diese arglos verkörpern. Deren schlafwandlerische Lebendigkeit ist das spielerische Muster, an das wir uns für den Rest unserer Existenz erinnern können. Um uns zu gestatten, wir selbst zu werden, müssen wir wieder fühlen wie sie. Wir müssen unsere Bedürfnisse zulassen und sie artikulieren. Wenn wir unseren Bedürfnissen Gehör schenken, können wir auch die Bedürfnisse der anderen wahrnehmen. Dann ist eine für alle Lebenszusammenhänge grundlegende Gegenseitigkeit wiederhergestellt.

Dem eigenen Tod vertrauen

Die Natur ist Meisterin einer Wirklichkeit des eigenen Erlebens. Allerdings nur, weil sie keine nette »Mutter« ist, die uns mit allem versöhnt und uns unter ihrem Schutzmantel tröstend beherbergt, sondern weil der reale Tod überall wartet und weil nichts diese reale Todesmöglichkeit verschweigt. Wer sich schon einmal in der Wildnis verirrt hat, kann das sehr gut nachfühlen. Sterben ist eine Option! Darüber täuscht die Natur nicht hinweg. Im Gegenteil, sie arbeitet plastisch mit ihr: Jede Spezies, die heute existiert, tut dies auf dem Rücken Hunderter anderer, die längst verschollen sind. Aus solchen Abläufen besteht der immens heilsame Realismus der natürlichen Welt. Das Gegenteil des emotionalen Kapitalismus und des auf ihn folgenden »mental death« ist demnach nicht die »gute Mutter Erde«, in der es nur Symbiosen gibt. Sondern vielmehr die Liebe als ökologische Praxis, die den Tod akzeptierend in ihre Mitte nimmt.

Zu sterben ist für das Erwachen aus der Erstarrung mangelnder Lebendigkeit unerlässlich. Lebendig zu werden heißt, einmal den Tod durchzumachen, den man seit der Kindheit so fürchtet, weil er als beständige Drohung, die eigene Lebendigkeit zu vernichten, immer mit am Abendbrottisch saß. Dabei gilt es, mit dem eigenen Leib zu erfassen, dass gerade das Sterben jener Teil des Lebens ist, den man so lange gesucht hat. Erst nachdem wir für unser ureigenes Anliegen durch den Tod gegangen sind, wird dieses Anliegen wirklich legitim. Nur dann schenkt es uns die Identität, nach der wir suchen.

Ebendieses mutige Sterben sollte ein Kind bereits von seinen Eltern lernen. Weil sie ihr Kind jedoch oft dazu brauchen, selbst seelisch zu überleben, müssen sie ihm den guten Tod verwehren. Natürlich meine ich nicht den realen Tod. Ich meine Situationen, in denen die Regeln des Lebens erfordern, dass man sich ihnen stellt und zugleich ein anderer mit liebendem Blick das Vertrauen vermittelt: Diese Situation ist überlebbar. Situationen wie eine Prügelei unter Kameraden, eine vergeigte Mathearbeit, ein unvollkommen gebautes erstes Baumhaus, ein Sturz auf die Knie, die erste Kinderkrankheit. Zu einer Begleitung dieser Übergänge durch den Tod gehört, dass die Bezugsperson zugleich loslässt und unwiderruflich anwesend ist. Anstatt zu behüten, sollte sie helfen, gemeinsame Trauerarbeit zu leisten, wenn etwas schiefgeht.

Gute Eltern lassen das Kind sein Scheitern erfahren, denn sie urteilen und lenken nicht. Aber sie machen es zugleich lebendig, weil sie *vertrauen*. Sie sehen die lebendige Resilienz und wissen, dass diese sich durchzusetzen vermag. Sie machen lebendig, weil sie keinen Lohn einfordern und ihr Kind nicht zum Mittel degradieren, sondern ihm als einem nur sich selbst verantwortlichen Zweck Sein spenden.

Vertrauen, diesen Vorschuss auf die Zukunft, trägt auch die Natur an uns heran. Sie ist der Ort, der sagt: Schau, ich ändere mich nicht, ich bleibe die Gleiche, was immer du mit mir anstellst. Sie bewertet nicht, sondern federt elastisch zurück in den Gleichmut des Zulassens wie ein junger Birkenstamm im Frühjahr, den Kinder im Übermut bis zum Boden biegen.

Das Paradox der »Prinzipien des Lebens« ist nicht auflösbar, kann nur selbst gelebt – und selbst gestorben – werden. Es führt kein Weg in die heile Welt. Der Riss bleibt unheilbar, denn er ist Bestandteil der Schöpfung, ja dasjenige, was Schöpfung überhaupt erst möglich macht.

Leonard Cohen hat das in seinem Lied »Anthem«, »Hymne«, in wenigen kurzen Zeilen auf den Punkt gebracht:

Forget your perfect offering.
There is a crack in everything,
that's how the light gets in.[100]

Die Angst vor dem Tod hingegen führt nicht dazu, dass wir ihm entgehen. Oft hat sie jedoch zur Folge, dass wir andere in ihn schicken. Die Angst vor dem Tod verleitet uns, die Verwandlung zu verweigern. Die Ablehnung aber, jenes Sterben zu akzeptieren, das unerlässlicher Bestandteil des Lebens ist, bringt das Leben zum Stillstand.

Weil wir Menschen so sehr fürchten, dass wir sterben, müssen wir eine Kultur des Lebens beständig neu lernen. Aber nicht nur als Individuen. Heute sollten wir uns als Zivilisation daran erinnern, dass eine solche Kultur notwendig ist, um dem Leben wieder Raum zu verschaffen. Vielleicht ist das unsere Aufgabe in dieser krisenhaften Zeit auf dem Planeten. So viel Sterben stößt uns mit Gewalt darauf, dass wir vor lauter Todesfurcht und Ewigkeitsgier verdrängt haben, was anderen Gesellschaften zu anderen Zeiten vielleicht besser zu sehen gelang. Eine Kultur des Lebens besteht in immer wieder neuer schöpferischer Freiheit angesichts einer unausweichlichen Notwendigkeit zu sterben, um als fühlende, an die Regeln ihres biologischen Leibes gebundene Körper die Welt miteinander zu teilen. In dieser Kultur kommt es auf beides an: die Freiheit zu nutzen, aber auch die Notwendigkcit zu akzeptieren. Nur eine Kultur des Lebens hat die Chance, jene Akzeptanz des Scheiterns und jene dienende Askese zu entwickeln, die sich in der ökologischen Wirklichkeit immer von selbst einstellen. Ernest Becker schreibt: »Wenn Neurose das Symptom einer [auch kollektiven, A. W.] Versündigung [gegen die Prinzipien lebendiger Existenz, A. W.] ist, und nicht Krankheit, dann ist das einzige, was sie heilen kann, ein neues Weltbild, eine Form von affirmativer gemeinsamer Ideologie [also eine Kultur], innerhalb derer eine Person das lebendige Drama ihres Angenommenseins als Kreatur durchleben kann.«[101]

Eine solche Kultur zumindest zu denken ist heute eine Aufgabe nicht nur des individuellen seelischen Überlebens, sondern vermutlich auch der gemeinschaftlichen Fortexistenz als Zivilisation. Eine Kultur des Lebens könnte uns jenes Stück ökologischer Einsicht liefern, das uns von Natur aus fehlt, weil wir in unseren Handlungen mehr Freiheit haben als jede andere biologische Art. Die Lebendigkeit anderer Spezies liegt in ihrer Natur. Uns aber ist auferlegt, die eigene Lebendigkeit zur Sache unserer freien Entscheidung zu machen. Somit prägt die Notwendigkeit zur Kultur die Beschaffenheit unserer Natur. Und genau deshalb muss unsere Natur als Kultur den Körper und seine nicht auslotbare Ausdruckshaftigkeit umschließen. Anders als unsere Artgenossen aus dem Tier- und Pflanzenreich können wir diese Natur nur leben, indem wir sie erkennen und sie uns aktiv als Ziel unseres Handelns auferlegen. Wir erkennen unsere Natur, indem wir sie in der uns eigenen Freiheit in einmaliger Weise neu inszenieren.

Dazu müssen wir die unlösbar an unseren Körper gebundenen Prinzipien des Lebens in freier Entscheidung immer wieder neu erschaffen. Weil Kultur die schöpferische Inszenierung unserer Natur ist, darf sie nicht so tun, als wären wir über die Prinzipien lebender Existenz und die Regeln schöpferischer Beziehungen erhaben. Das Verhalten einer Spezies ist eine Variation der notwendigen Prinzipien ihrer Lebendigkeit im Rahmen anderer Lebendigkeit, ein Aushandeln, ein kreatives Umsetzen des Möglichen. In diesem beschränkten Rahmen kann sich eine Kultur des Lebens entfalten. Sie ist Schöpfung in einem Wechselspiel zwischen unseren Selbstinszenierungen und den Prinzipien der Wirklichkeit, durch das beide Dimensionen tiefer und deutlicher erfahrbar werden.

Angesichts der planetarischen Situation sollten wir mit allen Mitteln erforschen, wie eine solche Kultur des Lebens beschaffen sein könnte. Dieses Nachdenken würde ein neues Motiv ins Spiel bringen: das des produktiven Ausharrens, das auf jeden Anklang an das Übermenschliche und Außerwirkliche verzichtet. In den letzten Jahrtausenden der Dominanz abendländischen Denkens auf der Erde hat sich Kultur oft genug Utopien der Erlösung hingegeben. Hingegen hat sie sich kaum damit befasst, Kompromisse zu ersinnen, wie es gelänge, unter den unvollkommenen Bedingungen der Wirklichkeit lebendig zu werden. Wenn aber Kultur den sterblichen Anteil unserer Existenz ablehnt und unsere Geschöpflichkeit zu überwinden versucht, ist es kein Wunder, dass sie reale Natur verachten und zerstören muss – denn diese ist ja Bürge unserer eigenen verletzlichen Kreatürlichkeit und dauernde Erinnerung daran.

Bislang, so meint Ernest Becker, stand im Zentrum jeder »Kultur die heroische Leugnung unserer Kreatürlichkeit«.[102] In der Leugnung unserer dauernden Todesangst lag für Becker die zentrale Misere nicht nur unserer, sondern aller Kulturen. Er beobachtete, dass Völker zu verschiedenen Zeiten mit verschiedenen Mitteln Unsterblichkeit anstrebten: durch die Verehrung allgegenwärtiger Ahnen in Felsen und Bäumen, mittels des ewigen Lebens, das Rechtgläubige erwartet, in Form der technischen Erlösung, mit der die Welt beherrscht werden soll. Immer hat es einen heroischen Weg zur Unsterblichkeit gegeben. Stets erforderte das Befolgen dieses Weges strenge Regeln, die gerade das aufzugeben nötigten, was doch eigentlich bewahrt werden sollte: die eigene echte Lebendigkeit.

Becker gehört wie Erich Fromm, Rollo May und seine schon erwähnten Kollegen Abraham Maslow, Virginia Satir und auch Alice Miller zur Schule der humanistischen Psychologie. All diesen Denkerinnen und Denkern ist gemeinsam, dass sie eine körperliche Realität unserer Existenz akzeptieren und unsere Gesundheit darin erblicken, wie wir kreativ Lösungen für deren unentrinnbare Dilemmata entwerfen – und zugleich an ihnen scheitern.

Wie seine Mitstreiter stößt Becker damit das ehrgeizige Gebäude um, das Sigmund Freud errichtet hat: Nicht unsere Sexualität ist dasjenige, was wir unterdrücken, sondern das Bewusstsein unseres Todes. Neurosen und Psychosen sind nach Becker die Ausdrucksformen, in denen sich das Leiden der Menschen manifestiert, die den Mut verloren haben, trotz der Todesangst für die eigene Wirklichkeit einzustehen.[103] Darüber hinaus lenkt Beckers Kollege Wilfred Bion unser Augenmerk auf einen ganz entscheidenden Aspekt dieser Thematik: »Das fundamentale Problem besteht darin: Wie schnell können sich menschliche Wesen mit der Tatsache versöhnen, dass die Wahrheit eine Rolle spielt?«[104]

Charakterpanzer und romantische Liebe

Lieben, also Leben und Lebenlassen im tiefsten Sinn, ist nicht die Rettung vor dem Tod. Lieben ist ein Begrüßen des Todes und seiner rätselhaften, unendlichen Verwandlungs- und Schöpfungskraft. Die Philosophin Hildegard Kurt schreibt: »Das Horchen [auf den anderen oder das andere, A.W.] beginnt, wo ich sterbe.«[105] All das wird in den netten Mythen vom »Ritter des Lichts«, die heute im Umlauf sind, verschwiegen. Sie propagieren einen ästhetischen Heroismus. Auch sie predigen ein Heldentum, zu dem man sich durch das richtige Verhalten Zutritt verschaffen kann. Sie verschweigen, was Rilke in seinem Requiem so formuliert hat: »Wer spricht von Siegen? Überstehn ist alles ...«[106] Aber Überstehen nicht im Sinn eines missmutigen Aushaltens, sondern als jenes schon beschriebene Sich-Treiben-Lassen, alle Sinne weit geöffnet. Als Offenheit für das Schöpferische, das immer das andere ist, nicht das Ego.

Liebe, die den eigenen Tod riskiert, um der Lebendigkeit Raum zu geben, ist nicht Teil unserer Kultur. Sie bleibt der heroische Akt Einzelner. Die Angst vor dem Tod ist aber so groß, dass oft die Menschen besonderen Anstoß erregen, die versuchen lebendig zu sein und damit zeigen, dass sich über dem Abgrund des Nichtseins wirklich sein lässt. Die Angst vor dem Tod ist so groß, dass Gefühle als Gefahr erscheinen und möglichst wenig Platz einnehmen sollen. Wer sie zeigt, ist suspekt. Wer an sie glaubt, wird mit einem müden ironischen Lächeln abgetan. Anstoß erregen, natürlich, die Kinder. Kinder, die wilden, die naiven, die unangepassten, die ohne Hintergedanken aggressiven, die hemmungslos großzügigen. Kinder, die immer wieder hinfallen und aufstehen: Sie sind in einer Kultur, die das Scheitern als Vorboten der Sterblichkeit um jeden Preis zu unterdrücken sucht, eine Gefahr.

Doch auch erwachsene Menschen, die sich der Anforderung nach Kontrolle der (Todes- und Lebens-) Risiken nicht unterwerfen und die, schlimmer noch, diese Kontrolle selbst nicht ausüben, haben es schwer. Paradoxerweise ziehen sie Hass und Ablehnung auf sich – obwohl sie gerade von dem mehr besitzen, was alle so dringend begehren. Aber der lebensvolle, der großzügige, der ohne Hintergedanken freundliche Mensch zeigt auch beständig, dass er etwas hat und die anderen nicht. Wenn die Schuld und die Scham der Menschen, wie Becker meint, aus dem eigenen ungenutzten und unterdrückten Leben herrühren, so muss das Leben jener, die Lebendigkeit im Überfluss haben, zerstört werden. Sonst wäre deren Energie eine beständige Anklage – die das verdrängte eigene Leiden unerträglich machte.

Der Psychologe Wilhelm Reich beschrieb diesen Hass der Gesellschaft auf das Leben als »Christusmord«. Für Reich bestand das Herausragende des biblischen Heilsbringers nicht darin, dass dieser eine neue religiöse Botschaft verkündete, sondern dass Christus in einem leidenschaftlichen, kindlichen und instinktiven Sinn lebendig war. Und genau darum musste er, meint der Psychologe, sterben. Das Schicksal der historischen Christusfigur, schloss Reich, folgte zwangsläufig aus dem Hass, den unbedarfte Lebendigkeit bei denen hervorruft, die sie nicht zu riskieren wagen. Die Unterdrückung der eigenen und fremden Lebendigkeit war – und ist – für Reich jedes Mal eine Wiederkehr dieses ersten Christusmords.

Dessen hemmungslose Wiederholung läge auch unserer Haltung gegenüber den nackten Hähnchen der Legebatterien zugrunde, sie speiste unsere Gleichgültigkeit gegenüber dem Feuchtgebiet, das gestern noch seine wässrigen Augen zum Himmel aufschlagen durfte und heute zum Maisacker drainiert ist.

Der Tötungsreflex gegenüber einem Menschen, der versucht, lebendig zu sein, ist der gleiche wie das Misstrauen gegenüber dem Tier, der Wildnis. Er ist verwandt mit dem Bedürfnis, ein Kind zu erziehen und zu formen. Eine Zivilisation, die den Tod ausschließt, muss das Leben kontrollieren. Sie versucht zu vernichten, was lebendig ist und was seinen wachen Gefühlen, den »fünf Freiheiten« Virginia Satirs folgt, »der inneren Freiheit des animalischen Menschen, der Teil der gesetzmäßigen Freiheit der gesamten Schöpfung ist«.[107] Das Verbot dieser Freiheiten, meint Wilhelm Reich, laufe auf einen einzigen vernichtenden Imperativ hinaus: »Du darfst nicht, unter Androhung der Todesstrafe, wissen, dass Gott Liebe ist.«[108]

Der strukturelle Hass auf das Lebendige liegt unter unseren »Charakterpanzern« verborgen.[109] Er wird kontrolliert vom Regelsystem, das bestimmt, wer gut und leistungsstark ist, wer als nützlich und als liebenswert gilt. Wer cool ist und hip und dazugehört. Der Hass wird von der Macht gut versteckt. Er trifft nur den, der die Kontrolle ablehnt und versucht, die Wahrheit zu leben. Der eigentliche Akt der Bosheit gegen das Leben liegt damit nicht nur in der unbewussten Weitergabe des Schmerzes an jene anderen, über die ein Mensch in seiner Angst vor Unvollkommenheit und Sterben Herrschaft und Kontrolle ausübt. Das Schlimme ist, den Schmerz selbst nicht mehr zu fühlen. In der Verleugnung verbirgt sich die Hölle.

Wie sehr in totalitären Systemen eine Kontrolle durch Selbstverleugnung an der Tagesordnung ist, nehmen wir mit Schaudern zur Kenntnis. Wer gegen die stalinistische Wahrheit verstieß, dem konnte es geschehen, dass er morgens um vier von schweigenden Herren in einer schwarzen Limousine abgeholt und ins Gefängnis geworfen wurde. Aber das Schlimmste lag darin, dass der vermeintliche Delinquent eine reumütige Unterlassungserklärung an die Partei zu verfassen hatte, in der er Wort für Wort seiner Lebendigkeit und den »fünf Freiheiten« abschwor. Erst dann, nachdem er sich selbst verraten hatte, nachdem er sich in Todesangst zu fragen begonnen hatte, inwieweit er nicht doch an allem selbst schuld gewesen sei, wurde er erschossen.

Wer sich unserem herrschenden Effizienzsystem zu widersetzen versucht, dem droht heute ein weniger heroisches Ausscheiden. Ohne Leistungszertifikate und Protektion kann er sich schlicht nicht beteiligen. Er ist mittellos, machtlos, ausgeschlossen, ein ewiges Kind. Auch ist er für alle Übrigen zweifellos »selbst schuld« an seiner Misere. Dieser anonyme Verlierer ist überall. Wir begegnen ihm im verlorenen Federknäuel des im Winter auf einem Busch zitternden Sperlings im letzten Stück dörflichen Grüns, wir treffen ihn im indischen Kleinbauern, der an seinem Leben verzweifelt, weil er sich weigert, patentiertes Saatgut einzusetzen und wirtschaftlich nicht mehr mithalten kann – oder gerade deshalb vor dem wirtschaftlichen Ruin steht, weil er patentiertes Saatgut einsetzt und sich darüber hoffnungslos verschuldet hat.

Für eine Pädagogik des Zulassens

Der Verleugnung entgegenzutreten ist unsere wichtigste Aufgabe – und zugleich die schwerste, weil wir zuerst unsere Selbstverleugnung entlarven müssen. Der Rest geschieht dann vermutlich von allein, weil sich die Wasser des Lebens immer ihre Bahnen suchen. Eine Kultur des Lebens beginnt also damit, auszusprechen, was ist, und zu akzeptieren, was ist. Eine Kultur des Lebens beginnt folglich, wieder, bei den Kindern. Denn ihr wichtigstes Element heißt begrüßen, was ist, was von selbst zu sein verlangt.

Alice Miller formuliert eine solche Pädagogik des Zulassens. Für sie bedeutet Erziehung, nichts zu tun, außer auf den eigenen Grenzen zu bestehen und ein Beispiel dafür zu sein, wie es ist, sich *nicht* gebrauchen zu lassen. Nichts zu verleugnen wäre diese Erziehung. Was das Kind für seine Entfaltung braucht, »ist der Respekt seiner Bezugspersonen, die Toleranz für seine Gefühle, die Sensibilität für seine Bedürfnisse und Kränkungen, die Echtheit seiner Eltern, *deren eigene Freiheit – und nicht erzieherische Überlegungen – dem Kind natürliche Grenzen setzt.*«[110]

Das Kind braucht die »fünf Freiheiten« – und es braucht das unendliche Vertrauen der anderen darauf, dass es sie genießen wird. Es braucht das Zutrauen, dass es lebendig zu sein vermag. Es braucht die Freude seiner Eltern daran, dass es sei, so wie es zu sein vermag. Es braucht deren Wunsch, dass es ganz sein eigenes Leben lebe. Es braucht also nichts anderes als eine ökologische Kultur der Liebe.

Teil 3

Wir

*»So wie die Schöpfung von Kunst
eine Liebesbeziehung zur Welt herstellt,
können wir im Erschaffen von Kultur und Gesellschaft
eine liebende Meisterschaft der Widersprüche
von Selbst und Nicht-Selbst entfalten.«*
Paul Shepard[111]

8 Das Denken des südlichen Mittags

»Es ist stets möglich, den Furor der Liebe durch die Kunst zu beherrschen.«
Albert Camus, L'homme révolté[112]

Abends in meinem italienischen Dorf gehe ich durch eine Nacht, deren Luft so weich ist, dass meine Füße keine Laute auf dem Boden zu verursachen scheinen. Jede Oberfläche gerundet, abgemildert in Zärtlichkeit. Es ist Ende April. Der Mond steht voll und weiß, die Berge sind fahlblau sichtbar, eine Umkehrwelt in der Farbe der alten Männer (blaue Anzüge, blaue Hemden, blaue Pullunder). Die Nachtigall singt unten am Fluss, eine andere antwortet ihr ein Stück weiter. Das Tal bis zu den Bergen von Carrodano, hinter denen das Meer liegt, füllt sich mit Klang und Volumen wie mit einem Feststoff.

Die ganze helle blaue Nacht verwandelt sich zu Stimme. Eine Nachtigall hier, eine in der Ferne, eine noch ein Stück weiter. Das ganze Tal ist eine rollende Welle von flötenden Kaskaden und Crescendo-Stufen. Die Erde liegt still und weich unter dem Mond und dem blauen Bau der Nacht. Ich stelle mir vor, dass die Erde so aus dem All wahrnehmbar ist, als ein Teppich von Klang, als ein blauer Ozean von Nachtigallenstimmen, die eine hinter der anderen abrollen bis an den Rand des Meeres. Ich könnte von Nachtigall zu Nachtigall fliegen und käme nach einer Nacht in meinem Garten in Berlin an. Sie sind das klingende Gewand der nachtblauen Erde.

Die Landschaft hat eine Reife gewonnen, ohne dass ich dabei gewesen bin, hat sich mit Leben und Gegenwart gefüllt. Alle

Minuten wachsen die Halme länger, die Orchideen verschwinden unter dem Gras. Ich begegne beim Gang mit dem Hund einer dicken Erdkröte: der größten, die ich je gesehen habe. Ich muss sie mit beiden Händen tragen. Der Hund hat sie aufgestöbert, sie saß auf dem harten Teer der kleinen Straße, die sich zum Friedhof hinaufzieht, zwischen dem Betriebshof der Müllabfuhr und der Schmiede. Ich nehme die Kröte in die Hand; ihre großen Hinterbeine hängen herab, der mit Laich prall gefüllte Bauch quillt über meine Handkanten. Zu welchem Gewässer mag sie unterwegs sein? Ich habe hier bisher nur schnell fließende Bäche gesehen, außer den Pfützen bei der Bio-Kooperative. Ich kann mir kaum vorstellen, dass sie dahin will.

Ich trage den Lurch bis zum Parkplatz der Müllautos. Dahinter geht es steil hinab, irgendjemand hat frischen Schutt abgekippt. Die Haut des Tieres liegt kalt und trocken auf meiner Hand. Ich stelle mir vor, wie die Kröte mit dem dicken, von Eischnüren geschwellten Bauch über den Schutt kriecht und dann zum Bach hinabstürzt. Also wieder zurück. Ich gehe bis fast zum Fundort, dann kehre ich doch wieder um. Vielleicht gibt es auf der anderen Seite der Straße, flussaufwärts hinter der Brücke, eine Stelle, wo das Tier zum Wasser hinab kommt? Aber will sie überhaupt an diesen Bach? Eigentlich ist das kein Laichgewässer für Kröten. Aber wenn nicht, wie konnte dieses Tier hier überhaupt selbst groß werden?

Der Hund springt immer wieder an meiner Hand hoch und schnüffelt an dem dicken Lurch. Bestimmt eine Viertelstunde gehe ich hin und her. Am Ende gebe ich auf. Ich beschließe, das Tier wieder dorthin zu setzen, wo ich es gefunden habe. Die Kröte wird am besten wissen, wohin sie gehen muss. Ein Geländewagen mit aufgeblendeten Scheinwerfern beschleunigt röhrend an mir vorbei. Das Tier in meiner Hand rudert schwach mit seinen langen Paddelfüßen. Wenigstens hat dieses Auto die Kröte nicht zu blutigem Brei zermalmt. Am Fundort angekommen, entdecke ich noch eine Artgenossin, vielleicht nur halb so groß. Sie ist straßenabwärts orientiert. Ich setze mein Tier dazu. Kurz springt die kleine Kröte die große an, dann lösen sie sich wieder voneinander. Der Hund schnüffelt noch einmal.

Am nächsten Tag ist auf der Straße nichts zu sehen, keine blutige Spur eines Unfalls. Irgendwie haben es die beiden Wesen, von Steinen und Teer umgeben, offenbar an den richtigen Ort geschafft. Was leitet einen solchen Lurch in seiner Froschperspektive zwischen Asphalt und hohen Mauern, seinen Weg mit schlafwandlerischer Sicherheit zu finden? Solange ich die Kröte auf der Hand getragen hatte, erfüllte mich ein Gefühl von Zuversicht. Meine Haut schmiegte sich an ihre raue Oberfläche, wie bei einem tastenden Austausch von Zärtlichkeiten. Und Dankbarkeit für so viel Vertrauen durchströmte mich.

Als ich an jenem Abend nach meinem ziellosen Rettungsversuch zurückging, nahm ich die Stille wahr. Duft aus namenlosen Blüten süßte die Luft. Ich hörte die Eulen rufen. Ihre Stimmen schienen aus allen Richtungen zu kommen. Es waren drei Tiere, eins nahebei im gegenüberliegenden Hang, eins weiter entfernt bei der Cento-Croci-Pass-Straße, eins in den Bergen über mir, hinter dem Friedhof. Still erhob sich das Gras im Dunkeln, aufgeschossene Halme mit kleinen Blüten darin. Plötzlich begriff ich, dass die Pflanzen auch nachts nicht aufhören zu wachsen, dass sie nicht schlafen, sondern stets weiter voranstreben wie ein Schiff, das den schwarzen Ozean durchpflügt, während alle bis auf die Brückenbesatzung schlafen.

Mir schien die Wiese auf einmal voll von einzelnen Charakteren zu stehen. Jeder Halm, jeder Kelch ein Selbst. Mir schien die Erde aufgelöst in unzählige empfindende Individuen, jedes ein solches Subjekt, vibrierend vor Erleben und Gefühl. Und alle hatten sie, wie ich, nur ihre begrenzte Zeit, nur ihren eng umrissenen Raum beschränkter Möglichkeiten. Es gab ein paar Optionen, und mit vielem anderen musste man sich abfinden. Ja, im Falle der Wiese galt sogar: Das Gras musste gegrast (oder gemäht) werden, damit überhaupt die Wiese eine Wiese bleiben konnte. Schnitte niemand die Halme, so würden nach wenigen Jahren die ersten Büsche auftreiben, dann würden Bäume folgen, und der undurchdringliche ligurische Wald mit seinen Weißdorn- und Kirschdickichten und festen Eichen würde den Hang an sich reißen.

Eine Wiese muss demnach verletzt werden, um sie selbst sein zu können. Aber sie darf dabei auch nicht zerstört werden. Es gibt einen schmalen Grat, wo sich die notwendige und die gerade noch erträgliche Entfremdung treffen. Und diese schmale Zone ist der Bereich, in dem alle Teilnehmer der Wiese, die Halme, die Grillen, die Glühwürmchen, der Salbei, die Orchideen und die Eidechsen, wirklich sind. Im Samt der ersten frühen Sommernacht wandelte auch ich auf diesem schmalen Grat. Und er wurde, weil ich von allem berührt wurde, auch meine Wirklichkeit. Ich begriff, dass all diese Wesen nur darum in der Fülle leben konnten, weil sie nicht nur auf ihrer jeweiligen Einzigartigkeit beharrten, sondern sich zugleich unter Schmerzen verausgabten und sich so als ein gemeinsames Ganzes immer wieder erneuerten. Nur darum konnten sie auch mich im Glück lebendig machen.

Mir wurde klar, dass all diese Schönheit keinesfalls allein das Ergebnis eines Überlebenskampfes war. Sie zeigte keinen Sieg, aber auch keine Unterwerfung. Was hier geschah, hatte mit diesen vordergründigen Kategorien wenig zu tun. Die Schönheit war ein Tun, eine Praxis. Sie entstand in einer Schicht der Wirklichkeit, in der es keinen Sinn machte, von Sieg oder Niederlage, von großartiger Leistung oder Ungenügen zu sprechen. Was ich sah, was mich aufsaugte, war so etwas wie ein gigantischer Kompromiss. Die darin enthaltene Übereinkunft erbebte mit jedem Windhauch und brachte sich danach erneut in ein Gleichgewicht. Das momentane Ergebnis dieses Gelingens bot sich zum Genuss an. Es harrte erwartungsvoll darauf, bis in die letzte Faser ausgekostet zu werden – auch von mir.

Ihre Schönheit war ein Mittelweg. Dieser bestand offenkundig nicht in der langweiligen und leblosen Entfernung aller Differenzen. Zu sehr vibrierte die dunkle See der Halme in der ungeduldigen Nachtluft. Im Gegenteil. Der Kompromiss der Wiese war eine Geste höchster Spannung zwischen Übermaß und Verschwinden. Sie band die zwei Prinzipien der Wirklichkeit, den Tod und das Ganze, die Allesverbundenheit und das individuelle Schicksal, so zusammen, dass beide ganz deutlich wurden und keines dominierte. Die Wiese lebte die poetische Lösung für das Problem, wie sich die offene Wunde der existenziellen Gegensätze schließen ließe. Sie hielt beide in ihrem ganzen Potenzial offen und ließ sich von keinem korrumpieren. Ihr leichtes Pulsieren unter dem Nachtgewölbe war die Wunde, die sich andauernd schloss – und an anderer Stelle neu geschlagen wurde.

Die Wiese ist der Existenzzustand, der beiden, dem Nichts und der Fülle, gestattete, einander beständig zu verwandeln.

Weder Opfer noch Henker: Ökologische Lebenskunst

»Menschen sind Gras«: Die Wiese ist wie wir, weil sie einen Inbegriff von Beziehung bildet. Sie besteht aus Dutzenden oder sogar Hunderten von Arten, und sie besteht aus dem, was diese Arten miteinander anstellen. Zu ihren Teilnehmern gehören Würmer, Milben und andere Wirbellose im Boden, diverse Spezies von Süßgräsern, Lungenkräuter, Orchideen; Schlüsselblumen, Mieren, wilde Möhren und Flockenblumen gehören ebenso mit dazu wie Ameisen, Käfer, Fliegen, Bienen, Blattläuse, Heuschrecken, Bläulinge, Schwalbenschwänze, Wühlmäuse, Grünspechte und Menschen. Sie alle können nur auf der Wiese so existieren, wie es ihrer Art entspricht und sich so verhalten, wie es sie innerlich drängt. Zugleich aber werden hier den Wesen, aus deren Körpern die Wiese besteht, von all den anderen Beteiligten äußerst enge Grenzen gesetzt.

Die »Prinzipien der Wirklichkeit« halten Hell und Dunkel in der Waage. Unser Problem besteht darin, zu oft die Rettung auf einer Seite zu suchen und die andere abzulehnen oder gar abzutöten. Wenn eine Praxis des Bezogenseins in der schöpferischen Verwandlung der für diese Verwandlung notwendigen Gegensätze besteht, müssen beide in ihr gleichmäßig vorhanden bleiben. Erst dann können sie einander steigern und die Wirklichkeit in größerer Intensität zur Sprache kommen lassen.

Die Frage, wie sich das eine durch das andere verwandelt, wird so zu einer Frage des Maßes. Wie sollen wir zugleich vereinzelt und bezogen sein? Die unentbehrlichen Zutaten schmecken allein nicht alle gut – sind aber in einer bestimmten Kombination unerlässlich, damit eine genießbare, ja, eine erregend köstliche Speise entsteht. Das richtige Maß der Gegensätze ist dann gefunden, wenn ihr Widerspruch in einem neuen Durchbruch von Welt zu einer schöpferischen Fantasie wird, der man den Charakter einer Lösung nicht mehr ansieht, sondern die selbst wieder eine schöne Komplikation wird. Das richtige Maß lässt sich also gerade nicht ausmessen. Allein an dem Funken, durch den es mit Lebendigkeit ansteckt, ist es zu erkennen.

Es geht also um das rechte Maß.

Die Wiese gibt ihre Antwort. Und darum sind wir in einer Sommernacht wie dieser ganz hingerissen. Aber für das eigene Leben müssen wir *unsere* Antwort finden.

Der Begriff des Maßes ist durchaus nicht neu. Er war Bestandteil antiker Vorstellungen – zu Zeiten, in denen Philosophie weniger als eine Analyse des Denkens galt, sondern noch mehr eine Lebenskunst war. Und das ist ja auch unser Anliegen hier: Die erotische Ökologie strebt ein Denken an, das uns nicht als außerhalb der Welt stehende Analysemaschinen auffasst, sondern als Wesen, die beständig im materiellen Austausch stehen und diesen Austausch zum eigenen Wohl und zu dem des umgebenden Beziehungsnetzes andauernd neu gestalten.

Wissenschaft, die sich damit befasst, wird so automatisch zu einer *Praxis des Wissens*. Und ökologisches Wissen erweitert sich zu einer *ökologischen Lebenskunst*. Die erotische Ökologie wäre eine Lebenskunst der Existenz durch den anderen, der uns körperlich und als Sinnhorizont berührt. Lebenskunst ist die Kunst, lebendig zu sein – und das Leben ein künstlerischer Prozess. Der Horizont dieser Kunst ist in den Worten des französischen Philosophen Michel Onfray »eine Praxis des Lebens, die Ja zum Leben sagt (und Ja zu allen in ihm enthaltenen Widersprüchen), aber Nein zu dem, was dieses zerstört«.

Die Idee des rechten Maßes und die Idee einer Praxis sind verschwistert. Denn das Maß legt immer Handeln zugrunde. Es lässt sich nicht im Voraus bestimmen. Dann wäre es eben nicht mehr Maßhalten, sondern das Durchsetzen von Prinzipien. Diese Haltung dominiert freilich die klassischen Lehren vom richtigen Handeln – moralische Gesetze etwa wie der »kategorische Imperativ« des preußischen Philosophen Immanuel Kant. Diese sind selten Lehren der Lebenskunst, vielmehr Pflichtkataloge, bei denen es auf die guten Vorsätze ankommt, aber nicht auf das Ergebnis. Maßhalten heißt freilich, nicht ein Prinzip zur Richtschnur zu machen, sondern die größtmögliche Lebendigkeit. Das ist auch etwas anderes als das »größte Wohl aller« des sogenannten Utilitarismus. Eine Praxis der Lebenskunst muss in der Lage sein, die Tragik der Existenz zu ihrem zentralen Bestandteil zu machen, ohne sich zum Richter über zerstörerische Elemente aufzuschwingen. Sie kommt daher nicht ohne die Poesie der sinnlichen Berührung in Glück oder Pein aus.

Der bedeutendste europäische Denker, der versucht hat, ein solches Denken des Maßes zu entwickeln, war Albert Camus. In seiner Vorstellung ist das Tragische aller Schöpfung im Leuchten der beständigen Geburt aufgehoben, ohne dass es zu reparieren sei. Camus war freilich kein explizit ökologischer Denker. Als er

1960 bei einem Autounfall starb, begann die Umweltkatastrophe erst langsam ins Bewusstsein zu sickern. Im Bewusstsein des Franzosen bestand das schwerste Dilemma der Zivilisation darin, dass politische Strömungen bestialische Gewalt gegenüber Menschen mit Versprechungen künftigen Heils rechtfertigten. Seitdem hat das Heilsversprechen der Ökonomie, das mit dem Tod der Natur erkauft wird, diesen Zusammenhang zu einer metaphysischen Katastrophe ausgeweitet.

Camus ergreift in diesem Konflikt nicht Partei. Er ist weder rechts noch links, heute könnte man sagen, weder libertär noch öko. Für Camus stand angesichts dieser Auswahl die tiefer liegende Frage im Vordergrund: Wie gelingt es uns, »weder Opfer noch Henker« zu sein? Am Beginn des 21. Jahrhunderts ist das die zentrale Frage der politischen Ökologie – für das Weiterleben auf diesem Planeten wichtiger als jede andere.

Camus versucht sie auf eine Weise zu lösen, die seine Zeitgenossen nicht verstehen. Er stellt sich dieser Frage, indem er der Wirklichkeit einen anderen Status zuspricht. Für Camus ist sie nicht mehr das Unvollkommene, das wir Menschen mittels Utopien und Technik ändern müssen. Vielmehr ist sie das Unvollkommene, das uns durch diese Unvollkommenheit zum Mitwirkenden einer glücklichen Schöpfung macht. Darum ist Camus eine Schlüsselfigur für ein künftiges globales Denken einer Kultur des Lebens.

Camus berief sich für die Idee des Maßes auf die antike Göttin Nemesis, die allen rechthaberischen Überschwang bestrafte.[113] Nemesis manifestiert sich heute in den sengenden Hitzestürmen über den australischen Great Plains, im abwesenden Blick der Kinder, wenn sie die Augen kurz von einem kleinen Touchscreen heben. Sie ist die Göttin, die nicht die Innovation verachtet, aber jede Ausschließlichkeit und alles Sendungsbewusstsein rächen wird.

Für Camus beginnt alle politische Philosophie damit, sich der eigenen Lebendigkeit innezuwerden. Diese Lebendigkeit ist bereits die alltägliche Integration des Unvereinbaren, und zugleich das Gegenteil jeder Utopie, nämlich die ganze Wirklichkeit. Als Körper, der die Materie, die durch ihn hindurchfließt, zu einer zugleich unveränderten und flüssigen Identität bündelt, sind wir Lebewesen der Inbegriff des Maßes: Wir *sind Maß*, nämliche lebende Formen, die in einem definierten Grenzbereich von zuträglich und zerstörerisch existieren können, in einem Raum gemäßigter Energiezufuhr und begrenzter Verausgabung.

Maßhalten heißt für Camus einzusehen, dass sich die Tugend nie von der Wirklichkeit lösen kann, ohne selbst zu einem Prinzip des Bösen zu werden.[114] Unbedingt alles Schlechte vermeiden zu wollen, wird selbst wieder zu etwas Schlechtem. Nicht alles Schlechte zu vermeiden beinhaltet allerdings, Schlechtes zuzulassen. Dieses Dilemma durch abstraktes Denken oder das Aufstellen politischer Prinzipien aufzulösen – oder besser: zu besänftigen – ist nicht möglich. Es gelingt allein in einem Akt körperlicher Imagination – nur durch Verwandlung, und damit durch das Element der Poesie. Maßhalten heißt, in der ökologischen Dimension der ligurischen Wiese ausgedrückt, Geburt und Scheitern in ein Ganzes zu integrieren, das beides enthält, aber daraus etwas über beides Hinausreichendes macht. Das richtige Maß ist also ein Akt der Lebendigkeit, ein imaginativer Akt, kein Akt der Bürokratie. Das rechte Maß ist ein Akt der Verwandlung. Und Verwandlung ist Imagination.

Die Stimme dieser Imagination ist freilich nicht abstrakt. An ihr kann man nur teilnehmen. Ein Kompromiss klingt auf dem Papier steril – aber eine Gemeinschaft, etwa eine Familie oder ein Dorf, kann etwas mit Leben erfüllen, sodass seine Lebendigkeit von innen herauskommend ansteckt. Es gibt die Poesie des teilnehmenden Mitfühlens. Ja, es gibt überhaupt nur sie. Auch die Poesie ist auf das Maß angewiesen – kein Kunstwerk ohne Form, kein Gedicht ohne die Regeln der Sprache und des Versmaßes, keine Musik ohne die feststehenden Beziehungen innerhalb der Tonalität, keine bildende Kunst ohne die jeweils untereinander vorhandenen Beziehungen der Volumina, der grafischen Formen und der Wellenlängen des Lichts. Und zugleich macht sie mit ihrem Gehalt, mit der Geste einer schöpferischen, mit Leben ansteckenden und durch ihre Rätselhaftigkeit inspirierenden Lebendigkeit jedes Messen obsolet.

Maßhalten heißt, die Unvollkommenheit der Schöpfung nicht durch schlechtere, aber vorgeblich von Irrtümern sauber befreite Kopien zu ersetzen. Diese Unvollkommenheit der Schöpfung auszuhalten heißt selbst bereits, der Göttin Nemesis zu folgen. Die allem Schöpferischen intrinsischen Fehler lassen sich nur tragen, indem man selbst auf sie antwortet – und schöpferisch ist. Damit werden die Erfahrungen körperlicher Gegenwart zum stärksten Argument dafür, dass diese Welt in all ihrer bitteren Unvollkommenheit Ausdruck von etwas ist, das sich nicht verbessern lässt. »Es gibt möglicherweise eine lebendige Transzendenz«, schreibt Camus, »von der alle Schönheit kündet, die uns dazu bringt, diese begrenzte und sterbliche Welt jeder anderen vorzuziehen.«[115]

Camus rührt in seinen Überlegungen an die Prinzipien des Lebens: Wie ist eine Integration der Widersprüche denkbar, ohne sie gewaltsam aufzulösen? Wie lassen sich die Gegensätze offen halten und in eine kreative Spannung bringen, die nicht einen von ihnen verschlingt? »Die Welt ist nichts Feststehendes«, beobachtet Camus. »Und sie ist nicht allein Bewegung. Sie ist Feststehendes in Bewegung.«[116] Und darum besteht Wirklichkeit stets in einer schmerzlichen Spannung, deren nächstes Ausfedern sich nie kontrollieren lässt. Ihr Potenzial lässt sich allein durch einen neuen schöpferischen Akt verwandeln, so wie die Wiese den regelmäßigen Schnitt in die blütenreiche Vielfalt der Arten verwandelt, die sich in ihr umeinander winden. Den Denker Friedrich Nietzsche zitierend, fordert Camus entsprechend als zentrale Voraussetzung des Maßes: »Anstelle des Richters, und des Unterdrückers, brauchen wir den Schöpfer.«[117]

Das Maß, das die Pole in der Schwebe hält, ist nur denkbar als Verwandlung des einen durch das andere. Und solch eine Verwandlung ist ein genuin schöpferischer Akt – auch dies, wie die Geste der nächtlichen Halme in den ligurischen Bergen, eine poetische Lösung. Sie ist poetisch, nicht weil sie sich mit einer ästhetischen Haltung begnügt, mit der Position des Flaneurs, der beobachtet und kommentiert, sich jedoch nicht einmischt. Nein, sie ist poetisch, weil sie genuin einen schöpferischen Akt verlangt und weil jeder schöpferische Akt nicht das Bestehende verlängert, sondern Neues erschafft, weil er die Misere durch einen kreativen Blitz zu verwandeln vermag, ohne sie abzuschaffen. So wie die Zelle den dauernden Mangel, den sie durch den fehlenden Stoff, die gesuchte Nahrung erleidet, in die komplexe Erfahrung einer Welt verwandelt.

Die Liebe in der heutigen Form, als konsumierbare Sehnsuchtsdestination und hedonistisches Anästhetikum, ist die stärkste Gegenspielerin dieser Idee des Maßes, und darum auch die stärkste Gegenspielerin der Poesie und des Schöpferischen. Die heute vielfach gepflegte Praxis der Liebe ist das Maßlose – in unserer unermesslichen Unzufriedenheit, wenn eine »Beziehung« nicht alles bietet, wenn ein Mensch uns nicht rettet, wenn ein neuer Körper nach der ersten Nacht die Widerhaken persönlicher Idiosynkrasien zu zeigen beginnt. Ironischerweise ist gerade die Liebe der Bereich, wo Camus selbst maßlos war – ekstatisch in der Intensität seiner Beziehungen, von denen er eigentlich immer mehrere gleichzeitig führte – und unglücklich. Camus selbst scheiterte daran, dass Lieben gerade nicht aus dem Verschlingen beziehungsweise Verschlungenwerden besteht, sondern die Praxis des Maßhaltens ist.

Theoretisch erkannte Camus wie Ernest Becker in der Liebe den Versuch, ein absurdes Schicksal ungeschehen zu machen, in dem alles Gelingen immer mit dem Sterben gekontert wird. Das zeigt er in seiner epochalen Studie »Der Mensch in der Revolte«. Das Buch erschien 1951 in einem für die darin steckende

Poetik des Körpers mit ihren existenziellen Paradoxien gänzlich unreifen Frankreich und Europa. Camus vollzieht hier nach, wie aus unserer Unzufriedenheit mit realen Beziehungen immer wieder Erlösungssysteme entstanden – bis hin zum Drang, die zwischenmenschliche Beziehung selbst einem Erlösungsideal zu unterwerfen. Camus sieht in der Vergöttlichung der Liebe eine Form der maßlosen Auflehnung gegen die Wirklichkeit. Wie jeder menschliche Widerstand gegen die Grundbedingungen der Wirklichkeit muss solch eine Apotheose der Liebe scheitern und letztlich in genau das umschlagen, was sie zu überwinden sucht. »In jeder Revolte findet sich die metaphysische Forderung nach Einheit, die Unmöglichkeit, sich ihrer zu bemächtigen, und die Erfindung eines künstlichen Universums, um das Unauffindbare zu ersetzen.«[118]

Das Scheitern dieser Liebe erleben die Menschen derzeit vielfach im Privaten – aber wir erfahren es auch am Untergang der Natur, die wir der Forderung nach Verschmelzung ebenfalls unterwerfen, indem wir sie zu einem Teil unseres Werkzeugbaukastens erklären. Aber lieben und zu wissen, dass diese Liebe keine Rettung ist, sondern ein Beitrag zur Lebendigkeit, wenn sie Liebe sein soll – das ist eine bittere Lektion, ein Kreuzweg. Ohne die Natur, in der wir immer schon geliebt sind und so ins rechte Maß gestellt, lässt sich dieser Weg nicht bis zum Ende verfolgen. Ohne die Natur müssen wir an dem Maß, das wir uns nicht selbst zu geben vermögen, Schiffbruch erleiden.

Das Denken des südlichen Mittags

Camus hat seiner Vision eines »mittleren Weges« einen anschaulichen Namen gegeben. Dieser zeigt, wie sehr eine solche Haltung auf den Sinn angewiesen bleibt, den die eigene sinnliche Existenz in der Gemeinsamkeit mit anderen Körpern auf einer belebten Welt spendet. Camus hat seine politische Ökologie gegen jede Abstraktion entworfen, die den Körper und seine widersprüchlichen Bedürfnisse verachtet und die glaubt, die Realität des Schmerzes, aber auch die der Ekstase, jeweils aus der Welt schaffen zu können. »La pensée de Midi«, das »Denken des südlichen Mittags«, nannte Camus seine Idee.[119] »Midi« heißt auf französisch sowohl Mittag als auch Mittelmeerregion. Das Mittelmeer, die algerische Küste im mediterranen Süden, ist die Heimat des Philosophen. »Midi«, der südliche Mittag: Das Wort ruft die knisternde Stille unter einem gleißenden Himmel wach, das fast erstorbene Schrillen der Zikaden – in jenem Moment, in dem die Welt in einem vorübergehenden Gleichgewicht fast zum Stillstand gekommen scheint.

Camus' »La pensée de Midi« erinnert an das ein paar Jahrzehnte vorher entstandene Gedicht »Mittäglich ruhen« des italienischen Literaturnobelpreisträgers Eugenio Montale. Es ist dem ligurischen Mittag gewidmet, der in seiner sengenden Stummheit aus Licht und Duft den Rausch des Lebens mit dessen Verletztheit vermischt. Montale beginnt mit einer Schilderung des knisternden Lebens, wie es sich am hellen Mittag auf meiner Vareser Bergwiese entlang der uralten Friedhofsmauer zeigen könnte, wenn er schreibt:

»*Mittäglich ruhen, blass, in dich gekehrt,*
an einer Mauer, die von Glut verzehrt,
lauschen, wie zwischen Pflaumbaum und Gatter
die Amsel schnalzt, raschelt die Natter.«

Montale endet schließlich mit der Akzeptanz der Grenze:

»*Und dann durch die blendende Sonne ziehn*
und fühlen mit überraschter Trauer,
wie all dieses Leben und sein Bemühn
ein Wandern ist entlang der Mauer,
auf der die spitzen Scherben glühn.«[120]

Montales Gedicht illustriert nicht nur das Problem der Existenz, sondern beinhaltet auch eine Entgegnung darauf. Es ist Antwort wie das Schnalzen der Amseln, die Pflaumenbäume, das Rascheln der Reptilienschuppen im dürren Gras; und zugleich auch eine Erwiderung auf solche Antworten, welche die anderen Wesen schon mit ihren Körpern gegeben haben. Es ist als Antwort Utopie – kein Erleiden, aber ein Akzeptieren. Es ist »La pensée de Midi«, weil es das Leiden benennt und trotzdem mit Schönheit ansteckt; weil es Chronik ist und den Hitzefunken in die Herzen trägt, für die Gegenwart einer Landschaft wie der hier beschriebenen zu kämpfen; weil sie eine Manifestation von Seele ist, die uns alle gemeinsam erfüllt.

Das »Denken des südlichen Mittags« ist dem Leben verschrieben, und darin all dessen Schmerzen, aber auch all seinem schöpferischen Potenzial. Es ist kein Buchwissen, sondern eine Praxis des Wissens, der die fühlende, verletzliche Welt am Herzen liegt. Das Denken der Welt wird hier zu ihrem leidenden, aber auch kämpferischen Mitvollzug. Das Denken über die Welt, die ich immer selbst bin, als Lebewesen in all meinem Gefühl, wird zu einem Handeln, das diese Welt zu schützen versucht und dabei Risiken eingeht. Das abstrakte Denken verwandelt sich in eine Praxis, in eine Praxis der Liebe zur Welt. So sagt Camus: »Das wirkliche Leben ist im Herz der Zerrissenheit gegenwärtig. Es ist diese Zerrissenheit selbst – die zermürbende Unnachgiebigkeit des Maßes.«[121] Für den Philosophen Camus ist somit der Begriffsgehalt erst eingelöst, wenn seine gelebte Erfahrung, wenn die Weisheit der Haut dafür einzustehen vermag. Das ist seine schlichte Art, Parteinahme zu vermeiden. Im berührbaren Körper können wir das Leiden nicht verheimlichen, die Qual nicht verbrämen. Der eigene Körper, sein Zucken, die sich leise sträubenden Haare, bezeugen die Anwesenheit des anderen, der somit real wird und keine statistische Größe mehr darstellt. Die Autorin Iris Radisch sieht die Grazie dieser Freimütigkeit des Fleisches in aller Schärfe: »Es ist ein szenisches Denken, bezeugt von Lebensgefühl und Erfahrung, und seine Mittel sind plastisch – Bilder, Figuren und Konstellation anstatt von Logik und Systemphilosophie [...], alles, was er nicht aufgrund eigener Erfahrung selbst zu Ende gedacht hat, verkommt ihm zur Ideologie.«[122] Die Wahrnehmung der Wirklichkeit aus der Zeugenschaft der eigenen Lebendigkeit liefert uns ein Maß für das Leben.

Dieses Denken erweist sich heute, in der Zeit der galoppierenden Naturkrise, des Klimawandels, der Globalisierung, der weltweit immer weiter klaffenden gesellschaftlichen Schere zwischen Überfluss und alltäglicher Düsternis, als aktueller denn je. Solidarität, das Mitfühlen des Schmerzes, ist heute nicht länger als eine Praxis in der politischen Klasse Europas gefordert, sondern als eine Praxis der eigenen Existenz in Fleisch und Blut – als eine Praxis, in einer Biosphäre lebendig zu sein, deren Lebendigkeit auf allen Ebenen, der theoretischen Wissenschaft, dem menschlichen Selbstverständnis, und unserem Handeln, abgeschafft wird.

Ein Ausweg aus der Misere wird sich nicht finden, indem wir sie (wie in der Nachhaltigkeitsszene, aber auch in der Umweltpolitik, noch allenthalben üblich) zu *lösen* versuchen. Sondern nur, indem wir begreifen, dass die Misere selbst nicht zum Verschwinden gebracht werden kann, sondern ausgehalten und verwandelt werden muss. Édouard Glissant, französischer Dichter karibischer Herkunft, nannte eine solche Haltung das »Denken des Bebens«. Glissant ist somit ein Erbe von Camus und dessen sinnlicher Bewältigung jener Paradoxien, die er in die französische Philosophie eingeführt hat. Der Denker des Bebens akzeptiert den Bruch, wird aber darüber nicht zum Zyniker, sondern zum Schöpfer. Das Denken des Bebens ist insofern auch das mütterliche Denken – ein Denken, das nicht nivelliert, sondern tröstet, indem es erfindet.

Maßhalten heißt schöpfen. Das »Maß« ist ein künstlerischer Begriff. Es beschreibt eine kreative Spannung mit zukünftigem

Potenzial. Das Maß ist ein passageres Gleichgewicht in einer Dynamik, die mehr Leben imaginiert und diesem Leben zuliebe handelt. Das Maß zielt auf ein ökologisches Gedeihen, das die Bedürfnisse aller Beteiligten miteinander zu vermitteln versucht, ohne sich der Illusion hinzugeben, eine totale, schattenfreie *Win-win*-Situation sei erzielbar. Und darum gehört zum Maß das Aushalten des Dilemmas in Stil, Würde und Poesie. Sich im Maß zu halten ist gleichbedeutend mit totaler Aufmerksamkeit ohne jeden Versuch der Kontrolle.

Mystiker wie Richard Rohr bezeichnen eine solche Haltung als »nichtpolares Denken«[123]: ein Denken, das nicht zu helfen versucht, indem es Gegensätze ausschaltet, sondern indem es aus ihnen mehr Wirklichkeit gewinnt. Dieser Weg führt von der Erkenntnis der Welt hin zur Praxis, ihre Lebendigkeit zu erhöhen und zu schützen. Es birgt wie ein Ökosystem die Gleichzeitigkeit von Hell und Dunkel ohne jede Zensur. »Practicing Heaven Now«, den Himmel jetzt zu leben, nennt das Richard Rohr. Der Himmel jetzt – das ist nicht ein Nirwana, von dem Politiker, Esoteriker und Technokraten gleichermaßen immer wieder fantasieren. Das ist die Wirklichkeit in ihrer ganzen schönen Komplikation.

Muster der Lebendigkeit

Der britische Architekt und Schriftsteller Christopher Alexander meint, alle ästhetische Schönheit sei in Wahrheit nichts anderes als das: unterschiedliche Lösungen, die unvermeidliche Spannung des Lebendigen miteinander in ein dynamisches Gleichgewicht zu bringen. Alexander skizziert eine Matrix von Gesten des Lebens, die jeweils künstlerische Ursymbole darstellen und zugleich eine Vermittlung zwischen dem Ganzen und dem vereinzelten Individuum bilden. Ein Punkt in einer Ecke, eine Spirale, der Übergang von Hell und Dunkel – all das sind

Möglichkeiten, Zentren zu schaffen, indem aus einer grundsätzlichen Polarität eine Trennung hergestellt wird.[124] Jede Trennung ist ein Übergang zwischen zwei in der Tiefe miteinander verbundenen Polen. Die Schnecke einer Weichtierschale, die Verästelung eines Baums – das sind jeweils Weisen der Vermittlung zwischen Sein und Nichtsein, Licht und Schatten, in denen sich die Möglichkeit künftigen Wachstums niederschlägt. Sie sind organisiert und offen zugleich. Sie sind Heimat und Potenzial in cincm.

Denkbar wäre, dass wir Menschen (aber auch andere Lebewesen) solche Gesten instinktiv als das erkennen, was auch uns ausmacht und was symbolisch jene unbewussten Rhythmen von An- und Abschwellen, von Zerfall und Aufbau kennzeichnet, die unseren biologischen Körper am Leben halten. In jeder von Alexanders Grundgesten sind, das ist das Bemerkenswerte daran, beide denkbaren Pole der Wirklichkeit enthalten: etwa hell und dunkel, die totale Fläche und der einzelne Punkt, aber so, dass sie in einem Gleichgewicht erscheinen, in dem das eine das jeweils andere gewissermaßen kommentiert, aus der Reserve lockt, mit anderen Worten eine Imagination – keine Spiegelung, sondern eine Transformation – seines Gegensatzes hervorbringt.

Selbst historisch kann man diese Spannung erkennen. Vom Urknall bis zur erneuten Kontraktion des Universums in ein paar Milliarden Jahren ist die Welt (historisch und räumlich, zwei Facetten des Gleichen) ein Gradient zwischen der totalen Vereinzelung und dem totalen Ganzen. Jeder Akt, historisch, räumlich, existenziell, ist eine *Zukunft versprechende Balance* zwischen diesen beiden Polen. Das ganze Lebensphänomen lässt sich dann verstehen als ein Phänomen (ein Wirbel, eine Farbschlaufe, ein Strudel) zwischen diesen beiden Polen (dem Urknall und dem Wärmetod) eine Balance herzustellen, einen regelmäßigen Ausgleich, in dem das Sein durch das Nichts transformiert wird und das Nichts durch das Sein.[125]

Beide müssen in den Formen dieses Ausgleichs so enthalten sein, dass nicht eins das andere verschlingt, müssen eine kreative Spannung ergeben, die immer einen Ausgangspunkt für eine neue schöpferische Vermittlung der zwei polaren Gegensätze bildet (»latente Zentren« in der Begrifflichkeit von Christopher Alexander). Die Formen, in denen Natur sich ausdrückt, bilden so einen quasi unendlich in Raum und Zeit aufgefächerten Wasserfall sinnvoller, das heißt irgendwie mit dem Leben verbundener Formen. Raum und Zeit selbst wären dann Aspekte dieser Auffächerung, dieser kreativen Spannung.

Folgt man Alexander in diesem Sinn, ist das Schöne das Lebendige – das Lebendige aber das, was zwischen unvereinbaren Widersprüchen eingespannt ist und einen Ausgleich für sie sucht, eine Spannung, in der sich die Gegensätze aufrechterhalten und miteinander koexistieren können, ohne aufgelöst zu werden und ohne dass eines das andere verschlingt.

Metaphysik im Modus des Verlusts

Schal bleibt alles, was eine Lösung durch das »Ins-Reine-Kommen« nach einer Seite der Widersprüchlichkeit hin verspricht. Jede Art von Verherrlichung eines Heroismus, die verschweigt, dass der Held vor allem anderen zuerst für den eigenen Tod bereit sein muss, verlängert nur den Sirenengesang, es könnte doch einen Ausweg geben (inklusive Ruhmesdekoration), dem unsere abendländische Kultur seit der klassischen Antike bis heute verfallen ist. In allen Disziplinen und Kulturepochen – Renaissancewissenschaft, Aufklärung, Liberalismus, Sozialismus, Ökologieromantik – wiederholt sich dieser Sirenenklang stets als eine neue Erlösungsutopie. Daher laufen wir beständig Gefahr, das Kind mit dem Bade auszuschütten. Sogar noch der sehr differenziert denkende und fühlende ökologische Intellektuelle Rudolf Bahro wünschte sich in den 1980er-Jahren einen »Heiland der ökologischen Rettung« – eine absurde Gestalt, in der bereits der Luzifer des rechten Weges schlummert, ein Robespierre mit Demeter-Aspirationen und Bildekräfteleib.

Das schwierige Unterfangen unserer Imagination besteht darin, die Notwendigkeit des Todes so weit zu denken, dass in ihr die gegenwärtige Welle planetarischer Naturzerstörung begreiflich wird. Diese sechste Welle des Aussterbens ist unnötig und von dämonischer Düsternis, vielleicht aber zugleich etwas Unabwendbares. Unabwendbar heißt auch, dass sie nicht erst morgen eintritt, sondern bereits eine Weile im Gang ist. Seit mindestens einem Jahrhundert, daran erinnert der Ökopsychologe Paul Shephard, hat die Naturzerstörung lawinenhafte Züge angenommen. Es ist nicht fünf vor zwölf, sondern drei Uhr mittags. Nach wie vor zu glauben, die Verdammnis begönne erst morgen, ist Teil des Verhängnisses. Und wie jedes besteht auch dieses darin, dass wir nicht in der Lage sind, die Wirklichkeit zu sehen.

Gleichwohl: Eine solche tragische Anerkenntnis hieße nicht, sich die Lizenz zu erteilen, ab jetzt nur noch Spaß zu haben. Sofort mit dem restlichen Kredit einen Geländewagen zu kaufen. Mit den Einwegstäbchen aus gabunischem Regenwald nur noch Masthähnchen aus Massentierhaltung zu verzehren. Sie bedeutete vielmehr, in jenen Status der Sehfähigkeit einzutreten, der die Welt als einen genuin tragischen Ort wahrnimmt und der weiß, dass die Tragik in ihr nicht abgeschaltet werden kann, ohne die Schöpfung selbst auszuschalten, und darum ausgehalten werden muss. Oder besser: nicht ausgehalten, sondern in Lebendigkeit verwandelt.

Vor dieser großen Aufgabe stehen wir. Sie ergibt sich aus der zunehmenden Prekarität des großen Projekts der Moderne, die Welt technisch zu erlösen. Zugleich aber ist diese Aufgabe jedem Menschen, ja jedem Lebewesen, immer schon auferlegt. Eigentlich also nichts Neues, nur größer. Wir können hier eine Metaphysik im Modus des Verlusts entwickeln. Gerade aus dieser schonungslosen Perspektive ist sie allerdings kein Nihilismus, sondern dessen Gegenmittel.

Vielleicht ist zu dieser Einsicht die ganze *Grandeur* unseres mörderischen Weges aus dem vorgeblichen »ökonomischen Tunnel ans Tageslicht« (Keynes) nötig[126], die ganze Monstrosität des Dunkels, das dieser Weg über die Biosphäre bringt. Eine Metaphysik im Modus des Verlusts versteht die dramatische ökologische Umbruchzeit, in der wir uns befinden, anders als gemeinhin üblich: Nicht als Aufforderung, in letzter Minute das Ruder herumzureißen und endlich alles anders zu machen – sondern als Gelegenheit, die durch keine *Lösung* abwendbare Tragik unseres Existierens zu akzeptieren. Zu verstehen, dass sie nichts anderes ist als die Tragik allen Existierens. Zu begreifen, dass wir genau deshalb schon längst hätten anfangen sollen, uns um eine maßvolle Existenz in lebendiger Gemeinschaft zu bemühen.

Eine Metaphysik im Modus des Verlusts versucht somit nicht länger, die Welt effizienter zu machen. So spielt sie nur dem wirtschaftlichen und technischen Erlösungsdenken in die Hände, das uns erst in diese Situation gebracht hat. Eine Metaphysik im Modus des Verlusts beschränkt sich nicht darauf, den Schmerz zu reparieren, sondern trauert. Sie versucht nicht länger krampfhaft, das Helle vom Dunklen zu scheiden. Aber sie bemüht sich gleichwohl beständig darum, der Helligkeit mehr Raum zu geben. Eine Metaphysik im Modus des Verlusts erstrebt somit keine Nachhaltigkeit (die ein laues Wort einer anderen Art technischer Erlösung ist), sondern Lebendigkeit (in der es keine Erlösung gibt, nur die schöpferische Produktivität des Lebens). Eine Metaphysik im Modus des Verlusts erkennt in der derzeitigen ökologischen Dramatik das Scheitern, das zu jeder Schöpfung gehört. Sie weiß, dass es unausweichlich ist. Sie betrauert es, ohne eine fehlerfreie Alternative anzubieten. Und sie kämpft jeden Atemzug darum, es in neue Lebendigkeit zu verwandeln.

Der Mittlere Weg: Aus dem Scheitern erwachsendes Mitgefühl

Francisco J. Varela, der Hirnforscher und Naturphilosoph, hat diese Erweiterung der Perspektive um das Dunkel in einem seiner letzten Aufsätze sehr eindrucksvoll beschrieben.[127] Er hatte allen Anlass, seine Sicht der Dinge dergestalt zu weiten. Denn in den letzten Jahren seines Lebens führte er ein beständiges Zwiegespräch mit dem Tod. Erkrankt an einem Leberleiden, zeigte ihm eine neue, dem eigenen Körper fremde Spenderleber noch einmal aufs Deutlichste die Ambivalenz der vermeintlich festen Grenze um das eigene Selbst: wie wenig klar und ausgemacht es ist, was dazugehört und was nicht, und wie schlecht beraten der sein wird, der dem Lebendigen mit einem Absolutheitsanspruch beikommen will.

Am Ende seines Lebens folgte der Denker mit seiner ganzen leiblichen Existenz der Spur einer tragischen Erfahrung, auf der sich nachfühlen lässt, dass es solch eine Trennung, letztlich auch vereinzelte Subjekte, insgesamt nicht gibt, sondern nur Einfaltungen von Welt in sich selbst, »intime Abstände« in verschiedenem Grad, aber weder totale Identität noch Trennung.[128] Der Biophilosoph zeichnet sein eigenes Sterben mit der Haltung nach, die er im Lauf seines Lebens zu der seinen gemacht hat: jene des Meditierenden, der lernt, auch seine Gefühle, sein Leiden, als objektives Geschehen dieser Welt zu betrachten und sich nicht zum Gefangenen seiner Bedürfnisse zu machen.

Wem es gelingt, sich nicht als Zentrum der Nöte und Realitäten zu betrachten, sondern gleichsam von außen als einen verletzlichen Organismus in der Biosphäre, der erfasst außerhalb dieser engen Perspektive der eigenen Bedürftigkeit mit Staunen, wie übervoll die Welt von leidenden und begehrenden Wesen ist. Bei dieser Erfahrung geschieht etwas Seltsames: Plötzlich wird die Seele von tiefem Mitgefühl für diese Welt erfüllt. Nur das ist die adäquate Haltung, den düsteren Gipfel der ökologischen Katastrophe zu erklettern: Ohne Illusionen darüber, dass eine Änderung der Menschen kraft besserer Einsicht unmöglich ist.[129] Aber im tatkräftigen Mitleid für diese Schöpfung, die es, *weil* sie Schöpfung ist, so schwer hat. Und in der ebenfalls aktiven Dankbarkeit für die Schöpfung unter einer gnädigen warmen Sonne und ihrem alles bejahenden Licht: wo einem das zum Leben Notwendige immer bereits geschenkt ist, bevor man es auch nur begehrt.

Varela hatte diese Sichtweise in seinem Buch *Der Mittlere Weg der Erkenntnis* detailliert dargelegt.[130] Wahrnehmung war für Varela stets ein Spiel mit dem imaginativen Surplus. Damit erweist sie sich zugleich auch als ein genuin nicht totalitärer Akt: als eine beständige Vermittlung beider Seiten, und entsprechend auch immer als ein Wechselspiel von Licht und Schatten. Erkenntnis im Sinne Varelas räumt der unerbittlichen Wirklichkeit und der leichtfüßigen Fantasie, sie zu variieren, gleichermaßen ihr Recht ein. Solch eine Sicht sieht das Werden der Welt als einen Dialog der Körper, als eine beständige erotische Berührung und erotische Verwandlung.

Hier könnten sich somit die Denktraditionen der letzten 2000 Jahre aus Ost und West vielleicht treffen. Wie der technologisch erfolgreiche Westen reflexhaft reagiert, wissen wir: »Zu den Waffen, und räumt diesen Saustall auf!« Tatkräftige Anwendung des scheinbar richtigen Wissens, Einebnen der Widersprüche, Erlösung bis hin zur Verhaftung derer, die sich widersetzen. Der klassische Osten reagiert mit Einsicht in die Wirklichkeit – aber in den überlieferten spirituellen Praktiken ist diese Einsicht oft Rückzug, tendenziell Ichaufgabe, die Weigerung, zu handeln, um stattdessen sehen zu können. Obwohl der Osten dem Paradox viel offener gegenübersteht als der Westen, der es seit 3000 Jahren weitgehend verneint, ist Tatenlosigkeit nicht die Antwort, die wir brauchen. Sondern – paradoxerweise – beides: Handeln, und das Wissen, dass Handeln nie genug, ja, dass etwas daran immer verkehrt sein wird.

Erst eine Sicht der Gesellschaft, die sich auf dieses immer unvollkommene Handeln einlässt, auf die Tragik und auf die »erstaunliche Schönheit der Dinge«, wie es der US-amerikanische Dichter Robinson Jeffers ausdrückte, wird uns eine genuin neue Wirklichkeit erkennen lassen.[131] Erst eine solche Sicht wird in der Lage sein, sich vom Erlösungsmodell der herrschenden Sozialtechnologie und Wirtschaftstheorie abzukehren und sich einer Praxis der Teilhabe zuzuwenden, in der kein Optimum erzielbar ist, die aber stets darum ringt, einen optimalen Ausgleich herbeizuführen. Erst sie akzeptiert den Umstand, dass wir ein Teil von allem sind und uns nicht daraus lösen können, weder in unserer Destruktivität noch in unserer Exzellenz.

Diese Variante eines »Zurück zur Natur« heißt nicht, wieder in Hütten leben zu müssen. Sie bedeutet vor allem anderen, wieder fühlen und wahrnehmen zu lernen – und all diese Gefühle und Wahrnehmungen, die erhabenen und die schrecklichen, als Wirklichkeit zu akzeptieren. Als unseren inneren Anteil von Wildnis, als unsere unverbrüchliche Teilhabe an einer pulsierenden Realität. In einer solchen Haltung ergibt es keinen Sinn mehr, nach Schuldigen zu suchen. Hier wird das Maßhalten zu einer Geste unermesslich tiefen Mitgefühls.

9 Teilen

»Wir sind gemacht, um das Geben zu genießen.«
Marshall Rosenberg

»Stronzo«. Blöder Sack, sagt mein Freund Luciano zu mir, und ich weiß, ich bin endlich angekommen. Luciano sieht mich an, streng, amüsiert und dankbar.

»Stronzo«, wiederholt er noch einmal, hilflos, zärtlich. Die Worte sind mein Triumph. Eine plötzlich aufkommende Welle von Dankbarkeit hüllt mich ein. Ich bin da, lebendig, mitten in der Wirklichkeit.

Dabei habe ich Luciano diese Gabe erst ermöglicht, mit der ich endlich in der italienischen Gegenwart begrüßt werde. Jetzt, am abgewetzten Metall des Tresens in der *Bar Sport* in Varese Ligure. Ich habe Luciano den Gefallen getan, ihn zu einem Sandwich einzuladen, nichts weiter. Zu einem Espresso hinterher. Nach drei Monaten, die ich schon in Italien lebe.

Drei Monate, in denen ich mir an Luciano die Zähne ausgebissen habe.

Bei Szenen wie dieser:

»Ich lade dich ein.« »Nein, kommt überhaupt nicht infrage.« Schon liegt das Geld auf dem Bartisch. Ich bin zu spät. Zu langsam.

Und dieser:

»Lass uns wenigstens halbe-halbe machen.« Ein abwesendes Lächeln. In der Hand des Kellners klimpern schon die Euros.

Oder dieser:

»Du kannst doch nicht das ganze Abendessen bezahlen. Das geht doch nicht. Was hat es gekostet? Sag es mir bitte!« Keine Antwort.

Oder auch dieser:

Ich gehe auf die Toilette, die Gläser, denke ich, sind eben erst bestellt, quasi voll. Also kann ja nichts passieren. Ich werde nachher meine Chance haben, zum Zug zu kommen. Als ich dann, vor dem Abschied, bogenschnell gespannt wie ein Jäger beim Angriff, vor Luciano zum Tresen eile, siegesgewiss, ist die Zeche schon bezahlt.

Es ist ein sardonisches Spiel, das ich immer verliere, immer. Meine Geldbörse behält ihre Füllung und meine Scham wächst. Bald werde ich nicht mal mehr einen kleinen Kaffee mit Luciano trinken gehen können.

»Das ist ein Spiel für Reiche«, sagt Alessandro, ein anderer Freund, der aber nicht wie Luciano aus Neapel kommt, sondern aus Padova, dem Hinterland der Kaufmannsrepublik Venedig.

»Nein«, entgegne ich. »Es ist ein Spiel für Arme. Auch die Ärmsten der Armen können es spielen.«

»Stronzo.«

Diesmal habe ich vorausgedacht. Ich habe Walter, den Wirt, instruiert. Eine elegante Falle. Ich habe Walter *carte blanche* gegeben: »Was auch immer wir essen und trinken, ich bezahle es dir hinterher. Du behauptest in jedem Fall Luciano gegenüber, wie sehr er auch insistieren sollte, die Rechnung sei schon beglichen.« Klar hat Walter mitgemacht, ein unschuldiges Lächeln auf dem Gesicht, er war glücklich über diese Gelegenheit, er ist überhaupt glücklich, wenn er jemandem einen Gefallen tun kann.

Vor der *Bar Sport* schütten wir uns aus vor Lachen.

Luciano hat mir das Geschenk gemacht, dass ich ihm etwas geben durfte.

Es hat ihn nichts gekostet. Genau genommen hat er sogar gespart. Er hat nur gespart. Ich hingegen bin reich.

Draußen kreisen die Mauersegler um den alten Steinturm. Die dichten Bäume auf dem Hügel dahinter, die Esskastanien,

Eichen, Eschen und Kirschen glühen, wie von innen erwärmt, orange im spätnachmittaglichen Sonnenlicht. Ich müsste dieses Licht beschreiben, nein, ich müsste das Licht beschreiben, wie es sich in meiner Seele in ein Leuchten verwandelt. Zum ersten Mal seit Monaten kann ich mir wieder vorstellen, es zu versuchen. Die Schatten sind kurz, das unregelmäßige Granitpflaster strahlt Hitze ab. Aus der Bäckerei riecht es nach frischem Weißbrot, nach Knoblauch und nach Blechkuchen mit Mangold.

Es ist ein Spiel, und ich habe gewonnen, indem ich freiwillig verloren habe.

Ich habe ein Opfer gebracht und: lebe.

Schenken heißt Leben spenden

Luciano hat mich in meinen Jahren in Italien, als ich noch die kleine Wohnung in meinem ligurischen Städtchen besaß, das Schenken gelehrt. Er hat mich damit in die praktische Form des »Denkens des südlichen Mittags« eingeführt und erinnert mich jedes Mal wieder daran, wenn ich ihn sehe. Er macht es mir nicht leicht, diese Praxis zu trainieren: Um ihm etwas abgeben zu können, muss ich ihn überlisten. Und wie soll ich das schaffen, bei ihm, einem neapolitanischen Signore?

Vordergründig könnte ich ja sogar erleichtert sein: Lucianos Großzügigkeit hilft mir, Geld zu sparen. Das ist die Perspektive, die mein anderer Freund einnahm, als ich versuchte, ihn mit dem verschwenderischen Denken des südlichen Mittags anzustecken. (Und den ich dafür zunächst einmal in Serie einlud, bis er etwas merkte. Es war also *doch* ein Spiel für Reiche.)

Ich lernte von Luciano nichts weiter, als dass ich Leben schenken konnte und mir dieses Schenken ein intensives Gefühl vermittelte, selbst lebendig zu sein. Im Geben lag eine tiefe Befriedigung, ein Glück, das zur sirrenden Sonne passte, zur Leichtigkeit der warmen Luft am Mittag, zur schwerelosen

Freude, das die ligurischen Hügel an schönen Frühsommer-
tagen ausstrahlten, wenn alles geschenkt war und mir die ganze
Welt gehörte. Unser trickreiches Ringen darum, wer die zwei
Euro für die zwei Espressso auf Walters Tresen legte, war in
Wahrheit ein Spiel mit den Möglichkeiten, dem anderen Leben
zu spenden: eine Übung, um zu lernen, dass der Weg zum Ich
durch das Du führt.

Wenn ich etwas fortgebe, was mir später wirklich fehlt,
macht mich das lebendiger. Darin besteht die Lehre der Großzügigkeit. Es macht glücklich, dass mich die Freude des anderen
etwas gekostet hat. Um Leben zu spenden, muss das, was ich
schenke, ein Teil von meinem Leben sein. Etwas, dessen Fehlen
ich spüre, dessen Verlust die eigene Freiheit beschränkt.

Die Gabe hat ein Akt der Entäußerung zu sein, damit sie Lebendigkeit erzeugt. Der Schmerz wird so zu einem Bestandteil
des Geschenks an den anderen. Auch das ist Teil eines Denkens
der Wirklichkeit im Modus des Verlusts: Wir haben, solange wir
am Leben sind, die Möglichkeit, dieses Leben und seine Ressourcen zu teilen. Es gibt eine tiefe Verbindung zwischen dem
unausweichlichen Scheitern, das eines Tages jeden Akt der
Schöpfung, die Erfolge jeder eigenen Handlung, jede Kreation,
jede Weltverbesserung wieder verlöschen lassen wird, und dem
rückhaltlosen Geben. Im Geben ist das Scheitern schon aufgehoben. Geben bedeutet, Maß zu halten und zu verzichten.
Scheitern heißt Verausgabung. Sich im Geben zu verausgaben
ist so etwas wie ein Vorgriff darauf, dass ein Individuum nur
produktiv sein kann, weil es niemandem gehört, auch nicht sich
selbst. Das Geben ist eine Geste, welche die Lebendigkeit des
Ganzen sichtbar vor die eigene stellt – so etwas wie die Haltung
einer Mütterlichkeit gegenüber dem Sein.

Solche Überlegungen fallen im sommerlichen Italien leichter als in nördlicheren Gefilden. Diese Haltung lässt sich einfa-
cher proben, wenn man unter einem flirrenden Licht lebt. Dann
ist es eine unmittelbare Erfahrung der Sinne, dass Großzügig-

keit, ja Verschwendung die richtige Haltung zum Leben ist. Beschenkt zu sein ist die überwältigende Erkenntnis der Haut, die beglückte Sicherheit der Netzhaut, wenn das Licht nach dem Öffnen der Fensterläden an einem Sommermorgen den Körper badet. Für den Denker und Dichter Camus hatte seine ganze Philosophie ihren Ursprung in der Sonne des Südens und deren Freigebigkeit. Sie war für ihn nicht nur eine Entschädigung für die Härten einer Kindheit in Armut, sondern verkörperte das Prinzip, unter dem eine Versöhnung mit ihnen denkbar ist.

Das Licht erhalten wir geschenkt. Das Licht ist der Inbegriff dessen, was gratis und ohne Hintergedanken verteilt wird. Es entstammt gleichsam einem ultimativen Akt der Absichtslosigkeit: Die Sonne spendet ihre Wärme und verschwendet dabei sich selbst. Darum war Camus, nachdem er aus Algerien in Paris eingetroffen war, so schockiert. Ihm kam es vor, notierte er, als würde er, der selbst aus denkbar schlichten Verhältnissen stammte, erst jetzt wahre Armut kennenlernen, hier, eingesperrt unter einem grauen und regenschweren Himmel. Die Armen des Südens seien immerhin Beschenkte des Lichts und so mit der Grundkraft des Existierens verbunden.

Es geht darum, die Selbstlosigkeit im Handeln als ein zentrales Prinzip der Lebendigkeit zu verstehen – und damit als ein Prinzip, wie sich das eigene Selbst erst herstellt. Indem ich eine diebische Freude dabei empfinde, Luciano zu überlisten, damit ich seine Kosten tragen kann, spüre ich der Selbstlosigkeit als einem ökologischen Prinzip nach. Ich erfahre sie als ein Prinzip gelingender Beziehungen in einem verwobenen Netz aus einzelnen Identitäten. Das Glück unter einer sich absichtslos verschwendenden Sonne ist das greifbare Unterpfand einer solchen Erkenntnis. Unser Körper lässt uns an ihr teilhaben.

Eine Ökologie der Gabe

In der Natur ist alles Geschenk. Von der Sonnenwärme bis zur Nahrung, die sie uns gibt, von den Möglichkeiten tieferen Selbstverständnisses bis hin zur Freude, die darin liegt, verströmt ihr Geschenk sich als voraussetzungslose Gabe. Charakteristisch für die Natur ist es, *Leben* zu sein. Alles Lebendige erhalten wir gratis. Das Lebensvolle, das wir in alten, dicht gewobenen Beziehungsnetzen erfahren, ist Gabe ohne Gegenleistung: Ausdruck des Lebens, der lebendig macht.

Die Verbindung zwischen der Selbstentäußerung, die in allen lebensvollen Bezügen liegt, und diesem überall offen zutage liegenden Geschenkcharakter der lebenden Natur sollten wir unbedingt verstehen. Erst wenn wir erfassen, dass die Zirkulation der Gabe zentrale Voraussetzung ökologischen Gedeihens ist, können wir die heute alles durchdringende Haltung des Geizes ablegen. Erst wenn wir erfassen, dass jenes Glück, das »ins eigene Herz zurückkehrt«, in der Tiefe ein Echo des ökologischen Maßes ist, können wir das Geben ganz auskosten, ohne um die eigene Substanz zu fürchten. Denn diese Substanz gibt es nicht. Es gibt nur die Verwandlung verschiedener Subjekte in eine jeweils neue Form des gegenseitigen Erfassens, die schöpferische Fantasie der eigenen Zukünftigkeit. Schon unser Körper gehört uns nicht wirklich, sondern rinnt uns gleichsam beständig durch die Finger. Auch unser Stoffwechsel folgt dem ökologischen Zentralprinzip, dass erst die absichtslose Entäußerung Identität schafft. »Wer gibt«, sagt der Philosoph Lewis Hyde, »ist willens, die Kontrolle aufzugeben ... und einen Kreislauf zu befördern, der das Leben unterstützt.«[132]

Lewis Hyde hat wie kaum ein zweiter die Rolle des freien Gebens – und nicht der strategisch eingesetzten Leistung – für die Fruchtbarkeit schöpferischer Prozesse untersucht. Hyde sieht, dass es einen geheimnisvollen Zusammenhang zwischen dem Geben, dem Leben und unserer schöpferischen Kraft gibt.

Er nennt ihn die »Erotik der Gabe« und meint: »Jeder Gabentausch ist eine erotische Beziehung, der Zustand, in dem wir unserer Begabung folgen, der Zustand einer erotischen Anregung: Durch ihn sind wir für die in der Tiefe liegende Einheit der Dinge empfänglich und können daran teilnehmen … Gaben sind die Vehikel jenes organischen Zusammenhangs, den wir als Lebendigkeit erfassen.«[133]

Damit hat der US-amerikanische Denker den entscheidenden Zusammenhang in den Mittelpunkt gerückt: Wie produktiv unsere Handlungen oder unsere Werke sind, hat etwas damit zu tun, wie sehr sie die Lebendigkeit anregen. Das aber kann nur geschehen, so Hyde, wenn das eigene Handeln nicht allein dem Zweck folgt, ein verwundbares Ego abzusichern. Wenn es keinem Leistungsdiktat und Kontrollzwang unterworfen ist, sondern die selbst empfangene Fülle weitergeben will – und dafür etwas Wertvolles, ja etwas zum Leben Essenzielles aufgibt. Wenn das Geben eine ökologische Zentralgröße ist, müssen wir es folglich zum Eckpfeiler einer Kultur des Lebens machen. Aber wie könnte dieser aussehen?

Beispiele für eine Kultur der Gabe fand Hyde weniger in unserer zeitgenössischen Zivilisation als bei archaischen Gesellschaften. Die Kultur der Gabe basiert stets darauf, dass die Natur als die ultimative Quelle eines grundlos verteilten Geschenks verstanden wird. Leben ist Geschenk – und nicht, wie bei uns spätestens nach dem Siegeszug des Vulgärdarwinismus – im Krieg aller gegen alle erkämpftes Verdienst.

Viele Völker, die in einer Balance mit der Natur leben, fühlen sich von dieser beschenkt – und fühlen sich umgekehrt ihr gegenüber zum Geben aufgefordert. Das ist Kern des archaischen Rezepts für die Schonung natürlicher »Ressourcen«. Was zum Leben dient, wird als Gabe verstanden, nicht als Güter, die daliegen, damit man sie zum eigenen Vorteil nutzen kann. Eine Gabe spendet Leben – und das Glück der Dankbarkeit, Leben geschenkt zu erhalten. Dieses Glück sehnt sich nach Erwide rung des Geschenks, nach Verausgabung an die Natur. Viele archaische Völker haben es sich folglich auferlegt, der Wildnis, deren Bewohner die Menschen mit ihrem eigenen Leib speisen, real etwas zurückzugeben. Hyde berichtet von einem Maori-Volksstamm, dessen Angehörige regelmäßig Teile ihrer Jagdbeute und Felderernte in den Wald tragen, um dessen produktive Kraft auf eine symbolische Weise zu nähren. Dort zerfallen die Speisen, werden von Tieren verzehrt und von Pilzen verwandelt – und gehen tatsächlich wieder in den Kreislauf des Werdens und Verschwendens ein.[134]

Die Mitglieder einer solchen Kultur, meint Hyde, handeln so, um den Wesen, die ihnen das Leben spenden, etwas zurückzugeben. Sie wissen: Wenn die nährenden Kräfte der Natur nicht versiegen sollen, darf der »Kreis der Gabe« nicht unterbrochen werden.[135] Hyde sieht, dass ein solches Tun keine nette kulturelle Folklore ist, sondern einer tieferen ökologischen Einsicht folgt. Diese Einsicht hat aber gerade nichts damit zu tun, sich selbst einen Vorteil zu verschaffen. Sie bedeutet nicht, die eigenen Ressourcen zu schonen, so wie der Investor seine Barreserven schont, um auf einen strategischen Gewinn zu warten. Die vom Mund abgesparte Gabe folgt vielmehr einer Einsicht in die Wirklichkeit. Nichts Lebendiges lässt sich besitzen, lautet diese Einsicht. Sie verpflichtet dazu, einen Teil des eigenen Lebenskomforts zu opfern, um die Lebendigkeit des großen Ganzen zu verstärken. Ihr liegt nicht das Kalkül zugrunde, dass auf diese Weise die eigene Position einen Startvorteil erhält, sondern das Wissen, dass es nichts Eigenes gibt. Lebenskraft lässt sich nicht monopolisieren und horten. Sie fällt einem zu. Sie äußert sich am stärksten im Bedürfnis, diese kosmische Geste zu wiederholen und die Energie daraus an andere zu verteilen.

Die Angehörigen einer solchen Kultur ökologischer Rückhaltlosigkeit täuschen sich nicht in ihrem Bild der Natur. Denn diese folgt selbst keinem Modell wohldosierter Sparsamkeit. Wir, besessen vom Zwang zu Effizienz und Leistungssteigerung, irren uns vielmehr, wenn wir meinen, alle Beziehungen im Reich des Lebendigen seien Resultat von rückhaltlosem Wettbewerb und scharf kalkulierter Ausgabenoptimierung – und stünden im Dienst evolutionären Fortschritts.

Der Mainstream im Evolutionsdenken geht davon aus, alle Strukturen und Verhaltensweisen im Lebensreich müssten das Ergebnis der bestmöglichen Kosten-Nutzen-Beziehung sein. Leistungswettbewerb ist bislang unangefochtenes Dogma auch im biologischen Denken. Der Evolutions-Mainstream passt seine Analysen dieser Prämisse an – statt erst die Welt zu betrachten und dann Schlussfolgerungen zu ziehen. Er stülpt der Wirklichkeit die Nöte einer Gesellschaft über, in der die gedankenlose Lebensfreude in einem Netz aus Geiz und Verdrängung zu ersticken droht.

Gefressenwerden und Geschenktsein

Ich habe die gefährlichen Irrtümer in unserem Bild der Natur als übergroße McKinsey-Zentrale ausführlich in den Büchern *Biokapital* (2008) und *Enlivenment* (2013)[136] besprochen. In den folgenden Zeilen will ich darum meine Erinnerung an ein Erlebnis schildern, welches mich allein mit meinem Körper begreifen ließ, wie sehr die totale Verschwendung Voraussetzung für Lebendigkeit ist.

Es war Juni, und die Glühwürmchen tauchten auf. An einem stillen Abend stieg ich mit dem Hund den schmalen Weg durch die brusthohen Gräser auf den Wiesen hinauf in die Hügel. Die Halme vibrierten leise in der Nacht. Am Ende der Stiege beim Friedhof sah ich auf – und es kam mir vor, als tauchte ich mit meinem Kopf direkt in die Sterne. Die Glühwürmchen füllten die Luft über den Bäumen. Sie flogen wie kleine, eifrig durch den Raum tanzende Sterne blinkend auf und ab. Ihr Licht mischte sich mit den Silberpunkten der Himmelskörper im dunklen Weltraum, sodass verschwamm, was Stern war und was Leuchtinsekt. Es wirkte, als würden die Sterne zwischen die Halme sinken und die glimmenden Tiere ins All emporsteigen. Für eine kurze Sekunde hatte ich meinen Kopf in einen lebenden Weltraum hinausgestreckt.

Was ich sah, war ein Fest der Fortpflanzung und des Verschlungenwerdens. Ich blickte hinauf zwischen die Sterne – und nahm an einem Reigen teil, in dem die Teilnehmer ihre Leiber in Ekstase den anderen zur Verwertung bereitstellten. Die Leuchtinsekten tanzten durch die Nacht, um eine Genossin zur Paarung zu finden – und wurden dabei von späten Vögeln und dann Fledermäusen verschlungen. Alles verschenkte sich im wahrsten Wortsinn, ohne darüber nachzudenken, ohne darüber zu einem Gedanken auch nur fähig zu sein. Und es war kein Unfall, dass es so herging, kein bedauerlicherweise noch nicht erreichtes Optimum.

Allein im nächtlichen Tanz des Fressens und Gefressenwerdens konnte sich diese glitzernde Fülle realisieren. Die Gabe war notwendig, damit das Ganze existieren konnte. Mir schien: Das Geschenk, die selbstlose Verausgabung, integriert das Individuum und das umgebende Ganze. Das empfangene Geschenk gehört mir ganz – aber es gehört mir nur ganz, um weitergegeben zu werden. Es gehört mir umso mehr ganz, als ich es ganz weitergebe – so wie der Stoff meines Körpers ganz mir gehört und für mich zugleich vollkommen unverfügbar ist.

Ökologisch ist es erforderlich, dass Wiesen begrast (oder gemäht) werden, damit sie sich erhalten. Sie *müssen* verschwendet sein, um zu prosperieren. Vielleicht 0,02 Prozent der von den Gräsern produzierten Samen werden schließlich erwachsene Pflanzen. Vielleicht ebenso viele der von den Weibchen der Leuchtkäfer versteckten Eier entwickeln sich im nächsten Frühsommer zu neuen glimmenden Insekten. Dass aber diese Landschaft überhaupt stabil weiterexistieren kann, ist gerade dieser unmöglichen Verschwendung zu danken, die alle Wesen nährt, sodass sie wieder mit ihrem Tun dazu beitragen, dass die Wiese sich weiter verausgaben kann. Es waren jene Nächte, die mich dazu brachten, auf die Großzügigkeit des Lebens zu vertrauen, der Lebendigkeit als solcher mein Vertrauen zu *schenken*. Das schwellende Gras, das ich nicht gerufen hatte, die blinkenden Lichtpunkte der Insekten, sie machten mich unweigerlich zum Optimisten. Sie verwandelten mich in einen, der die Geschenke sieht, die er sonst ignorierte, in einen, der vertraut.

Wir müssen uns mit der Idee anfreunden, dass in der Natur das Gegenteil von effizienter Sparsamkeit herrscht: maßlose, sinnlose Verschwendung. Selbst jene Wesen, die im Vorabendfernsehen gerne als »effiziente Jäger« bezeichnet werden, die großen Raubtiere wie Löwen, Pumas und Wölfe, sind erstaunlich ineffizient. Bei Warmblütern wie uns auch gehen mehr als neun Zehntel der Nahrungsenergie allein für die Körperwärme verloren. Die Energiebilanz ist ähnlich desaströs wie die eines nicht wärmegedämmten Fertighauses aus den 1950er-Jahren.

So wie die großen Jäger beim Energieverbrauch nicht ein Muster der Effizienz darstellen, sondern eher deren Gegenteil, sind sie auch in anderer Hinsicht nicht wirklich angepasst. Sie sind Anarchisten des Selbstausdrucks, Dandys unter den Tieren, die sich Extravaganz leisten können. Der Prager Biologe Filip Jaroš fand kürzlich durch vergleichende Studien heraus, dass Jaguar, Leopard und Tiger durch ihre auffälligen Fellmuster keineswegs mit der Umgebung verschmelzen, wie Zoologen das lange Zeit annahmen. Streifen und Flecken sind keine Tarnung, sondern ein Warnanstrich. Wer zwischen grünem Gesträuch gelb leuchtet und auch noch ein auffälliges Muster trägt, fällt auf. Aber die Großkatzen sind so stark und schnell, dass sie ihre Beute trotzdem fangen. Ihre Erscheinung ist somit kein Werkzeug, sondern ein Surplus, ein Überschuss. Das Fellmuster der Raubkatze ist ein Geschenk des Lebens an sich selbst.

Ozelot und Gepard sind im Hinblick auf die Arbeitsweise der Biosphäre keine Ausnahmen, sondern Ausdruck ihrer realen

Prioritäten. Das heißt: Die Natur ist sachlich nur, wo sie muss. Ein Schweinebandwurm hat keine Extremitäten, denn sie würden ihn stören. Wo aber, wie bei einem seiner als Plankton durch das Türkis der Hochsee treibenden entfernten Verwandten die Arabesken nicht dem Überleben im Weg stehen, entwickeln sich Formen, die in ihrem fantastischen Überschwang manierierten Kunstwerken gleichen. Alle ausschöpfbaren Möglichkeiten sind nicht nur erlaubt, sondern entsprechen anscheinend einer heimlichen Sehnsucht der Wirklichkeit, nach Ausdruck und neuer Form. Und dieser Formenreichtum ist eine dauernde Gabe.

In der Natur wird das Komplizierteste, das Wertvollste ohne Nachdenken hingeschenkt. Ihre Fülle dient nicht der Investition, sondern ist ein Akt des Vertrauens, der durch für uns sparsame Kapitalisten sinnlose Grandeur stets aufs Neue eingelöst wird. Wie etwa könnten wir es verstehen, dass ein Wolf, dieses Wunderwerk an Präsenz, Beharrlichkeit, Zärtlichkeit und physiologischer Präzision, bereits mit sieben Jahren sein Leben gelebt hat; dass ein Tier von solcher Vollkommenheit schon nach so kurzer Zeit wieder zerfällt? Wie können wir es wagen, wie Cormac McCarthy schreibt, im Wolf »festzuhalten, was sich nicht festhalten ließ … wunderschön und schrecklich zugleich, wie Blumen, die sich von Fleisch ernähren«?[137] Wie können wir so ein abgrundtiefes Wunder wie die Eintagsfliege begreifen, heute am Gewässer nicht minder perfekt als der Wolf, vollkommen und endlos genau elaboriert, und nach wenigen Tagen eine leere Hülle? Und was soll uns das Leben des Maikäfers sagen, das ein paar Frühsommertage währt, nach endlosen fünf Jahren Daseinsfrist als Larve in der Erde? Das eine Buch, fertig geschrieben nach fünfzig Jahren Knechtschaft?

All das zeigt, dass das Selbst, das abgegrenzte Leben des Individuums und seine angehäuften Kostbarkeiten nicht der Maßstab sein *können*. Das eigene Selbst ist nicht die Spitze des Weltgeschehens. Dasjenige, wofür das unfassbare Filigran des

Individuums geopfert wird, muss unendlich viel filigraner, mit unendlich viel mehr Selbst erfüllt sein als dieses. Offenbar kommt es auf die Verschwendung von so viel Kostbarkeit *überhaupt nicht an*. Aber nicht in dem Sinn, wie es einem Feldherrn nicht auf das Verheizen von ein paar Hundert Soldaten mehr oder weniger ankommt, sondern so, wie es einer Welle nicht auf den Sand ankommt, den sie bei ihrem Anbranden verschiebt, so wie es einem Kristall nicht auf die Lage der einzelnen Silikatmoleküle ankommt, die es in sich aufsaugt. Das Opfer dieser Vollkommenheit, dieser *Fokussierung der Welt durch ein mächtiges Ich,* macht vielleicht erst das Geschenk vollkommen. Es geht nicht darum, in irgendeiner Weise die Zeit auszunutzen und dabei etwas zu erreichen. Vielmehr ist es nötig, durch die Wahl des Wesentlichen die Länge der Zeit, die verbleibt, bedeutungslos zu machen.

Der Dichter und Ökophilosoph Gary Snyder bemerkt: »Wir sollten das Spiel der Wirklichkeit mit all seinem Leiden nicht in den simplen Begriffen vom blutigen Überlebenskampf verstehen, sondern als die Feier des Geschenkcharakters all dessen, was wir bekommen und was wir geben. ›An was für einem rauschenden Verschwendungsfest nehmen wir alle teil!‹ Sich darüber klar zu werden, dass jeder von uns hier am Tisch eines Tages Teil der Mahlzeit sein wird, ist nicht bloß ›realistisch‹. Es heißt vielmehr, dem Heiligen Zutritt zu gewähren und den Anteil des Heiligen an unserem schwankenden und der Zeit verhafteten Wesen zu akzeptieren.«[138]

Die Nahrungskette ist das Extrem einer Beziehung-in-Berührung, einer Beziehung-in-Verwandlung. Aufgrund dieser Berührung, aufgrund der Eingangsmöglichkeit in eine höhere Einheit, die damit gewährt ist, stand in manchen archaischen Kulturen das Gefressenwerden symbolisch nicht für das Sterben – sondern für die sexuelle Vereinigung. Für die Vereinigung, die wiederum eine Verwandlung ist, deren Ergebnis sich in neuem Leben und einer neuen Individualität niederschlägt.

Nichts ist teurer als die Freiheit

Die Nahrungskette ist Teil eines schöpferischen Prozesses, ohne den das Ökosystem zerfallen würde. Sie ist für jedes Individuum die einzige Basis der eigenen Erhaltung. Auch wir Menschen leben nur, weil wir Teil der planetarischen Nahrungskette sind. Und sie ist zugleich die klare Negation der eigenen Individualität. Zwar nicht auf der Stelle, aber eines Tages gewiss werden auch wir Nahrung für jemand anderen sein. Damit wird sich der Stoff unseres Körpers wieder in die Leiber der anderen Wesen verwandeln. Die schöpferische Freiheit der Natur ist nur möglich, weil sie dauernd verschlingt, was anderswo produziert wird.

Freiheit hat einen Preis. Und dieser Preis ist der Tod. Ohne den Tod, der ein Wesen irgendwann an sich zurückzieht, keine Selbsterhaltung, kein Eigensinn, kein Beharren auf dem eigenen Standpunkt, keine Schöpfung. Darin liegt die tiefere Logik, die Gershom Scholem zögernd vermuten ließ, Kreation sei nicht in Vollkommenheit möglich. Ihre Freiheit, die schöpferische Autonomie, die aus jedem Halm spricht, ist auf eine bittere Weise kostspielig. Freiheit, diese Grundmacht jedes Wesens über den Stoff seines Körpers, dieses heimliche Sehnsuchtsziel einer Naturgeschichte der immer weiter zunehmenden Autonomie, ist das, was nicht geschenkt ist. Sie ist das, was bezahlt werden muss, was das Leben als Gabe zurückverlangt. Sie ist das, was mit der Dankbarkeit teuer erkauft wird.

Das sollten wir nicht vergessen, wir, die Bewohner von Gesellschaften, die sich das Etikett »freiheitlich« an alle möglichen Stellen kleben und damit heute meinen: so frei wie ein Käufer mit aufgeladener Kreditkarte in einem Hypermarkt. Nein, die Freiheit des Lebendigen ist kein Regen von Sterntalern. Sie ist das Gegenteil – und hängt doch damit zusammen. Freiheit zeigt sich im Verhalten des Mädchens, das sein letztes Hemd herschenkt, um anderen Frierenden zu helfen. Sie ist das, was den ganzen Mut erfordert, lebendig zu sein.

Hier wird die unausweichliche Verbindung von schöpferischer Freiheit und Versagung deutlich – dem Scheitern des Projekts der eigenen Individualität. Schenken heißt, sich wie das Ökosystem zu verhalten, in dem beständig etwas auf Kosten eines Einzelnen verfügbar gemacht und damit die Resilienz des Ganzen erhöht wird. Und zugleich bestätigt meine Gabe in einem Akt der freien Entscheidung meine individuelle Souveränität, Lebendigkeit zu erschaffen.

Wir können die Verwandtschaft von Poesie und Nahrungskette nur durch die Idee der Gabe verstehen lernen. Durch sie können wir erfassen: An der schöpferischen Wirklichkeit teilhaben heißt, etwas abzugeben und etwas anderes zu erhalten. Durch sie können wir erfassen, dass es uns lebendig macht, wenn wir die Wirklichkeit verehren wie ein Kind. Auch Kinder liebt man, indem man der Welt etwas hinzugibt. Kinder liebt man, um sie zu befreien, nicht um sie zu besitzen. Um ihre Freiheit beständig zu vergrößern.

Lebendigkeit ist – wie die Poesie, wie die Liebe, wie das hingerissene und qualvolle Engagement für ein gemeinsames Anliegen, wie eine zündende Idee oder ein humorvoller Einfall – etwas, das sich vermehrt, wenn man es teilt. Jedes wirkliche Geschenk ist nicht nur an ein Individuum gerichtet, sondern an die Schöpfung selbst, es dient dazu, ihr mehr Leben zu spenden. So wie auch jede neue ökologische Nische weniger ein Triumph einer »fitten« Art ist als eine Vertiefung der Bezüge in einem Ökosystem – und eine Intensivierung seines Lebenspotenzials. Der humanistische Psychologe Abraham Maslow bemerkt, dass jene Menschen am anziehendsten wirken, die ihre eigenen Interessen der Erhöhung der Lebendigkeit unterordnen.

Der Philosoph und Dichter Friedrich von Schiller hätte diese wohl als »schöne Seelen« bezeichnet. Und Maslows Kollege, der Psychologe Ernest Becker folgert daraus: »Im kreativen Genius sehen wir das Bedürfnis, den intensivsten Eros des

Selbstausdrucks mit der vollständigsten Hingebung und Selbstaufgabe zu verbinden.«[139] Und nur auf diese Weise, fährt Becker fort, nur durch die Hingabe an die Natur auf dieser höchsten, am wenigsten zu einem heldenhaften Fetisch verzerrbaren Ebene der Natur, könne der Mensch den Tod besiegen.

Eine Praxis der Liebe folgt diesem kreativen Genius. Eine Praxis der Liebe ist immer eine ökologische Praxis. Sie ermöglicht eine Ökologie Leben spendender Beziehungen. Sie ist zutiefst schöpferisch, weil sie dem schöpferischen Entfalten der Verwandlung aus dem Bezogensein nichts in den Weg legt, sondern ihm Nahrung gibt, auch unter Inkaufnahme des eigenen Verzichts, des eigenen – symbolischen oder realen – Todes.

Die Liebe ist das Geschenk, welches die Wechselseitigkeit der Gabe vollendet in sich entfaltet: Meine Liebe zu dir wird mir geschenkt – auf dass ich *dir* meine Liebe schenken kann.

Das Geschenk der Wahrnehmung

Liebe ist der Grund, weshalb wir die Nähe zur Natur suchen: Wir können gemeinsam mit den anderen Wesen diese Form von Leben stiftender Wechselseitigkeit erfahren – indem sie uns als Gabe widerfährt, als etwas, das sich einfach so ereignet, das uns zufällt, und das wir ebenso frei weitergeben können. In der Natur sein heißt, in Bezogenheit zu sein und zugleich die Regeln von Beziehungen in einer schöpferisch-belebten Welt zu erfassen. Es heißt, wahrzunehmen und zugleich die Grundprinzipien lebender Wahrnehmung in Gegenseitigkeit zu spüren. Aufmerksam gelebtes Leben verliert nicht den Bezug zu diesen Prinzipien. Es ist immer zugleich Aktivität und die Erfahrung, einer der unzählbaren Mittelpunkte des Universums zu sein.

Die größte Katastrophe besteht darin, dass wir uns derzeit selbst die Sicherheit nehmen, in einem Kosmos aufzuwachsen, in dem das Leben geschenkt ist. Denn das Leben *ist* geschenkt, ganz gleich, wie man zu ihm steht, so wie schon das Sonnen-licht geschenkt ist. Es nicht entsprechend zu behandeln, gleicht einer Versklavung des Schöpferischen, mit der jede Kreation ein Ende hat. Letztlich sind es deren Konsequenzen, die uns am stärksten bedrohen, nicht materielle Katastrophenszenarien wie der Klimawandel oder der Artenschwund allein.

Vor der alten Eiche im Grunewald, nicht weit vom S-Bahn-hof Heerstraße entfernt, verblassen die Vorurteile eines Zeit-alters, das die Wirklichkeit falsch versteht, weil es sie nicht mehr mit den anderen Wesen teilt. Mit jenen Wesen, denen nichts anderes übrig bleibt, als das Faktische zu respektieren: Sie be-sitzen keine Technologie, die ihnen einen faulen Kredit auf die Zukunft zuschanzt.

Letzter Schnee liegt auf den knisternden Blättern am Wald-boden. Die Eiche ist bestimmt 500 Jahre alt. Aus ihrem gedrun-genen, verwrungenen Stamm greifen wenige massive Äste in verdrehter Geste in die leere Luft. Stellenweise sind sie längst morsch. Zwischen den übrigen Gewächsen des Waldes, den schlanken Kiefern und Birken, steht der Baum im Schweigen da. Er beherrscht die eigene kleine Lichtung, die sich um ihn gebildet hat, eine bucklige Gestalt aus geologischer Zeit, eine ganze Welt in all ihrem Für und Wider, mächtig und zerrissen, zerfressen und steinern solide, zerbeult und aufrecht, grob-schlächtig und anmutig. Braun und rot schimmern die Rinden-borken, grau und blau die Flechten, gelb und grün das Moos. Die erratisch von den Ästen abstehenden Zweige greifen gleichmütig nach der Zeit, während der Stamm nichts anderes ist als er selbst und das Verrinnen der Minuten, das Abtropfen des Guten und Schlechten an seiner schrundigen Oberfläche reglos hinnimmt.

Ein Zug Kraniche zerteilt den Himmel. Ihre Flötenrufe sin-ken durch das leere Weiß über den Kiefernwedeln. Ich streichle den zerborstenen, schrundigen Stamm der Eiche und frage mich, was sie wohl empfinden würde, wenn meine Haut sie berührt, könnte sie es in Worte fassen. Ich spüre Wärme, zurückhaltende samtige Härte, fein aufgelöste Struktur, Ruhe, Gleichmaß. Und dann nehme ich fast erschreckt die Zärtlichkeit wahr, mit der etwas, jemand mir seine Aufmerksamkeit schenkt, wenn ich ihm meine Aufmerksamkeit leihe. Und mich durchflutet das Glück, welches darin liegt, dass jede Begegnung Kommunion ist, ein Tausch von Gaben, ein Festmahl.

Jeder Moment lebendiger Existenz ist unweigerlich ein Genuss dieses Geschenkcharakters. Jeder Moment lebendiger Wahrnehmung enthält das Potenzial, dass sich in ihm unsere Existenz als eine Praxis des Liebens enthüllt. Wenn es uns gelingt, unsere Erfahrung so zu verlangsamen, so sehr auf die einzelnen Sinne zu achten, dass die eigenen Empfindungen und ihre Begegnung mit dem Ganzen der Welt wahrnehmbar werden, dann geschieht etwas Erstaunliches: Wir begreifen mit einem Hauch zärtlicher Dankbarkeit, dass wir immer schon beschenkt sind.

Jede Wahrnehmung ist uns, wie die Philosophen sagen, *gegeben*. Das Kitzeln der feinen Tropfen eines frischen Sommerregens auf der Haut erweckt unsere Poren zum Leben, als wären sie eben erst aus dem Nichts entstanden, und lässt unsere Haut prickeln, als hätte sie sich gerade frisch über einer alten Wunde geschlossen. Darin liegt die tiefe Rührung und unbezähmbare Aufregung, die Dichter wie den schon zitierten Gerard Manley Hopkins dazu bringt, den Dingen zu danken. In ihnen verausgabt sich die Wirklichkeit für unsere Sinne. Rainer Maria Rilke, der deutsche Poet und Philosoph des gedichteten Gedankens, sah es darum als seine einzige Rolle, zu *preisen*: Und das heißt, nichts anderes zu tun, als die Wirklichkeit so ins Leben zu rufen, wie ein Kind unter dem Weihnachtsbaum in ungläubigem Staunen seine Geschenke auspackt.

Die Welt differenziert sich erst dann in die Gegenwart unzählbarer Leiber, Zellen, Augen, Knospen, Flügel, Lippen, wenn die Individuen einander in Beziehungen gegenseitig Wirklichkeit schenken. Das ist *Interbeing* – Gemeinsamsein: einander in einem von allen zugleich hervorgebrachten Gewebe großzügig die Existenz zu ermöglichen. »Wenn wir und die anderen Wesen der natürlichen Welt gegenseitig unsere Wahrnehmungsmöglichkeiten erschaffen«, sagt die Psychologin Shierry Weber Nicholson, »weil wir miteinander unlösbar verbunden sind, dann kann man diese Ko-Kreation auch als ein gegenseitiges Beschenken verstehen.«[140] Und sie fährt fort: »Uns dieser Gaben würdig zu erweisen könnte bedeuten, dass wir willens sind, auch katastrophale Veränderungen auf uns zu nehmen, die uns mitreißen, wenn wir unsere emotionalen Möglichkeiten auf die Gaben einer noch tieferen Wahrnehmung einstellen.«[141]

Wer darauf achtet, wird feststellen, dass die Gabe überall schon verteilt ist und dass wir nur zugreifen müssen. Was uns im Alltag widerfährt und was wir so selbstverständlich als *gegeben* hinnehmen, ist genau das: ein Geschenk. Sie *schenkte* mir ein Lächeln. Die Haut, die sich über der Verletzung *ganz von allein* wieder schließt, ist ein Geschenk. Alle Selbstorganisationsprozesse, alle physikalischen und biochemischen Prozesse also, die der Systemforscher Stuart Kauffman als »Ordnung gratis« beschrieben hat, sind umsonst, sind Geschenke. Neue Fähigkeiten entstehen in Systemen einfach nur dadurch, dass diese mit der Zeit komplexer werden. Sie werden ihnen aus dem Nichts verliehen.

Die Welt, so scheint es, sehnt sich danach, beschenkt zu werden und selbst Neues zu spenden. Ein neuer Kosmos tut sich hier auf; die Welt einer Ethik der Gabe. Jede Wahrnehmung ist ein Geschenk an den, der sie hervorbringt. Das »Fleisch der Welt«, in dem der französische Denker Merleau-Ponty alle Beziehungen eingebettet sah, besteht somit nicht nur aus der gegenseitigen Wahrnehmung, sondern darin, in dieser Wahrnehmung, die immer Berührung in den Sinnen ist, einander Leben zu stiften. Jeder Akt der Wahrnehmung, jedes Erschauern der Haut, jeder Blitz eines Lichtquants im Apparat der Nervenzellen ist ein gegenseitiges Geben und Nehmen. Das »Fleisch der

Welt« ist ein Gewebe wechselseitiger Gnade, eine unüberschaubar verwobene Praxis des Schenkens. Alles, was sich auf dieser Welt in Sicht- und Berührbarkeit verausgabt, ruft eine Gegengabe hervor. Auf diesem Rufen beruht die Stimme der Poesie.

Eine Gottheit, die sich über alle Maßen verschenkt

Der Philosoph Hans Jonas hat ebenfalls über den Geschenkcharakter der Welt nachgedacht. Und auch er kam dazu von einer unerwarteten Seite, von derjenigen des Opfers. Eines Opfers, das unverstehbare Monstrosität erlebt hat. Jonas versuchte zu verstehen, wie sich die traditionelle jüdische Vorstellung eines gütigen und allmächtigen Gottes mit der Katastrophe der Shoah vertragen könne. Jonas stellte also die alte Frage nach der Möglichkeit des Göttlichen angesichts des Bösen neu, und er stellte sie von einem Punkt der Geschichte, an dem für viele das Göttliche Bankrott gemacht hatte – und entsprechend, wie der einflussreiche Denker Theodor W. Adorno befunden hatte, auch die Poesie. Aber die Frage bleibt trotz solcher Verdikte unbeantwortet – und stellt sich in jeder Sekunde neu. Es ist das gleiche Rätsel, vor dem wir stehen, wenn wir den Zusammenhang zwischen der poetischen Fülle der ligurischen Wiesen und dem Umstand betrachten, dass der Fachterminus für diese Fülle »Nahrungskette« lautet.

Als Antwort servierte Jonas keinen theologischen Trost. Er akzeptierte, was geschehen war, in all seinem unfasslichen Schmerz und versuchte gleichwohl, es in einer schöpferischen, und von einer Dynamik des Guten getragenen Welt zu verankern. Jonas erfand dafür die Idee eines »kosmischen Wagnisses«.[142] Dafür verabschiedete er sich vom Modell eines über der Welt stehenden Gottes und verlegte diesen in die Dinge hinein, deren Dynamik er seit Anbeginn machtlos ausgeliefert war. Um überhaupt wirklich zu werden, schlug Jonas vor, konnte die

Gottheit nicht anders, als sich in Welt zu verwandeln, sich an eine Geschichte der Dinge zu verausgaben, über die sie keine Kontrolle hat, weil sie diese selbst ist – aber in der Außenseite. In Jonas' Erzählung ist das Göttliche nicht außerhalb der Welt, nicht einmal *in* der Welt, sondern die Welt und all ihre Möglichkeiten, auch die düstersten, selbst. Um wieder zum Göttlichen zurückzukehren, gilt es, diese maßlose Gabe anzunehmen, weiterzugeben und somit Leben zu spenden.

Der »kosmogonische Mythos«, wie Jonas seine Vorstellung vorsichtig nennt, zeigt das Göttliche als unerhörtes Geschenk, das aber nicht wirklich werden kann, wenn es nicht angenommen und zur eigenen Sache gemacht wird. Nur indem wir es selbst auf uns nehmen, können wir daran teilhaben. So hat das Göttliche zwei Seiten: Es ist die aus allem drängende Sehnsucht nach Individuation in der Fülle – und der Mut, die »Mühe der Dankbarkeit«[143] auf sich zu nehmen und diese Sehnsucht auf angemessene Weise in eine Wirklichkeit zu verwandeln, die das Leben willkommen heißt.

Diesen Impuls fühlen auch wir, selbst hervorgegangen aus der Materie, die beim Urknall entstand, und selbst Kinder einer Kette lebender Zellen seit dem Beginn der Biosphäre. Vielleicht meldet sich gerade darin jenes unabweisliche Lebendigkeitsgefühl, das mit dem Interesse, einen verletzlichen und fantasievollen Körper weiter in einer Welt mit anderen verletzlichen und fantasievollen Körpern zu teilen, verbunden ist. Im Wunsch, wirklicher zu werden, steckt die Sehnsucht des ganzen göttlichen Unterfangens. Es ist dieser Wunsch, den auch wir teilen, den auch wir in uns spüren. Der Mystiker Thomas Merton nennt diese Erfahrung den »Point vierge«, den jungfräulichen Punkt reiner Lebendigkeit, die für die Welt das Leben wünscht, nicht das eigene vor allem anderen, sondern die sich danach sehnt, dass in der Wirklichkeit *Leben sei*.[144]

Der jungfräuliche Punkt lässt uns erkennen, ob in einer Familie oder Landschaft der Lebendigkeit der Vorzug gegeben wird oder der Effizienz und Kontrolle. Er lässt uns ermessen, ob wir selbst lebendig sind – oder nur funktionieren. Er ist die leise Stimme der Wahrheit, von der die Psychologin Susan Forward sprach – jene Stimme, die immer erfasst, ob wir den Prinzipien lebendigen Austauschs gerecht werden, für uns selbst oder für die uns Anbefohlenen. Er ist der Ort in uns, an dem verbürgt ist, dass wir selbst nur sein können, wenn wir dem anderen – den anderen Menschen, unserem Kind, der Wiese, dem Wald, dem alten Baum, dem Maulwurf im Garten – seinen Platz in diesem Gewebe der Gegenseitigkeit lassen. Der Ort, von dem her unsere Sanftheit gegenüber dem Schöpferischen wächst und unsere Freude und Leichtigkeit, wenn wir etwas geben durften und es dem Empfänger Freude bereitet hat. Dieser Ort gehört nicht uns, sondern dem Leben in uns. Auch er wird größer, wenn wir ihn verschwenden.

Die traditionelle religiöse Auffassung »Gott ist die Gnade« hieße also in einem solchen Bild: Die schöpferische Kraft schenkt sich ohne jedes Maß, ohne jede Reserve, veräußert sich bis in die vollkommene Verwundung hinein. Es hieße, dass Gott sich austeilte, ohne jeden Vorbehalt, ohne jeden Wunsch und ohne jede Erwartung, so wie auch wir der Welt und damit uns selbst geschenkt wurden. Es hieße, dass wir aus diesem Geschenk, um Leben zu spenden, die Wehen der Dankbarkeit annehmen sollten, damit wir etwas zurückgeben könnten. Es hieße dann auch, dass wir selbst, wenn wir das Geschenk der Existenz und all ihrer Möglichkeiten zwischen der krassesten Destruktivität und der stärksten Selbstverausgabung empfangen, an die Stelle treten, die dem Schöpfer vorbehalten war. Wir sind es, die sich »der göttlichen Sache« (wie Hans Jonas sagt) annehmen *können* – indem wir das Geschenk, welches das Göttliche selbst ist, weitergeben.

Wir geben es weiter, indem wir Leben stiften, indem wir andere lebendig und wirklich machen. Die Tiere und Pflanzen geben es weiter, indem sie in gedankenloser Hingabe den unablässigen Austausch ökologischer Prozesse vorantreiben. Die Natur ist nichts als das: ein Zirkulieren dieses einen großen Geschenks. An diesem Punkt einer Ökologie der Gabe trifft sich Hans Jonas mit der Mystikerin Simone Weil. Sie sagt: »Liebe ist kein Zustand, vielmehr eine Richtung. Sie ist gewissermaßen die Achse der Pole, deren einer die Materie, deren anderer Gott darstellt … Gott kann in der Schöpfung nicht anders anwesend sein als unter der Form der Abwesenheit … Diese Welt, insofern sie Gottes gänzlich leer ist, ist Gott selbst.«[145]

Die Ökologie der Gabe ermöglicht eine Praxis der Liebe. Liebe als Praxis erfordert, die schöpferischen Gaben fortzusetzen und dabei zu verstehen – und so sich selbst als Teil dieses Gewebes immer neu hervorzubringen. Die ökologische Seite dieser Konzeption heißt: Ich kann erfassen, dass ich selbst in der Art, in Beziehung zu sein, schon in meinen Sinnen stets in Beziehung zu sein, nicht zu urteilen, meine Bedürfnisse nicht zu verstecken, die ganze schöpferische Biosphäre bereits in mir trage. Durch eine solche Erfahrung »weiß man mit Bestimmtheit«, sagt Richard Rohr, »dass es im Leben nicht um einen selbst geht – aber in einem selbst um das Leben«.[146]

Jonas bezeichnete dieses Potenzial, die Selbstverausgabung der schöpferischen Kraft annehmen und weitergeben zu können, als den weltstiftenden, den »kosmogonischen Eros« und stellte ihm einen »kosmogonischen Logos« gegenüber, den unsere rationale Wissenschaft seit ein paar Jahrhunderten versucht, möglichst effizient in ihre Dienste zu nehmen. Aber gerade den Eros einer Wirklichkeit, die sich nach beständiger Schöpfung sehnt, nach Entfaltung, Erfahrung und Selbsterfahrung, dürfen wir nicht vergessen, denn er bestimmt nicht die Proportionen der Zusammenhänge hinsichtlich Maß und Zahl, sondern verbürgt den unterschwelligen Drang nach Individualität und die Sehnsucht nach Vereinigung. Wir dürfen nicht auf ihn warten, wir müssen ihn zu unserem Anliegen machen. Erst dann haben wir den Eros verstanden. Erst dann wird er uns schön und anziehend machen, schön wie jedes Tier, das dem Eros der schöpferischen Notwendigkeit mit allen Fasern seiner Muskeln, mit jedem Haar seines Pelzes folgt, ohne je sein Tun zu hinterfragen. Nur wir selbst können diesen Eros nähren. Kein anderer, kein ferner Gott auf einer Wolke wird das für uns tun. Der Eros des Lebensnetzes ist *uns* geschenkt, uns ganz allein.

Ein Quell der Imagination

Der Kernbeißer ist wieder da. Er sitzt auf einem der Äste des fahlgrünen Weißdorns im Schnee. Der Vogel schwankt etwas zwischen den Streifen aus Weiß, die sich auf den Stammesgabelungen abgelagert haben. Wegen seines massigen, gedrungenen Körpers halte ich das Tier im ersten Moment aus der Ferne für einen Eichelhäher. Etwas oberhalb am Stamm meißelt ein Pärchen Kleinspechte an einer rindenlosen Stelle. Die Tiere reißen Borke ab und hinterlassen ihre Lebensspuren im siechenden Holz, dessen Gehalt an Larven und kleinen Wirbellosen, die sich darin verbergen, sie nährt.

Der Baum beginnt zu zerfallen, abzusterben und damit zur Gabe für die anderen Wesen zu werden. Er beginnt, weniger er selbst zu sein, als ein souveränes Individuum, das für sich allein entscheidet. Und zugleich fängt er an, mehr er selbst zu werden – indem er aktiv wird, ein Zentrum des Handelns, eine die anderen bereichernde Gabe. Der Weißdorn entäußert sich und wird so zu einem Zentrum vieler Existenzen, zu einem heißen Quell der Imagination, die in der kalten Eisluft um dieses eine Zentrum kreist, das sich mehr und mehr entleert.

Im Frühjahr wird ein aufmerksamer Gärtner die Fraßspuren sehen, wird die Selbstentäußerungen des Baums entdecken und wird – ohne groß darüber nachzudenken – einschreiten. Er wird das »tote Holz« kappen, die Wunden mit Baumwachs bestreichen, er wird vielleicht Hilfe anfordern, und er und seine Kollegen werden den »kranken« Baum fällen und entfernen. Dann wird für sie wieder alles im Lot sein.

Die am schütteren Weißdorn sichtbare Botschaft, die Einsicht, die sich an seinem gekrümmten eisiggrauen, von Flechten und Reif, dem Kernbeißer und den Spechten bedeckten Stamm zeigt, wird niemand bemerken. Sie besagt: Der Tod ist der Weg, auf dem sich das Lebendige so verschenkt, dass mehr Leben entsteht. Der Baum wird repariert oder entfernt – denn niemand *soll* die Botschaft bemerken. Ihr Inhalt erinnert daran, dass das eigene Gedeihen einer Geste geschuldet ist, die schmerzt, weil sie das, was man selbst mühsam errungen hat, an andere verschwendet.

Keine Sorge. Der Gärtner wird alles wieder so herrichten, dass die Pflanze als strahlender Sieger zu bewundern sein wird, ganz allein für sich, triumphierend über alle anderen.

10 Der Himmel, jetzt

>*»... ich sah den Fluss meines dunklen Blutes,*
>*ich sah das Räderwerk der Liebe und die Verwandlungen des Todes,*
>*ich sah das Aleph von allen Seiten und im Aleph die Erde,*
>*ich sah mein Gesicht und meine Eingeweide,*
>*ich sah dein Gesicht, und ich fühlte Schwindel und weinte,*
>*denn meine Augen hatten dieses verborgene und*
>*mysteriöse Objekt gesehen,*
>*dessen Namen die Menschen an sich reißen,*
>*weil noch kein Mensch es je erblickt hat:*
>*das unaussprechliche Universum.«*
>Jorge Luis Borges, Das Aleph[147]

Der Himmel hat sein Versprechen von gestern gehalten. Heute wölbt er sich über uns in einem transparenten Blau. Und wieder ist er da, dieser erste Himmel der Kindheit, der Himmel jenes einen leuchtenden Tages, der für all die schon lange verflossenen Stunden eines unbeschwerten Wahrnehmungsglücks steht. Damals wurde mir frisch wie niemals später klar, dass Sommer war – nein, nicht, dass Sommer war, sondern dass *Leben war*. Der Himmel ist seidig heute Abend, die Mauersegler jubeln, die Blumen recken sich nach mir, ich gehe ihnen entgegen.

Als ich mit dem Hund in Richtung des Friedhofs hinaufsteige, sehe ich einen gigantischen Schmetterling auf der Straße liegen. Der Körper mit den langen Flügeln ist auf die Seite gekippt. Im ersten Moment halte ich ihn für einen verletzten Vogel. Dann denke ich, dass es ein riesiger Schwärmer ist. Ich trete näher und drehe das Tier um. Es ist der größte Schmetterling, den ich in meinem Leben gesehen habe. Als ich ihn aufhebe, beginnt er schwach mit den Flügeln zu schlagen, die an den Rändern schon ausgefranst sind. Ich sehe die riesigen, federartig ausgefiederten Antennen am Kopf, die orange gezackten Binden auf den Schwingen, die vier spiegelnden Augenflecke, auf jedem Flügel einer.

Es ist ein Großes Nachtpfauenauge, der größte Schmetterling Europas. Einmal, vor ein paar Jahren in Südfrankreich, habe ich seine Raupe gesehen. Ich trage den Falter vorsichtig in der Hand, um ihn meinem Sohn zu zeigen, und bedecke ihn mit der anderen. Unter den Fingern spüre ich ein schwaches Flattern. Die Spannweite des Falters ist so groß wie meine Hand lang ist. Ich betrachte die gefiederten Fühler, mit denen das Tier noch ein einziges Duftmolekül eines einsamen Weibchens auf Dutzende Kilometer Entfernung wahrnehmen kann und dann dieser Spur zur Paarung folgt. Wehmut ergreift mich.

Mein Sohn fragt: Wie selten ist der Schmetterling? Ich sage: So selten, dass du ihn vielleicht niemals mehr in deinem Leben sehen wirst. Die Raupen fressen sich den Sommer hindurch dick; die Falter leben nur wenige Wochen oder sogar bloß Tage zwischen April und Juni. Wie rar sie geworden sind. Hat dieser sein Weibchen gefunden, bevor er nun sterben muss? Ich setze ihn in das Laub eines Lorbeerbusches. Schwach schlägt er mit den Flügeln, müde streckt er seine pelzigen Beine vor sich aus, unter den mattschwarzen runden Augen, in denen all diese Einzelheiten versinken wie in einer samtigen Nacht, die nicht mehr zu Ende geht. Eine Ameise betastet den Körper, der noch pulsiert, aber schon an der Schwelle zum Kadaver steht. Das Tier ist längst ein Fremder, ein letzter Aristokrat in seiner überdimensionierten Größe, der seine Kräfte beim nachtlangen Flattern um die Lampe am Haus der Bürgermeisterwitwe verbrannt hat. All diese Begegnungen mit versprengten Wesen, all diese glücklichen und melancholischen Treffen, welche jedes Mal das letzte sein können, lassen mich einem Aspekt meiner selbst begegnen – und einer Charakteristik der Welt.

Das Nachtpfauenauge ist ein Körper, unübersehbar groß. Indem ich ihm begegne und all das fühle, was diese Begegnung beinhaltet, indem ich, selbst zerbrechlicher Teil des »Fleisches der Welt« diesen anderen Teil begrüße, erkenne, und ein wenig zu beschützen versuche, ist all das längst nicht mehr nur ein äußerliches Geschehen. Es ist ein Drama der Lebendigkeit selbst, die keinen Ort hat, die nicht außen oder innen ist, im »Geist« oder im »Körper«. Wenn ich richtig schaue, sehe ich nicht die Außenseiten der Wesen, sondern ihre Lebendigkeit – und wie es um sie bestellt ist. Das ist das Sehen mit dem Herzen, von dem der Dichter Antoine de Saint-Exupéry sprach. Das Herz bewegt sich in seinem eigenen Raum, in dem es unwichtig ist, ob etwas als Körper auftritt oder als Gedanke. Es ist der poetische Raum, aus dem alle Wirklichkeit ihre Kraft bezieht, ein Raum, jenseits jeder Trennung zwischen dem Ausdruck eines Körpers und dem, was damit als eine existenzielle Geste im Raum steht. Das Fleisch der Welt, es ist zugleich Körper *und* dessen Fühlen. Es ist ein atmendes Geflecht poetischer Bezüge.

Wie sehr dieser innere Raum der Lebendigkeit unter allen Wesen gerade durch die Schmetterlinge und ihre zerbrechliche Pracht hervorgebracht wird, hat kaum jemand besser erfasst als die dänische Dichterin Inger Christensen. Das langsame Verschwinden der Schmetterlinge aus den toten Intensivflächen der Ernährungsindustrie ist damit auch ein Abschied von der Poesie. Wir haben uns das Exil aus dem poetischen Raum verordnet. Daher fällt es uns zunehmend schwerer zu verstehen, was Leben und Tod, Schmerz und Glück wirklich bedeuten. In ihrem kleinen, aber entscheidenden Band »Schmetterlingstal – ein Requiem« schreibt Christensen:

»Dieses Flügelflimmern – ist es nur eine Schar
von Lichtteilchen in einem Gesicht der Einbildung?
Ist es die geträumte Sommerstunde meiner Kindheit,
zersplittert wie in zeitverschobenen Blitzen?
Nein, es ist der Engel des Lichts, der sich selbst
als schwarzen Apollo mnemosyne malen kann …«

Und etwas weiter unten sagt sie:

»Ich spiele Perlspanner, um die Lebensformen
der ganzen Welt in eine einzige zu bringen.
Sodass ich dem Tode antworten kann, wenn er kommt:
Ich spiele Braunauge, darf ich hoffen,
dass ich das Bild des ewigen Sommers bin?«[148]

Wir sind immer schon innen

Jeder Körper ist ein Fleisch und Blut gewordenes existenzielles Drama. Er ist ein Triumph über die beständig an ihm zerrenden Kräfte des Zerfalls, ein vorübergehender Sieg des erotischen Strebens nach Einheit und Fülle über die Schwere der Materie. Jeder Körper ist damit nicht nur Physis, sondern stets zugleich sichtbare Psyche: Er verströmt die Bedeutung all dessen, was ihm zugestoßen ist, nach außen. Stellen Sie sich einen Baum vor, der am steilen, felsigen Hang pfeilgerade in die Höhe wächst: Sein Wachstum verkörpert das maßlose Zerren an den Kräften des Lebens, und es verkörpert seine Überwindung. Alles, was sich als ein biochemischer Prozess beschreiben lässt, hat diese Innenseite, die sichtbar wird, wenn man sie sehen möchte. Wir sind von Gesten des Lebens umgeben und rufen selbst beständig solche hervor.

Wissenschaftlich könnte man sagen: Was Forscher bislang Kognition genannt haben, das Denken und Wahrnehmen in der Natur, ist in Wahrheit poetischer Ausdruck. Und dieser Ausdruck ist kein Idyll. Zu ihm gehört alles. In der Natur erscheint Lebendigkeit als das Prinzip des Poetischen, und dazu gehören Geburt und Tod, Wachstum und Verfall, Ekstase und Weh. Die Natur ist Heimat nicht als Ort der Heilung, zu dem sie auch heute noch oft gemacht wird. Ich kann diese Nostalgie verstehen. Aber was uns an der Natur anzieht, ist der Umstand, dass sie die ganze Lebendigkeit umfasst, den gesamten Jubel und alle Qualen, ganz, weil sie die körperliche Seite der Lebendigkeit ist – des poetischen Raumes, aus dem alles kommt und in dem alles versinkt.

Wir können überall die Manifestationen dieser reinen Lebendigkeit erkennen. Dafür müssen wir unseren Blick umstellen und das nutzen, was Mary Catherine Bateson, die Tochter des Kognitionsforschers Gregory Bateson, einmal als »peripheres Sehen« bezeichnet hat: Wir schauen nicht mit dem Punkt unserer größten Sehschärfe, um die Zusammenhänge in logischer Klarheit zu erkennen, sondern mit dem Teil unseres Auges, der zwar nicht am schärfsten sieht, aber am meisten Licht aufnehmen kann. Das ist eine kleine, dicht mit Sehpigment gepflasterte Grube der Netzhaut, die Fovea. Diesen Blick wenden wir in der Dämmerung unwillkürlich an, um noch Gegenstände zu unterscheiden.[149] Wir spüren dabei mehr, als dass wir klar erkennen. Im peripheren Sehen tauscht man die größtmögliche Sehschärfe gegen die maximale Öffnung aus. Man sieht nicht mehr alles scharf vor sich, aber blickt dafür gewissermaßen mit dem ganzen Körper – mit der Sensibilität also, mit der wir uns immer schon selbst wahrnehmen. Peripheres Sehen heißt wahrnehmen, indem wir uns vom Licht abwenden und seine Helligkeit nicht mehr mit den Augen aufnehmen, sondern warm auf dem Nacken spüren. In diese Aura treten alle anderen Wesen ein, aber nicht als biologische Spezies, sondern als Brüder und Schwestern in einem Raum der Lebendigkeit.

Raum und Körper werden durchsichtig, wenn wir mittels der peripheren Sehweise schauen. Wenn wir mit unserem ganzen Leib sehen, der seinerseits von den Körpern der anderen im vibrierenden Feld des Fleisches wahrgenommen wird. Wenn wir mit allen unseren Sinnen sehen, mit unserer Lebendigkeit selbst. Auf diese Weise können wir die Gesten des Lebens wahrnehmen. Letztlich sind sie es, was wir von der Welt am deutlichsten erfassen können.

Denn wir spüren in unserem Zentrum nichts als das: reine Lebendigkeit, unausgesprochen, nicht in Worte zu fassen, Lebendigkeit von innen, die den Spuren der Lebendigkeit unter den Dingen und Gegenständen zu antworten vermag. Das ist es, was in der Verzweiflung heilt, was aus der Natur als Kraft zu uns strömt. Leben heilt Leben. Heute werden manche verstörte Patienten mit der »tiergestützten Therapie« behandelt: Ein Helfer legt ihnen etwa ein junges Huhn aufs Bett, oder einen sanften und doch übermütigen jungen Hund. Ihre Medizin besteht aus nichts als einer hohen Dosis reiner Lebendigkeit, unverdünnt.

Natur ist kein Spiegel unserer Seele. Sie ist ein körperlicher Ausdruck des Seelischen, das die Innenseite der Wirklichkeit darstellt. Natur ist der Raum, in dem alles gleichzeitig körperlich und sinnerfüllt ist, gleichzeitig aus Fleisch und aus Geist. Das zarte Astwerk des Nussbaums, das in seiner adrigen Eigenart das feine schwarze Gewebe auf der Schale einer frischen Walnuss wiederholt; der Kirschbaum, der in seinem Herbstglühen die Färbungen der Sommersonne, die ihn satt gemacht hat, noch einmal träumt und so in der Erinnerung des Sommers den Herbst zum Ausdruck bringt, nicht als Bewusstsein, sondern als Sein: All das sind Weisen, wie die Lebendigkeit selbst, in reiner Form, erscheint. Erscheinen kann sie nur an einem Körper, aber dieser Körper wird, schauen wir richtig hin, zugleich zu etwas Unkörperlichem, zu einer existenziellen Geste.

Wir können an dieser Stelle über das, was wir im fünften Kapitel gesagt haben, hinausgehen. Natur ist kein Abbild oder Spiegel unserer Seele. Sie ist auch mehr als eine räumlich begehbare, »externalisierte« Psyche (wie der Ökophilosoph Paul Shephard meint). Sie ist vielmehr der Raum der reinen Lebendigkeit. Die Natur, das sinnliche Gewebe unzählbarer Körper in Durchdringung und Berührung, ist der Ort, wo wir den Übergang von der Materie in die Fantasie nachvollziehen können, der aller Lebendigkeit zugrunde liegt.

Auch Poesie arbeitet mit der reinen Lebendigkeit. Sie ist Modellierung der Lebendigkeit im Medium der Worte, der Farben, der Töne, der Volumina. Ihr Zweck besteht nicht darin, zu beschreiben oder zu analysieren, sondern wiederum lebendig zu machen. Entsprechend ist etwa Musik nicht die Darstellung von Gefühlen durch Tonsymbole, sondern eine eigenständige Erscheinungsweise der Prinzipien des Lebens, seines Anschwellens und Abebbens, der Steigerung, Brechung, Vereinzelung, Zusammenführung. Der Raum der Lebendigkeit lässt sich betreten und auf der Haut fühlen. Wir nähern ihm uns durch die Sinne. Und wie eine erotische Erfahrung nur durch die Berührung der Haut möglich wird, lässt sich auch die künstlerische Erfahrung nur durch die Sinne verwirklichen. Auch hier zeigt sich Lebendigkeit nur in der Gestalt eines Körpers. Ich erfasse sie durch die Sinneskanäle, die dadurch zugleich mehr sind als Wahrnehmungsorgane. Sie sind Bedeutungsorgane.

Bedienen wir uns des peripheren Sehens, entfalten wir ein Sensorium für den poetischen Raum der Lebendigkeit. Wir haben ein Gespür für das Potenzial, das zum Leben drängt. Und wir können erkennen, dass es so etwas wie ein absolutes Formenspektrum von Gesten des Lebens gibt, die sich auf ganz verschiedene Weisen ausdrücken lassen. Synästhetiker wissen das: Für sie haben Farben nicht nur eine Tönung, sondern auch eine Textur, einen Klang und einen Geschmack, können also etwa samtig sein, glatt, hohl oder schal.

Was all diese Aspekte eint, ist ihre Bedeutung als Gesten des Lebens. Der Philosoph Hermann Schmitz beobachtete einmal, »Mozart, Gelb und ein hüpfender Gang« hätten alle den gleichen existenziellen Wert: nämlich freudig und leicht zu sein. Was es heißt, freudig und leicht zu sein, wissen wir aus unserer Körpererfahrung. Wir können es mit anderen Körpern teilen, mit allen Körpern im Fleisch der Welt. Wir können es nur als Körper erfahren, obwohl es eine Erfahrung ist, die den Körper überschreitet. Darum ist die Poesie notwendig wie die Luft zum Atmen: Das Wissen über die Lebendigkeit lässt sich nicht in Form von Fakten vermitteln, sondern nur durch Ansteckung mit Leben. Lewis Hyde meint: »Manches Wissen überlebt keine Abstraktion, und um dieses Wissen zu bewahren, müssen wir die Kunst haben. Das flüssige Licht, das Ahnen, die Fruchtbarkeit der Natur, das Gefühl der Seele im Aufschwung – nur die Imagination kann unsere Erfahrung dieser Dinge artikulieren, und die Imagination spricht in Bildern.«[150]

Das Gefühl der Seele im Aufschwung ist das Gefühl, dass sich die Sehnsucht nach Lebendigkeit, die den Kosmos zum Bersten erfüllt, verwirklicht. Weil wir alle – alle Wesen mit einem Körper – die existenzielle Erfahrung von Unbeschwertheit teilen können, die sich im Herumtollen des Kleinkindes ausdrückt, in den Bocksprüngen des Kitzes, im Hinaufschwirren der Mücken in die laue Luft des Abends, in der höher und höher kreisenden Bewegung der Mauersegler um den alten Burgturm, gehört diese absolute Qualität belebter Wirklichkeit uns allen. Gemeinsam betreten wir den poetischen Raum, den einzigen Raum, der alle anderen Räume umfasst. In ihm können wir die existenzielle Erfahrung mit schöpferischen Mitteln neu hervorrufen: mit flüchtigen Linien, einer leichtfüßigen Zeile, einer aufsteigenden Kadenz, der Kameraeinstellung auf eine in den Frühlingsabend steigenden Straße, dem nach außen strebenden Aderngewebe eines Blattes. Wir können diese Lebendigkeit nicht packen und festhalten. Wir können sie nur erzeugen, indem wir sie weitergeben.

Sehnsucht, die Sehnsucht bleibt

Der poetische Raum ist das, was noch nicht wurde – und das, was nie werden durfte. Er ist das Schauern auf den Dingen, das sie zur Veränderung drängt, die zerstörerische Unruhe, die sich nicht zufrieden gibt, der Frühlingsvorabend im Park der Großstadt, an dem die Amsel zum ersten Mal unbeholfen aus einem kahlen Baum flötet. Für den französischen Lyriker und engen Freund von Albert Camus, René Char, war das geradezu die Definition des Poetischen: »Poesie ist Sehnsucht, die Sehnsucht bleibt«, schrieb er.[151]

Alles, was lebt, wohnt im Körper dieses Begehrens. Nur das Begehren gestattet, den Leib über dem Strudel der zerrinnenden Materie zusammenzuhalten. Dieser Lebenswunsch ist es, mehr als die materielle Schwere, was ein Wesen ausmacht. Das Lebendige ist die Sehnsucht nach Vollständigkeit, indem sie Sehnsucht bleibt und sich als solche eine Form gibt. Das ist die Poesie des Körpers, von der winzigsten Zelle an: eine Geste des eigenwilligen Existierens *ganz auf meine Art* im Angesicht des mit allen geteilten und unwiderruflichen Endes.

Aber dieses Existieren ist eben nicht Trotz, nicht Rebellion, sondern es ist die Verwandlung des Nichtseins in Affirmation, die Transformation des Sterbens in Begehren, das Fleisch und Blut hat, eine atmende Gestalt in ihrer Einmaligkeit, mit der sich sprechen, die sich zärtlich streicheln lässt. Der Körper, der einzelne und der große Körper der Natur, *ist* diese Sehnsucht. Er ist Lebendigkeit aus der Innenseite der Lebendigkeit, die noch keine Form gefunden hat, die beim Betrachter nach ihrer Form sucht, um zu erscheinen, indem dieser etwas zu verstehen glaubt, indem er selbst einen Impuls der Lebendigkeit spürt. Sie ist das, was nie vollendet ist, weil es da ist, aber keinen Beginn findet, sondern immer nur sucht und begehrt.

Der poetische Raum selbst ist schon vorhanden, bevor ihn Körper ausdrücken. Er ist anwesend als Wunsch und Mangel – so wie die intensivste Erfahrung des Frühlings in Wahrheit das Bewusstsein des Fehlens von etwas ist, das kurz bevorsteht. Die Zweige, das graue Gras machen sich transparent und fadenscheinig, um hinter diesem Mangel ein Potenzial ahnen zu lassen. Der Biophysiker Stuart Kauffman nennt dieses schüchterne Zeigen das »angrenzende Mögliche«.[152] Auf diese Weise versucht er die dauernde Selbstorganisationsfähigkeit der Biosphäre zu beschreiben: Das angrenzende Mögliche wird im Verlauf der Evolution eines Ökosystems beständig erforscht und erweitert. Je lebendiger ein Ökosystem, desto stärker schwillt in der Unsichtbarkeit das angrenzende Mögliche an.

Dass das angrenzende Mögliche unsichtbar sei, gilt freilich nur für die Erfahrung des messenden Wissenschaftlers, der sich weigert, mit dem peripheren Blick die eigene Empfindung wahrzunehmen und darin den Teil der Welt, der lebendig ist und ein atmendes Gegenüber. Wer sich selbst immer mit sieht, nimmt die Sehnsucht der Lebendigkeit nach sich selbst in Form von Vorfreude wahr. Er lässt sich vom Leben anstecken.

Die so gewonnene Sensibilität ist letztlich nichts anderes als die schöpferische Kraft eines Stücks Natur, die physisch und stofflich neue Lebensformen hervorzubringen vermag. Eine neue Artbildung oder eine neue Nische entsteht aus der »Imagination eines Ökosystems«. In unserer Wahrnehmung schlägt sich diese Imaginationskraft als Freude nieder. Das vielfältige Ökosystem wird uns Dinge entdecken lassen, die wir uns noch nicht vorstellen konnten, es wird uns Gefühle zeigen, die wir nur ahnten.

Der poetische Raum existiert als ein Bedürfnis, zu werden und gesehen zu werden, als Verlangen des Ungefühlten, gefühlt zu werden, des Unsichtbaren, ins Licht zu treten, des Immateriellen, berührbar zu werden als empfindsame Haut in Schmerz und schüchterner Freude. Der poetische Raum ist das, aus dem sich die Unvollkommenheit jeder Schöpfung zu füllen sehnt, und was sie doch nie füllt. Jeder kreative Akt ist der Versuch, einen Mangel zu stillen, indem er den poetischen Raum mit konkreter Form, gelebtem Leben, der Geste eines pulsierenden Körpers füllt – und trägt damit doch die Sehnsucht nach mehr Leben, nach Erfüllung, nach Heilung immer nur weiter.

Der poetische Raum ist der Raum des Potenzials, das darauf wartet, verschenkt zu werden. Der poetische Raum ist der

Raum des Noch-Nicht, der Raum des Mangels, in dem das, was werden kann, sich als Sehnsucht abzeichnet, als Schmerz des Abwesenden, aus dessen Versagung Schöpfung entspringt. Er ist der Raum, in dem die Möglichkeit zittert, derer sich ein Wesen annehmen muss, um weiter selbst zu sein und dabei anders zu werden. Der poetische Raum wird von jeder wahrhaft lebendigen Geste geöffnet – der Geste eines Wesens oder Ökosystems oder der Geste eines Kunstwerkes, in dem es um den Sinn des Lebens geht –, weil diese Geste dazu auffordert, selbst lebendig zu werden und so die eigene Lebendigkeit in die Waagschale zu werfen.

Das wäre also am Ende dieser Seiten eine Definition des Poetischen.

Das Poetische ist das, was dazu auffordert, lebendig zu werden. Es ist das, was den Wunsch unwiderstehlich werden lässt, Leben zu schenken. Das Poetische ist in einem Bild wie Piero della Francescas *Maria Maddalena* in Arezzo, in dem der Betrachter sieht, wie die Dargestellte glücksversunken etwas Unsichtbares erblickt und so selbst von diesem Unsichtbaren angeschaut wird. Das Poetische ist ein junger Hund, der mit der Schnauze eine Nuss empor wirft und sie wieder fängt. Es ist ein Kind, dem seine Eltern mit Güte antworten, die aus ihren Augen spricht; eine Melodie, die nicht aus dem Kopf geht und den Körper zum Tanzen anregt; ein Vers, der die Welt in einem neuen Licht zeigt, weil er den Wunsch weckt, Verse zu schreiben.

Im poetischen Raum sind die Widersprüche nicht gelöst wie in der realen Erscheinung, wo jeder Körper in jedem Moment ein erfolgreiches Aushandeln der Gegensätze darstellt. Dort sind sie gleichzeitig vorhanden, auf einmal, wie in der ganzen, noch nicht in Individuen aufgefächerten Wirklichkeit, in einer simultanen Zusammenschau *aller* Individuen, aller Gesten des Lebens.

Das Poetische des lebendigen Raumes ist somit zutiefst von Paradoxien durchdrungen. Es ist anwesend nur in der Abwesenheit. Es ist eine immaterielle Geste, aber an Körper gebunden. Es ist schon da, aber nur als Potenzial. Das »Ganze, in einem beliebig kleinen Fragment«, habe ich in *Alles fühlt* geschrieben. Das Poetische ist die Geste des Eros, der Verschmelzung will und dafür Vereinzelung aufbieten muss. Es ist, und es ist nicht. Alle Zeiten und alle Existenzen in einem winzigen Moment exquisiter Lebendigkeit: Das ewige Leben, könnte man so sagen, ist die eigene ungeschützte Lebendigkeit im Augenblick.

Viele klassische Definitionen des Schönen enthalten diese Verkopplung von Unvereinbarem. Vom »endlichen Unendlichen« spricht der romantische Philosoph Friedrich Schelling. »Vollkommenheit in Freiheit« nennt es der Dichter Friedrich Schiller.[153] All diese Definitionen sind Paradoxa, weil sie eine Ganzheit definieren, die sich in die kreative und dem Künftigen offene Spannung von Individuen sondert.

Das Entscheidende liegt im Unerreichbaren, in der Sehnsucht. Beide Aspekte müssen real sein, beide zugleich gelten, um wirklich Welt zu enthalten. Die Pflanzen treiben in jedem Frühjahr erneut aus ihren harten Hülsen hervor. Der Tod ist wirklich, den das Eichhörnchen in einem harten Winter stirbt. Beides ist gleichermaßen gültig. Beides ist notwendig – und zugleich in seiner Spannung ein Schmerz. Die Ökosphäre ist Kampf *und* Kooperation, sie ist Körper *und* Geist, sie ist Mechanik *und* Imagination – und das alles immer nur zugleich. Diese Koexistenz zwingt zur Imagination. Poetisches Handeln heißt, sich von der reinen Lebendigkeit in Schwingung versetzen zu lassen – aber nicht Genussgüter anzuhäufen, sondern selbst Lebendigkeit zu produzieren. Poetisches Handeln setzt dem Tod keine Kontrolle und keine Unterdrückung entgegen, sondern die Bereitschaft, die Fähigkeit und die Zustimmung zur beständigen Geburt. Die Poesie ist unser stärkstes Mittel der Verwandlung. Die Poesie ist unser mächtigstes Instrument der Liebe.

Poetischer Materialismus

Vielleicht kann man die Haltung einer erotischen Ökologie als einen *poetischen Materialismus* bezeichnen. Die Biosphäre ist stofflich, und dieser Stoff verhält sich entsprechend jenen allgemeinsten Lebensprinzipien, die wir Naturgesetze nennen. Und die Welt ist bedeutungshaft – oder geistig –, indem alles, was geschieht, die Selbsterfahrung der Lebendigkeit beeinflusst, indem alles, was der Fall ist, sich als eine Geste des Lebendigen zeigt und somit eine Absolutheit des Wertes in die Welt bringt. Und beides ist nur miteinander möglich. Auch hier findet sich wieder die Spannung zweier Gegensätze, die gewöhnlich als unvereinbar gedacht werden. *Poetischer Materialismus* heißt, dass der Sinn in die Körper eingeschlossen bleibt und wir ihn nicht extrahieren können, ohne diese Körper zu beschädigen. Wir können ihn nur erfassen, wenn wir selbst lebendig sind – und dabei müssen wir ihn unweigerlich verwandeln, weil wir neue Bindungen mit anderen Körpern eingehen.

Der poetische Raum, der lebendige Raum einer schöpferischen Wirklichkeit, ist nicht außerhalb der Welt. Doch er ist ebenso wenig irgendwo in der Welt, wie etwas in einer Schachtel ist. Er ist die ganze Welt, aber nicht ihre Oberfläche, sondern das, was wir durch diese Oberfläche verstehen können. Nichts ist darum egal. Jede Oberfläche zählt. Das ist kein Ästhetizismus, sondern schlicht die Anerkenntnis, dass jede unserer Haltungen eine direkte Auswirkung auf unser Lebendigsein hat. Christopher Alexander, der Architekt und Künstler, der am radikalsten dafür streitet, unsere Idee des Schönen als das zu erkennen, was uns lebendig macht, kämpft darum beständig für lebensfördernde Umwelten. Denn Zerstörungen im realen Raum sind immer auch Katastrophen im poetischen Raum, weil der reale Raum ja der poetische Raum ist, aber eben im Hinblick auf seine Bedeutung für unsere Lebendigkeit.

Daran dachte ich im Sommer des Jahres 2010, als ich an den

Tetrapoden der Hafenmole von Sestri Levante saß. Das Meer lag vor mir bis zum Horizont, den rechter Hand der dünne blaue Streifen der ligurischen Küste einnahm, wie sie sich im Westen zur französischen Provence hin biegt. Das Meer so groß, so blau. Ich dachte an die in jenem Sommer im Golf von Mexiko havarierte Ölquelle, deren Inhalt haltlos in den Ozean sprudelte und die nicht vor dem Spätsommer geschlossen sein würde, und auch das nur vielleicht.

Die wiegenden, rollenden Wogen erschauerten eine nach der anderen, bevor sie an den stumpfen Betonarmen der Wellenbrecher barsten und sich ihre Masse weiß schäumend zerfaserte. Was für ein Gefühl würde uns erfüllen, fragte ich mich, wenn das Meer eine unendliche Lache von Schmutz wäre, ein gigantisches Reservoir von Unrat, der sich in majestätischem Heben und Senken einer grauen, schaumigen Dünung an unsere Ufer ergösse, an unsere dicht bebauten, von Vergnügungstempeln gesäumten Küsten? Ein solcher Ozean wäre ein Spiegelbild unserer Verzweiflung, und er wäre doch immer noch ein Spiegelbild der alles bewegenden Urmomente von Kraft, Beharrlichkeit, Geduld und Überschreitung. Auch die jaucheschwangeren Gestade wären erhaben und schön, auch sie würden unsere Kleinlichkeit gegenüber den Dingen maßlos übersteigen.

An einem hellen Mittag kurz nach diesem Moment fand ich am Rand meines Weges im ligurischen Hinterland ein paar schlanke Gladiolen. Es waren Wildblumen, die nur hier auf der Apenninhalbinsel vorkommen, *Gladiolus italicus*. Von nun an nahm ich meinen Weg an ihnen vorbei, für das rauschende Fest ein paar schnell verflossener Tage. Ein Geschenk aus dem Nichts, auch sie. Ich hatte sie entdeckt, hatte sie sich entfalten sehen, mich über sie gewundert, und sah sie wieder schwinden. Zur Begrüßung und zum Abschied zeichnete ich sie. Nicht um das Vergehen aufzuhalten; den flüchtigen, bereits im Geborenwerden sterbenden Augenblick; nicht um zu verewigen, sondern zum lächelnden Gruß bei der Begegnung und beim Abschied zeichnete ich sie. Die niemals zu Ende darstellbaren Schatten, Wellen und farblichen Variationen eines einzigen der Blüten-blätter, der »petali«, wie sie die Tochter meiner Freundin, der Schul-Pedellin mit schöner Melodie auf Italienisch ansprach. Je länger ich diese Einzelheiten zu betrachten versuchte, je ge-nauer ich es mit ihnen nahm, desto tiefer stieß ich in die Un-endlichkeit vor, so als folgte ich einer Küstenlinie Sandkorn um Sandkorn. Raum und Zeit begannen zu schweigen.

Es gäbe vermutlich eine Entsprechung zwischen der Detail-tiefe eines rosigen Kelchblattes, eines lichtdurchwehten Blattes von *Gladiolus italicus* und der unendlichen Länge und Auflösung der Küstenlinie, könnte ich ihr Korn für Korn folgen. Ich be-gegnete nicht einer Metapher für die Aufhebung des Raumes, der Entfernungen, der Getrenntheit, sondern diese Aufhebung fände real statt. Aber so blieb ich bei meinen wenigen Gladio-len, solange sie blühten. Ich zeichnete Poren und Farbsprengsel, ich umrundete Buchten, Klippen, Steine, Kiesel, Körner, Kris-tallgitter, Moleküle, Elektronen: Und hier spätestens, an der Grenze zur Dimension der Quanten, wurde die Distanz in der Nichtlokalität aller Positionen ausgelöscht.

Den Ort eines Elementarteilchens messen zu wollen ist un-möglich, ohne dieses zugleich mit seiner Messapparatur und über sie hinaus mit dem ganzen Universum zu verbinden. Nicht anders löste sich das Lichtgitter der Petalenhaut auf in die Abendröte eines ganzen Tages. Es war dort, und es war in mir, und ich war in ihm, so wie Ladung und Impuls des Elektrons (mathematisch und experimentell belegbar) mit dem gegenläu-figen Spin seines Bruders am anderen Ende des Universums verfugt sind.

11 Die Stimme des Glücks

>*»Lachen rettet uns,*
>*weil wir die andere Seite der Dinge sehen,*
>*ihre surreale und unterhaltsame Seite,*
>*oder uns diese zumindest vorstellen.*
>*Lachen hilft uns, nicht zerrissen zu werden,*
>*nicht wie welkes Laub fortgefegt zu werden,*
>*sondern die Nacht zu überstehen,*
>*auch wenn diese endlos lang ist.«*
>
> Roberto Benigni

Im Sommer 2013 bin ich oft zum Teufelssee gefahren. Es war nicht weit, bloß mit dem Fahrrad die lange Straße zwischen den Kiefern, Birken und Buchen des Grunewaldes hinab, keine Viertelstunde.

Ich radelte an den dunkelgrünen und blaugrünen und von der Sonne hell angeleuchteten Bäumen des Waldes vorbei, die sich unter dem für viele Wochen zuversichtlich blauen Himmel nicht regten. Das kleine Gewässer lag schwarz und glatt in einem baumlosen Tal des Grunewaldes, am unteren Rand einer weitläufigen Wiese, eingefasst von Erlen und blühenden Kräutern. Ich bin immer hingefahren, wenn ich nicht mehr schreiben konnte, wenn mich meine stickige Wohnung an der großen Straße und der Lärm, der durch die geöffnete Balkontür hereindrang, erdrückten.

Ich hielt mich nie lange auf, fuhr zielstrebig zum See, entkleidete mich dort am Rand des Ufers, stopfte alles in die Seitentasche des Fahrrads und schlüpfte ins Wasser. Manchmal traf ich einen Freund oder eine Freundin, und wir ließen uns gemeinsam unter die elastische kalte Haut des Sees gleiten.

Wir badeten in einer der kleinen sandigen Buchten, die sich im Gebüsch am Ufer öffneten und zwischen Wolfstrapp, Natternkopf, Vergissmeinnicht und den jungen Weidenröschen in das kühle, grünliche Wasser führten. Wir schenkten unser Gewicht dem Wasser, das uns nach einem leichten Zögern trug. Meistens mussten wir ein bisschen japsen vor süßer Überraschung, die immer neu und immer die gleiche war, gierig erwartet und ein vollkommener Beginn, und dann mussten wir lachen. Das Wasser trug uns auf seinen glatten Händen, und wir lachten laut, wegen nichts, wir lachten vor lauter Freude.

Manchmal, wenn ich am Abend noch einmal hinfuhr und noch einmal in den See ging, kam es mir vor, als wäre das Wasser noch ganz erfüllt von der letzten Berührung. Ich ließ mich von dem warmen und darunter ein bisschen kühlen Wasser umfangen und streicheln. Winzige Samenspelzen trieben auf der glatten Fläche, langsame Wolken schwammen tintenblau in verschiedenen Mischungen über einen weiten Himmel, manchmal sprang ein Fisch aus der Tiefe hoch, beschrieb einen schnellen Bogen über der glatten Oberfläche und verschwand wieder darunter. An einem Abend entdeckte ich, dass auf der Westseite unter den umgestürzten Weiden die Seerosen erblüht waren, nicht die kleineren gelben Teichrosen, sondern richtige Seerosen mit einem saftigen Kern aus klebrig-pelzigen Staubgefäßen in der Mitte, umgeben von einem Strahlenkranz aus cremig weißen Blütenblättern.

Der See war voll von sich selbst, und auf seiner Oberfläche ließen sich die Rosen treiben, gerade so wie ich. Der See berührte mich mit seiner zärtlich kühlen Haut, deren Spannung unter meinen Bewegungen beim Schwimmen zögernd erschauerte. Der See ließ mich meine eigene Haut mit sanftem Druck, mit kühler, dann wieder warmer Umhüllung erst wirklich spüren. Er war voll von einem Du, das mich umfing, benetzte und berührte, und diese Berührung machte mich zu mir selbst, ließ mich jeden Quadratzentimeter meiner eigenen Körperoberfläche empfinden, und ich musste immer wieder lachen, vor Glück lachen, mitten auf dem See, allein und getragen, und ich drehte mich auf den Rücken und blickte in den Himmel, gehalten von einem glatten, leise schwankenden Spiegel. Das war der Höhepunkt des Sommers.

Ich erinnere mich, dass ich einmal, beim Zurückschwimmen, nah am Ufer, wo ich schon wieder stehen konnte, einer anderen Badenden begegnete, einer sympathisch aussehenden Japanerin, die aus irgendeinem Grund eine übergroße Schwimmbrille trug. Sie stand im Wasser mit ihrer zu großen, eckigen Maske und starrte gespannt vier junge Enten an, die vorbei an einer Seerosenmatte auf sie zupaddelten. Und dann musste sie über das ganze Gesicht lachen, sie stand dort allein und konnte gar nicht mehr aufhören zu lachen. Und ich begriff mit nassen Haaren und meinen kühl vom Wasser umfangenen Gliedern: Lachen ist ein Organ des Glücks. Nicht des »Humors«. Mit unserem Lachen begrüßen wir das Glück, so wie die Japanerin die Enten begrüßte und das Du in ihren schwarzen Knopfaugen, wie ich das Wasser begrüßte und das Du in diesem Wasser. Es ging um das Lachen ganz allein, um das Lachen vor Glück.

Wir lachten. Und so wie wir lachten, war es das Lachen bei der Begrüßung einer geliebten Person, das Lachen, mit dem man ohne ein Wort einem anderen zeigt, dass es das Glück gibt – gerade so, wie man einem hungrigen Hund einen übervollen Napf mit Fressen hinhält, mit stillem Glucksen über dessen Hingerissensein, schau, das ist wirklich hier, lass uns zusammen fröhlich sein über so viel Geschenk. Und so ist es: Das Lachen des Säuglings, der vor Freude kräht und nicht über einen gelungenen Scherz, zeichnet die Nulllinie des Glücks. Diese Linie ist der ewige Geburtshorizont einer Kindheit der Welt.

Die bekannten Aufsätze all dieser ernsten Philosophen, all solcher konzeptueller Denker wie Immanuel Kant oder Max Scheler zum Thema, die Lachen als eine Reaktion auf »Humor« werten, können wir getrost revidieren. Wir können sie erst mal ganz nach hinten ins Regal schieben. Diese Menschen haben vor allem über geistige Finessen nachgedacht. Sie haben nicht daran gedacht, dass es der Körper ist, der lacht, der jauchzt, bei jener Berührung, durch die er begreift, dass es den anderen Körper wirklich gibt, in jenem glücklichen Nach-Luft-Schnappen, das die Begegnung mit dem jüngsten Schmelz auf den ältesten Dingen begleitet, wenn wir ehrlich sind. Sie haben nicht im Teufelssee gebadet, während es Abend wurde und die Seerosen sich öffneten und die neugierigen jungen Enten auf Menschensuche gingen und das Wasser die Haut liebkoste mit seinen schüchternen Fingern, die so glücklich waren, etwas Lebendiges berühren zu dürfen.

Es ist umgekehrt. Lachen ist keine Stimme des Humors. Noch das Lachen über den Scherz ist eine Spielart von Glück. Es ist das Glück, dass die unverbindbaren Gegensätze für den Moment eines Sommerabends zusammenfinden: mein Leib und das Wasser, die scheuen Tiere und die scheue Badende, mein Körper und der des Sees, die zusammen eine einzige Berührungsfläche bilden. Lachen ist das Glück, dass es doch immer geht und dass es schön ist.

Es ist das Glück der Erfahrung, dass das Schöne von selbst die Kraft hat zu sein. Dass es sich durchsetzt. Dass es trägt. Dass es mich begrüßt. Dass es mich erkennt. Dass ich es wieder erkenne. Dass ich in seine Augen zu sehen vermag, in die Augen der Seerosen mit ihrer verlockenden Füllung aus Naben und Staubfäden, aus unschuldigen männlichen und verträumten weiblichen Geschlechtsorganen, in die neugierigen Augen der Enten, in das stille Auge des Sees selbst, das der Wasserspiegel freundlich in einen zögernden Himmel aufschlägt. Glück ist eine greifbare Essenz im Raum. Es ist kühl und grün und transparent und streichelt und trägt mich, solange ich dagegen nichts unternehme. Ich muss nur weiteratmen. Ich brauche nichts zu tun.

Und ich begriff wieder: Die Liebe ist ein Handeln, um dem anderen wirklich zu begegnen, ein Sich-Einlassen, dessen erste Tat die eigene Haut riskiert. In den See steigen, zwischen wilder Minze und Ampfer, und das Wasser fühlen. Den See sanft in die Hände nehmen und zwischen den Fingern zerrinnen lassen. Und diese Praxis des Liebens heißt, stets zu akzeptieren, was ist, und es sogar zu wünschen, heißt Geheiltwerden im Akzeptiertsein, und natürlich ist das Akzeptieren auch Schmerz, und doch ist der Schmerz so klein gegenüber der Geburt, die er begleitet, oder vielmehr: Er ist vielleicht immens und unendlich, aber ihn wiegt doch auf, dass das, dessen andere Seite er bildet, Geburt ist, Geburt aus dem Gewünschtwerden, und es ist gut, selbst wenn es die winzigste nur denkbare Geburt gegen all den Schmerz der Welt ist, in der aber das Geborene gewollt und gewünscht wird und geliebt, mit Augen, die sprechen: sei.

Ja, so fühlt es sich richtig an. Stimmig. In den Gedanken, in der Kehle, im Bauch, in den Poren der Haut. Es fühlt sich richtig an, jetzt und für immer. Und so ist es wohl. Auch wenn es wehtut. Auch wenn sich die Türen öffnen, schließen, unwiderruflich. Danach das Unbekannte. Der Tod. Das ewige Anfangen. Das »Immer im Nie«. Ein Sommerabend. Ein Funke des ewigen Sommers, des Sommerhaften der Welt, das immer da ist, in deinem Blick, in meinem Lachen.

Oh ja, und das muss also die Art sein, wie Gott es macht, man ist immerhin einmal dabei gewesen. Jetzt, im Kulminationspunkt dieser Abendstunde, in der vollständigen Nacktheit der Welt, ist es so leicht zu verstehen. Und es dauert doch so lange, bis diese Leichtigkeit endlich wieder erinnert ist. Und erlaubt.

Es ist nicht anders. Niemals geplanter, geschützter, professioneller, abgebrühter. Niemals weniger glücklich. Es ist nur ein Schritt, ein Innehalten, ein Umdrehen: Da ist es, in mir, das Glück, das nicht mir allein gehört, sondern der ganzen Welt. Ich bin damit geboren, ich erkenne es wieder, es war ganz am Anfang, das Staunen der Zellen, dass sie soviel Schönheit besaßen, sich zu vermehren und sich zu etwas immer Größerem zusammenzufügen. Das frischeste Staunen über die älteste Selbstverständlichkeit der Welt: größer und schöner werden zu können und das Begehren danach zu verspüren, Größe und Schönheit mit offenen Händen zu verteilen.

Ich bin damit geboren, du auch, wir alle. Es ist nämlich die Energie, aus der Geburten überhaupt gemacht sind. Es ist das, was ins Leben drängt, das Innerste, das keine Form hat und keinen Namen und das sich sehnt und das zugleich in vertrauensvoller Sicherheit weiß, dass es unstillbar ist, und somit stets aufs Neue wiederauferstehen wird, wie verheerend auch immer das Scheitern war. Und ist. Und sein wird.

Das ist der Moment, der unsere Haut überflutet, wenn sie in die weiche grüne Schwere des Teufelssees hineinsinkt, der Moment, mit dem die spitzen Ovale der Seerosen-Blütenblätter in unserem weichen Körperempfinden auftauchen, ihr Weiß, so makellos von Leere, ihr Gelb im Innersten nahrhaft für die Wahrnehmung wie ein warmer Dotter.

Das ist der Grund, warum die Frau mit der großen Schwimmbrille lacht, als die jungen Enten um sie herum paddeln, neugierig, verwundert, gebadet in Vertrauen. All das ist die Begegnung mit einem lebenden Gegenüber, das wiederum Leben spendet, mit einem Du, das uns zu uns selbst macht, zu etwas, das für andere ebenfalls ein Du ist. Ein fühlendes Antlitz, das Vertrauen schenkt.

Wir selbst sind diese lebende Sicherheit, im innersten Kern, der ganz leer ist und ganz der nächste Moment, und immer ein Trotzdem, und immer ein Ja. Ein Komm. Ein Danke.

Voilà.

Im Innersten ist es das.

Es ist, so hat es Marshall Rosenberg einmal beschrieben, wie ein Kind sich fühlt, wenn es eine hungrige Ente füttert. Ein Spiel, das beide Seiten glücklich macht, weil es aus nichts anderem besteht als dem Tausch von Geschenken.

Nackt. Ungepanzert. Neugierig. Tapfer.

Jetzt.

Varese Ligure und Berlin-Westend,
Januar 2012 – Februar 2014

Dank

Dieses Buch setzt sich aus einer Vielzahl von Fäden zusammen, die ich ohne die Zuneigung und die tatkräftige Hilfe meiner Freunde weder hätte finden noch weiterverfolgen können. Die Gedanken auf diesen Seiten sind ein Gewebe, das uns gemeinsam gehört. Das Beste daran sei Euch zurückgegeben. Ich danke Rainer Hagencord für die Loyalität im Weltinnenraum, Heike Löschmann für den Mut, die Herzenswärme und die Weitsicht, David Bollier für die ansteckende Begeisterung, David Abram für die Glühwürmchen, Per Espen Stoknes und Per Ingvar Haukeland für Pfade durch die norwegische Wildnis, Kalevi Kull für den poetischen Bios, Pantea Lachin für den erweiterten Blick, Hildegard Kurt für die Radikalität des Guten, Annelie Keil für die Hoffnung, die auch zuletzt nicht stirbt, Natalie Knapp für den Sommer innen und außen, Christoph Quarch und Christine Teufel für die Hilfsbereitschaft, Celeste Ceguerra für die ewige Überraschung, Silke Helfrich für das Teilen der großen Erzählung, Giovanni Gotelli für die Wohnung, Claudia Marenco für das Lachen, Hartmut Schröter und Arno Lohmann für das Vertrauen. Und ich danke Luciano Marcello, weil ich es geschafft habe, einmal seinen Espresso zu bezahlen.

Meinen Kindern Emma und Max danke ich dafür, dass sie jeden Tag mit ihrer lebendigen Existenz meine Gedanken infrage stellen. Ihnen schulde ich sehr viel von dem, was ich über eine Praxis des Liebens gelernt habe. Und Erbse, der Pudelfreundin, danke ich dafür, dass sie nie Nein sagt und trotzdem mein Leben bestimmt.

Anmerkungen

1 Antonio Gramsci, »Socialismo e cultura«, *Il Grido del popolo*, 29. Januar 1916. (Übersetzung Andreas Weber).

2 Theodor Lessing, *Meine Tiere*, Berlin 2004, S. 142.

3 »Rondone« und »Rondine« gehen auf »Hirundo« zurück, das lateinische Wort für Schwalbe. Etymologen vermuten, dass es mit dem Sanskrit-Wortstamm »har« oder »ghar«, »nehmen«, »ergreifen« verwandt ist. http://www.hirondelle.oiseaux.net/litterature.html

4 J. M. Coetzee, *Elizabeth Costello: Acht Lehrstücke*. Frankfurt/M. 2005.

5 Natalie Knapp, *Kompass neues Denken*, Reinbek bei Hamburg 2013, S. 126.

6 Natalie Knapp 2013, a.a.O., S. 94.

7 Gaston Bachelard: *L'eau et les rêves: Essai sur l'imagination de la matière*, Paris 1989, S. 32. (Übersetzung Andreas Weber).

8 John Muir, *John of the Mountains: The unpublished journals of John Muir*, hg. v. Linnie Marsh Wolfe, Madison, WI, 1979, S. 165: »How interesting it would be to keep close beside an ouzel all his life, and be present at his death-bed. Surely there would be no gloom, no pain. I fancy he would vanish like a flower, or a foam-ball at the foot of a waterfall.«

9 Sergej L. Rubinstein, *Sein und Bewusstsein*, Moskau 1957.

10 Zitiert nach Llewellyn Vaughan-Lee, *Der Liebesbund: Psychologische und spirituelle Aspekte des mystischen Weges*, Interlaken 1993.

11 Gregory Bateson, »Form, Substance, and Difference«. In: *Steps to an Ecology of Mind: Collected Essays in Anthropology, Psychiatry, Evolution, and Epistemology*. Chicago, IL, 1972, S. 448–466.

12 Siehe http://de.wikipedia.org/wiki/Girolamo_Fracastoro

13 Aus: The little Treasures (Übersetzung Andreas Weber).

14 Peter J. Turnbaugh, »The human microbiome project: exploring the microbial part of ourselves in a changing world«, *Nature* 449 (7164) 2008, S. 804–810.

15 Y. Fujita et. al. (1986): »Studies of nitrogen balance in male highlanders in Papua New Guinea.« Journal of Nutrition 116 (4), S. 536–544.

16 Colin Nickerson, »Of microbes and men«, *Boston Globe*, 25.2.2008.

17 Colin Nickerson 2008, a.a.O.

18 Ebd.

19 Für die erste Formulierung siehe Lord Alfred Tennyson, *In Memoriam A. H. H.*, Createspace Book-on-Demand 2012 (Erstveröffentlichung 1849). Die zweite ist das Motto, das Charles Darwin der ersten Präsentation seiner Evolutionstheorie vor der Linnean Society 1858 voranstellte. Es stammt vom Schweizer Botaniker Augustin-Pyrame de Candolle.

20 Alexandra Bot, José Benites: *The importance of soil organic matter. Key to drought-resistant soil and sustained food and production.* FAO Soils Bulletin 80, Rom 2005, S. 1.

21 Gerald Hüther, Telefoninterview mit dem Autor, 8. Mai 2010.

22 Andreas Weber, *Alles fühlt: Mensch, Natur und die Revolution der Lebenswissenschaften*, Berlin 2007, S. 33 f.

23 Richard Rohr, *The Naked Now: Learning to See as the Mystics See*, New York 2009, S. 143.

24 Rainer Maria Rilke, *Werke. Band I, Gedichte*, Frankfurt/M. 1987, S. 477.

25 Gerard Manley Hopkins, *Poems of Gerard Manley Hopkins*, London 1918 (Übersetzung Andreas Weber).

26 Hans Jonas, *Das Prinzip Leben*, Frankfurt/M. 1995.

27 Theodor W. Adorno (1995): Ästhetische Theorie. Frankfurt/M., S. 122.

28 Sam Keen, Foreword. In: Ernest Becker, *The Denial of Death*, New York 1997, S. xiii (Übersetzung Andreas Weber).

29 Sam Keen, a.a.O.

30 Marshall Rosenberg, *Nonviolent Communication Workshop*, San Francisco, http://www.youtube.com/watch?v=XBGlF7-MPFI

31 Octavio Paz, *La Llama doble: Amor y erotismo*, Barcelona 1993, S. 221 (Übersetzung Andreas Weber).

32 Gary Snyder, *The Practice of the Wild: Essays*, Berkeley, CA, 1990, S. 22 (Übersetzung Andreas Weber).

33 Kimberlee Roth, Freda B. Friedman, *Surviving a Borderline Parent: How to Heal Your Childhood Wounds & Build Trust, Boundaries, and Self-Esteem*, Oakland, CA, 2003, S. 139 (Übersetzung Andreas Weber).

34 Ernest Becker, *The Denial of Death*, New York 1997, S. 153.

35 Wilhelm Reich, *The Murder of Christ*, New York 1953, S. 39.

36 Becker 1997, a.a.O., S. 173.

37 David Schnarch, *Die Psychologie sexueller Leidenschaft*, München 2013, S. 353.

38 Snyder 1990, a.a.O., S. 5.

39 Im Original lauten die Zeilen: »*I effuse my flesh in eddies / I bequeath myself to the dirt to grow from the grass I love / If you want me again look for me under your boot-soles.*« Zitiert nach Lewis Hyde, *The Gift: Creativity and the Artist in the Modern World*, New York 2007, S. 21 (Übersetzung Andreas Weber).

40 Natan P. F. Kellermann, »Epigenetic Transmission of Holocaust Trauma: Can Nightmares Be Inherited?«, *Israel Journal of Psychiatry Related Science* 50 (1) 2013, S. 33–39. Siehe dazu auch Louise J. Kaplan, *No Voice is Ever Wholly Lost*, New York 1995, S. 222 ff.

41 Octavio Paz, a.a.O., S. 12.

42 Francisco J. Varela, »Organism – a meshwork of selfless selves«. In: Alfred I. Tauber, Hg., *Organism and the Origins of Self*, Dordrecht 1991.

43 Helmuth Plessner, *Die Stufen des Organischen und der Mensch*, Berlin und Leipzig 1928, S. 22. Zitiert nach Thomas Ebke, *Lebendiges Wissen des Lebens, Zur Verschränkung von Plessners Philosophischer Anthropologie und Canguilhems Historischer Epistemologie*, Berlin 2012, S. 92.

44 Albert Schweitzer, *Kultur und Ethik*, München 1960.

45 Gregory Bateson & Mary Catherine Bateson, *Wo Engel zögern: Auf dem Weg zu einer Epistemologie des Heiligen*, Frankfurt/M. 1993, S. 45.

46 Pablo Neruda, *Selected Poems: Bilingual edition*, Boston 1990 (Übersetzung Andreas Weber).

47 Diesen Gedanken verdanke ich Hans Baumann, *Die Höhlen der großen Jäger*, Stuttgart 1955, wo der Autor über die Steinzeitmalerei sagt, ein Bild sei ein »Pfeil, der nicht tötet, sondern lebendig macht, wenn er trifft.«

48 Tomas Tranströmer, *Sämtliche Gedichte*, übersetzt v. Hanns Grössel. München 1997.

49 Shierry Weber Nicholson, *The Love of Nature and the End of the World: The Unspoken Dimensions of Environmental Concern*, Cambridge, MA, 2002, S. 30.

50 Zitiert nach Nicholson 2002, a.a.O., S. 30.

51 Johann Wolfgang von Goethe, »Maximen und Reflexionen« 488. In: *Gesammelte Werke (Hamburger Ausgabe)*, Band 12, Reinbek bei Hamburg 1998, S. 432.

52 Johann Wolfgang von Goethe, zitiert nach Nicholson 2002, a.a.O., S. 82.

53 Jacques Derrida, *Qu'est-ce que la poésie? / Was ist Dichtung? / Che cos'è la poesia?* Berlin 1990.

54 Siehe Derrida 1990, a.a.O.: »Pas de poème sans accident, pas de poème
    qu'i ne s'ouvre comme une blessure, mais qui ne soit aussi blessant. Tu
    appelleras poème une incantation silencieuse, la blessure aphone que de
    toi je désire apprendre par coeur ... Le poème échoit, bénédiction, ve-
    nue de l'autre.«

55 Im Original: »Somos el teatro del abrazo de los opuestos y de su diso-
    lución, resueltos en una sola nota que no es de afirmación ni de nega-
    ción sino de aceptación ... vivcacidad pura, latido del tiempo.« Paz
    1993, a.a.O., S. 221.

56 Zum Konzept des »Surplus« und der imaginativen Dimension aller
    Lebensvollzüge siehe Kapitel 4. Siehe Varela 1997, a.a.O.

57 Etwa Daniel Stern, *The Interpersonal World of an Infant: A View from Psy-
    choanalysis and Developmental Psychology,* New York 1985.

58 Andrew N. Meltzoff & M. Keith Moore, »Explaining Facial Imitation:
    A Theoretical Model«. *Early Developm. and Par.* 6, 1997, S. 179–192.

59 Schnarch 2013, a.a.O., S. 225.

60 Nicholson 2002, a.a.O., S. 23.

61 Fabrice Midal, *Et sie de l'amour on ne savait rien?*, Paris 2010, S. 120
    (Übersetzung Andreas Weber).

62 Christoph Quarch, *Hin und weg! Verliebe dich ins Leben,* Göttingen 2009,
    S. 49.

63 Richard Rohr 2009, a.a.O., S. 160.

64 Richard Rohr 2009, a.a.O., S. 144.

65 Knapp 2013, a.a.O., S. 154.

66 Midal 2010, a.a.O., S. 11.

67 Schnarch 2013, a.a.O., S. 353.

68 Becker 1997, a.a.O., 160 ff.

69 Becker 1997, a.a.O., S. 56.

70 Becker 1997, a.a.O., S. 165.

71 Albert Camus, *L'homme révolté*, Paris 1951, S. 381.

72 Albert Camus, *Noces I*, Paris 1938, S. 134.

73 Zitiert nach Nicholson 2002, a.a.O., S. 102.

74 Siehe dazu Francisco J. Varela, »Organism – a meshwork of selfless sel-
    ves«. In: Alfred I. Tauber 1991, a.a.O.

75 Paul Valéry, *Tel Quel I*, Paris 1941, S. 42. Zitiert nach Maurice Merleau-
    Ponty, »Der Mensch und die Widersetzlichkeit der Dinge«. In: Ders.,
    Das Auge und der Geist: Philosophische Essays, Hamburg 1984, S. 123.

76 Zitiert nach Andreas Weber, »There is a crack in everything.« In: Frank

Darius, Christiane Stahl und Andreas Weber, *Das Paradies ist hier*, Heidelberg 2013.

77 Zitiert nach Midal 2010, a.a.O., S. 137 (Übersetzung Andreas Weber).

78 George Berkeley, *Eine Abhandlung über die Prinzipien der menschlichen Erkenntnis*, Hamburg 2004.

79 Paz 1993, a.a.O., S. 220 f.

80 Schnarch 2013, a.a.O., S. 66.

81 Georges Bataille, *L'Erotisme*, Paris 2011, S. 11.

82 Bataille 2011, a.a.O., S. 22.

83 Zitiert nach Marshall Rosenberg, a.a.O. (Übersetzung Andreas Weber).

84 Umfassend beschäftige ich mich mit der Notwendigkeit des Spielens in meinem Buch *Mehr Matsch: Kinder brauchen Natur*, Berlin 2011, ferner in: *Das Quatsch-Matsch-Buch*, München 2013.

85 Alice Miller, *Das Drama des begabten Kindes und die Suche nach dem wahren Selbst*. Frankfurt/M. 1979, S. 59.

86 Miller 1979, a.a.O.

87 Angela Ebert & Murray J. Dyck, »The experience of mental death: The core feature of complex posttraumatic stress disorder«, *Clinical Psychology Review*, Vol. 24 (6), 2004, S. 617–635.

88 Susan Forward, *Vergiftete Kindheit: Elterliche Macht und ihre Folgen*, München 1993, S. 15.

89 Volker Faust, *Seelisch Kranke unter uns*. http://www.volker-faust.de/psychiatrie

90 Yueqin Huang, Roman Kotov, Ronald C. Kessler, »DSM–IV personality disorders in the WHO World Mental Health Surveys«, *The British Journal of Psychiatry*, 195(1), 2009, S. 48–53.

91 Der Begriff stammt von Annelie Keil, persönliches Gespräch, Dezember 2012.

92 Marie-France Hirigoyen, *Die Masken der Niedertracht: Seelische Gewalt im Alltag und wie man sich dagegen wehren kann*, München 2002, S. 121.

93 Susan Forward, zitiert nach Paul T. Mason & Randi Kreger, *Stop Walking on Eggshells: Taking Your Life Back When Someone You Care About Has Borderline Personality Disorder*, Boston 2010, S. iv (Übersetzung Andreas Weber).

94 Miller 1979, a.a.O., S. 26.

95 Miller 1979, a.a.O., S. 78.

96 Annelie Keil, »Krankheit als unvollendete Schöpfungstat«. In: Dieter

Jarzombek, Hg., *Chaos Schöpfung Evolution: Was die Welt im Innersten zusammen hält*, Berlin 2011, S. 71–93.

97 Virginia Satir, *The new Peoplemaking,* Palo Alto, CA, 1988 (Übersetzung Andreas Weber).

98 David Abram, *The Spell of the Sensuos: Perception and Language in a More-than-Human World*, New York 1996, S. 264.

99 Zitiert nach Becker 1997, a.a.O., S. 52.

100 »Vergiss die vollkommene Gabe. / Alles ist von einem Sprung durchzogen, / aber erst durch ihn kommt das Licht herein.« (Übersetzung Andreas Weber).

101 Becker 1997, a.a.O., S. 198.

102 Becker 1997, a.a.O., S. 159.

103 Becker 1997, a.a.O., S. 126.

104 Wilfred Bion, zitiert nach Nicholson 2002, a.a.O., S. 161.

105 Hildegart Kurt, pers. Mitteilung. Siehe dazu auch dies., *Wachsen! Über das Geistige in der Nachhaltigkeit*, Stuttgart 2010, S. 128 ff.

106 Rainer Maria Rilke, *Werke I.,* Frankfurt/M. 1987, S. 664.

107 Reich, 1953, S. 35, a.a.O. (Übersetzung Andreas Weber).

108 Reich 1953, a.a.O., S. 39.

109 Reich 1953, a.a.O., S. 69.

110 Alice Miller, *Am Anfang war Erziehung*, Frankfurt/M. 1983, S. 119.

111 Zitiert nach Nicholson 2001, S. 120: »Just as the creation of art is a love relationship with the world, the creation of culture and society is a loving mastery of the ambivalence of self and non-self.« (Übersetzung Andreas Weber).

112 Camus 1951, a.a.O., S. 343 (Übersetzung Andreas Weber).

113 Camus 1951, a.a.O., S. 370.

114 Camus 1951, a.a.O., S. 370.

115 Camus 1951, a.a.O., S. 323.

116 Camus 1951, a.a.O., S. 369.

117 Camus 1951, a.a.O., S. 341.

118 Camus 1951, a.a.O., S. 320.

119 Camus 1951, *a.a.O.,* S. 371.

120 Zitiert nach Eugenio Montale, *Glorie des Mittags*, übertragen v. Herbert Frenzel. München 1986, S. 8–9. Im italienischen Original lauten die Verse: »Meriggiare pallido e assorto / presso un rovente muro d'orto, / ascoltare trai i pruni e gli sterpi / schiocchi di merli, frusci di serpi ... E andando nel sole che abbaglia / sentire con triste meraviglia / com'è

tutta la vita e il suo travaglio / in questo seguitare una muraglia / che
ha in cima cocci aguzzi di bottiglia.«

121 Camus 1951, a.a.O., S. 378.

122 Iris Radisch, *Camus: Das Ideal der Einfachheit. Eine Biographie*, Hamburg
2013, S. 155.

123 Rohr 2009, a.a.O., S. 132.

124 Siehe Helmut Leitner, *Mustertheorie: Einführung und Perspektiven auf den
Spuren von Christopher Alexander*, Graz 2007.

125 Siehe Andreas Weber, *Alles fühlt: Mensch, Natur und die Revolution der Lebenswissenschaften.* Berlin 2007. Siehe auch Bruce H. Weber, James D.
Smith & David J. DePew, *Entropy, Information and Evolution, New Perspec-
tives on Physical and Biological Evolution*, Cambridge, MA. 1988.

126 John Maynard Keynes, »Economic Possibilities for our Grandchildren«.
In: John Maynard Keynes, *Essays in Persuasion*, New York 1963, S. 358–
373.

127 Francisco J. Varela, *Ethical Know-How: Action, Wisdom, and Cognition*,
Stanford 1999.

128 Francisco J. Varela, »Intimate Distances. Fragments for a Phenomeno-
logy of Organ Transplantation.« *Journal of Consciousness Studies*, 8, No.
5–7, 2001, S. 259–271.

129 Die Metapher vom düsteren Gipfel geht zurück auf das »Dark Moun-
tain Project«, einen losen literarischen Zusammenschluss, der einen
nicht mehr von Rettungsutopien geprägten Blick auf die Naturkrise
entfalten will. Siehe http://dark-mountain.net/

130 Francisco J. Varela, Evan Thompson, Eleanor Rosch, *Der Mittlere Weg der
Erkenntnis. Der Brückenschlag zwischen wissenschaftlicher Theorie und
menschlicher Erfahrung*, Bern, München, Wien 1992.

131 Zitiert nach http://en.wikipedia.org/wiki/Robinson_Jeffers

132 Hyde 2007, a.a.O., S. 166.

133 Hyde 2007, a.a.O., S. 114, S. 195.

134 Hyde 2007, a.a.O., S. 48.

135 Hyde 2007, a.a.O., S. 13.

136 Andreas Weber, *Biokapital: Die Versöhnung von Ökonomie, Natur und
Menschlichkeit.* Berlin 2008; Andreas Weber, *Enlivenment: Towards a funda-
mentalshift in the concepts of nature, culture and politics*, Berlin 2013.

137 Cormac McCarthy, *The Crossing*, New York 1994, S. 127 (Übersetzung
Andreas Weber).

138 Snyder, 1990, S. 20, a.a.O. (Übersetzung Andreas Weber).

139 Becker 1997, a.a.O., S. 174.

140 Nicholson 2002, a.a.O., S. 87.

141 Nicholson 2002, a.a.O., S. 91.

142 Hans Jonas, »Der Gottesbegriff nach Auschwitz. Eine jüdische Stimme«. In: Ders., *Philosophische Untersuchungen und metaphysische Vermutungen*, Frankfurt/M. 1992, S. 190–208.

143 Hyde 2007, a.a.O., S. 51.

144 Thomas Merton, zitiert nach Llewellyn Vaughan-Lee, *Prayer of the Heart in Christian and Sufi Mysticism*, Point Reyes 2012, S. xiv (Übersetzung Andreas Weber).

145 Simone Weil, zitiert nach http://www.catholicapedia.net/Documents/ Einsicht/documents/1998-06_EINSICHT_Jahrgang-28_Nummer-02_Juni-1998_AL.pdf, S. 51.

146 Rohr 2009, a.a.O., S. 103.

147 Jorge Luis Borges, *El Aleph*, New York 1995, S. 206 (Übersetzung Andreas Weber).

148 Inger Christensen, *Das Schmetterlingstal/Sommerfugledalen*. Aus dem Dänischen von Hanns Grössel. Frankfurt/M. 1998.

149 Siehe Mary Catherine Bateson, *Peripheral Visions: Learning along the Way*, New York 1994.

150 Hyde 2007, a.a.O., S. 287.

151 René Char, zitiert nach Midal 2010, a.a.O., S. 7.

152 Stuart Kauffman, *Investigations*, Oxford & New York 2000, S. 142.

153 Siehe dazu auch: Schiller, Ästhetische Briefe, § 7, Fußn.: »Schönheit aber ist der einzig mögliche Ausdruck der Freiheit in der Erscheinung.«

Der erfolgreiche Lebensbegleiter für Hochsensible

Mit Selbsttests und wirksamen Übungen hilft Rolf Sellin Hochsensiblen, sich selbst besser zu verstehen und sich mental besser zu schützen.